北方农牧交错带变迁对蒙古族经济文化类型的影响

黄健英 编著

中央民族大学出版社

图书在版编目(CIP)数据

北方农牧交错带变迁对蒙古族经济文化类型的影响/黄健英编著.—北京:中央民族大学出版社,2009.12
ISBN 978-7-81108-796-3

Ⅰ.北… Ⅱ.黄… Ⅲ.①农业综合发展—影响—蒙古族—民族地区—经济发展—研究—中国②农业综合发展—影响—蒙古族—民族地区—社会发展—研究—中国 Ⅳ.F323.4 F127.8

中国版本图书馆CIP数据核字(2009)第218931号

北方农牧交错带变迁对蒙古族经济文化类型的影响

编　　著	黄健英
责任编辑	李苏幸
封面设计	布拉格工作室·热瓦迪
出 版 者	中央民族大学出版社
	北京市海淀区中关村南大街27号 邮编:100081
	电话:68472815(发行部)　传真:68932751(发行部)
	68932218(总编室)　　　68932447(办公室)
发 行 者	全国各地新华书店
印 刷 者	北京宏伟双华印刷有限公司
开　　本	880×1230(毫米)　1/32　印张:11.625
字　　数	290千字
版　　次	2009年12月第1版　2009年12月第1次印刷
书　　号	ISBN 978-7-81108-796-3
定　　价	28.00元

版权所有　翻印必究

目 录

前言··· (1)
第一章　历史上蒙古族的分布及经济文化类型············· (1)
 1.1　蒙古族的起源·· (1)
  1.1.1　蒙古族的族源·· (2)
  1.1.2　蒙古民族的形成····································· (5)
 1.2　蒙古族的分布·· (8)
  1.2.1　蒙古建国前夕各部的分布······················· (9)
  1.2.2　元代蒙古族的分布································ (10)
 1.3　历史上蒙古族的经济文化类型······················· (11)
  1.3.1　关于经济文化类型································ (12)
  1.3.2　狩猎—采集经济文化类型······················· (19)
  1.3.3　畜牧经济文化类型································ (22)
  1.3.4　农耕经济文化类型································ (24)
第二章　北方农牧交错带的变迁································· (28)
 2.1　农牧交错带的概念·· (28)
  2.1.1　农牧交错带的提出································ (29)
  2.1.2　农牧交错带的含义································ (30)
 2.2　北方农牧交错带的地域界定··························· (31)
  2.2.1　北方农牧交错带界定的沿革···················· (32)
  2.2.2　北方农牧交错带的地域范围···················· (34)
 2.3　北方农牧交错带的形成和变迁······················· (38)
  2.3.1　北方农牧交错带的形成·························· (38)
  2.3.2　北方农牧交错带的变迁·························· (40)

· 1 ·

第三章　北方农牧交错带变迁的动因 ……………………… (54)
3.1　长城与北方农牧交错带 ……………………………… (54)
3.2　北方农牧交错带变迁的自然因素 …………………… (60)
3.2.1　气候变化 ……………………………………… (61)
3.2.2　地形地貌 ……………………………………… (63)
3.2.3　降水变化 ……………………………………… (65)
3.2.4　干燥多风 ……………………………………… (68)
3.2.5　水资源紧缺 …………………………………… (69)
3.3　北方农牧交错带变迁的经济因素 …………………… (71)
3.3.1　人口增长 ……………………………………… (72)
3.3.2　经济利益驱动 ………………………………… (79)
3.4　北方农牧交错带变迁的制度因素 …………………… (84)
3.4.1　正式制度 ……………………………………… (85)
3.4.2　非正式制度 …………………………………… (97)

第四章　蒙古族经济文化类型的变迁 …………………… (108)
4.1　北方农牧交错带农耕经济文化类型的发展 ………… (109)
4.1.1　北方农牧交错带及蒙古高原早期的农业 …… (109)
4.1.2　清中后期对北方农牧交错带以北的垦殖和农耕经济的蔓延 ……………… (111)
4.1.3　近代北方农牧交错带的继续北移和农耕经济的进一步发展 ……………… (123)
4.2　蒙古族经济文化类型的变化和蒙古族农民的出现 ……………………………………… (128)
4.3　现代北方农牧交错带的变迁和农牧业结构的变化 ……………………………………… (139)
4.3.1　1949年以来北方农牧交错带的变迁 ………… (139)
4.3.2　北方农牧交错带变迁与内蒙古农牧业经济结构的变化 …………………………… (146)

目 录

   4.4 北方农牧交错带变迁与畜牧经济文化
       类型的衰落 ································ (152)
     4.4.1 草原畜牧业是北方农牧交错带以北地区
         自然与历史的必然选择 ············· (153)
     4.4.2 畜牧经济文化类型衰落的表现 ········· (159)

第五章 北方农牧交错带变迁对生态环境的影响········ (169)
  5.1 北方农牧交错带的生态功能 ················· (170)
  5.2 北方农牧交错带农耕经济的特点 ············· (174)
    5.2.1 种植业结构单一，以粮食生产为主 ······ (175)
    5.2.2 生产环境恶劣，影响农业可持续发展 ···· (178)
    5.2.3 广种薄收，农业效益低下 ············ (182)
  5.3 北方农牧交错带北移造成的生态环境问题 ······· (183)
    5.3.1 草地退化 ······················ (184)
    5.3.2 水土流失 ······················ (187)
    5.3.3 荒漠化 ························ (188)
    5.3.4 沙尘暴频发 ···················· (191)

第六章 北方农牧交错带变迁对内蒙古民族
        人口结构和文化的影响················· (194)
  6.1 民族人口结构的变化 ····················· (194)
    6.1.1 历史上北方农牧交错带及以北地区
       民族人口结构的变迁 ················ (195)
    6.1.2 20世纪50年代以来内蒙古民族
       人口结构的变化 ··················· (200)
  6.2 对蒙古族语言文化的影响 ··················· (210)
    6.2.1 草原及草原畜牧业是蒙古族文化产生的基础 (210)
    6.2.2 北方农牧交错带变迁对蒙古族语言的影响 · (212)
    6.2.3 对蒙古族生活习俗的影响 ············ (224)

第七章 北方农牧交错带城镇化和工业化与

· 3 ·

北方农牧交错带变迁对蒙古族经济文化类型的影响

蒙古族经济文化类型的变迁……………………………(234)
7.1 北方农牧交错带城镇的兴起和发展 ……………(234)
7.1.1 战国至清代北方农牧交错带城镇的兴起和发展…………………………………………………(235)
7.1.2 北方农牧交错带城镇兴起和发展的条件 ……(243)
7.1.3 长城与北方农牧交错带的城镇 ………………(247)
7.2 清代到中华人民共和国成立前北方农牧交错带城镇的发展 ……………………………………………(250)
7.3 现代内蒙古农牧交错带城镇的发展和变迁………(261)
7.3.1 内蒙古农牧交错带城镇的分布特点 …………(263)
7.3.2 内蒙古农牧交错带城镇经济发展现状 ………(265)
7.3.3 内蒙古主要城镇经济发展对比分析 …………(270)
7.3.4 内蒙古城镇基础设施建设情况 ………………(272)
7.4 内蒙古农牧交错带城镇的经济社会效应分析 …(275)
7.4.1 经济聚集和扩散效应 …………………………(276)
7.4.2 农牧产品集散效应 ……………………………(278)
7.4.3 社会效应 ………………………………………(281)
7.4.4 生态环境效应 …………………………………(282)
7.5 内蒙古农牧交错带的工业化与经济文化类型的多元化 ………………………………(287)
7.5.1 内蒙古早期工商业的发展 ……………………(287)
7.5.2 内蒙古现代工业的快速崛起和发展 …………(290)
7.5.3 北方农牧交错带及内蒙古工业化中存在的问题 …………………………………………(293)
7.5.4 工业化与蒙古族经济文化类型的多元化 ……(297)
7.5.5 工业化对生态环境的影响 ……………………(302)
7.6 对北方农牧交错带城镇化和工业化模式的思考 …(305)

第八章 北方农牧交错带变迁的案例分析

——以内蒙古赤峰市林西县为例 …………… (309)
8.1 林西县建置沿革 …………………………… (310)
8.2 土地放垦 …………………………………… (313)
8.3 农耕经济类型的出现及其变迁 …………… (318)
 8.3.1 土地资源及耕地 ……………………… (318)
 8.3.2 农作物 ………………………………… (322)
8.4 畜牧业 ……………………………………… (325)
 8.4.1 草场类型 ……………………………… (326)
 8.4.2 草场等级 ……………………………… (327)
 8.4.3 畜禽饲养量 …………………………… (328)
8.5 林西县人口与民族 ………………………… (331)
 8.5.1 人口变动情况 …………………………… (331)
 8.5.2 驻军与林西县人口变动 ……………… (333)
 8.5.3 人口分布 ……………………………… (335)
 8.5.4 人口的民族构成 ……………………… (337)
 8.5.5 民族源流 ……………………………… (338)
 8.5.6 旅蒙商与林西县民族人口结构 ……… (339)

结论与思考 ……………………………………… (341)
 1. 经济文化类型的选择和发展要尊重
  自然规律 ……………………………………… (341)
 2. 适应现代化的历史趋势，在发展中保护
  草原畜牧业经济文化类型 …………………… (343)
 3. 保护和尊重文化多元性 …………………… (345)

参考文献 ………………………………………… (347)
后记 ……………………………………………… (353)

前　言

　　北方农牧交错带既是不同自然生态环境的交错地带，也是两种不同生产方式的分界线和交叉地带。农牧交错带的形成首先是人类经济活动适应自然的结果，交错带以北的广袤草原基本属于大陆性干旱半干旱气候，气候寒冷，降水少，不适宜大规模种植业的发展；以南降水量逐渐递增，适宜农耕业的发展。北方农牧交错带自北向南是由畜牧业向农耕业的过渡地带，其表现一般为畜牧业与种植业交错插花分布，越向南延伸，种植业比重越高。从历史上畜牧业的存在形式看，农牧交错带以北是游牧畜牧业，向南随着种植业的比重不断增加，畜牧业作为种植业的补充，由游牧畜牧业向饲养畜牧业过渡。农牧交错带作为两种自然环境、两种生产方式的过渡地带，是遏制荒漠化、沙化东移和南下的生态屏障。促进农牧交错带可持续发展，对农牧业生产、生态环境改善和国民经济持续发展以及社会稳定、民族团结具有重要的社会经济意义。

　　自古以来，中国北方农牧交错带以北地区是各北方少数民族生息繁衍的地方，先后有众多的游牧民族活动在广袤草原上。在先秦有戎、狄、猃狁、丁零、东胡等民族先后在华夏政权的北面活动。从秦汉开始，先后有匈奴、鲜卑、突厥、回纥、契丹、女真等民族建立政权。蒙古族和满族等游牧民族入主中原，建立了强大统一的中央政权。北方游牧民族在适应草原生态环境，发展游牧畜牧业的同时，创造了璀璨的游牧文化，为中华民族多元经济文化发展做出了重要贡献。而在农牧交错带以南的地区是中华民族的发源地，民族构成以汉族为主，经济活动以精耕细作的农

北方农牧交错带变迁对蒙古族经济文化类型的影响

耕经济为主。因此，北方农牧交错带不仅是两种生态环境、两种生产方式的交错分布区域，同时也是汉族与少数民族的交错分布区域。这种民族分布格局基本与生态环境的分布相吻合，从而使这一特定区域具有重要的社会和政治意义，是研究中国民族关系发展、变迁的重要区域。

农牧交错带的界限和划分不是固定不变的，它呈带状分布，时而向南时而向北摆动，其变动既受到气候和环境条件的影响，也受到人类活动的影响。但从近几百年的变动情况看，尤其是近100多年来，农牧交错带逐渐北移西进，或者说农耕经济不断向北推进，传统游牧生产向北收缩。这种变化不仅对该区域的经济文化类型、生产结构、生态环境产生影响，同时对民族人口结构、语言文化等都产生不同程度的影响。历史上蒙古族的起源和分布区域是草地生态环境，由此决定了蒙古族以草地畜牧业为基本生计方式，在此基础上形成了独特的草地畜牧业经济文化类型。随着不同历史时期北方农牧交错带的变迁，引起蒙古族经济文化类型、生计方式、语言文化、风俗习惯等的变化。

学术界对北方农牧交错带的研究起步很早，取得了大量有价值的成果，但大部分研究主要是从历史地理学、民俗学、生态学等视角展开的，对分布于这一区域的世居民族——蒙古族的社会经济影响研究相对薄弱，尤其缺乏历史与现代、经济与社会文化相结合视角的系统研究。本书在借鉴已有研究成果的同时，以蒙古族为研究的对象主体，把区域与民族、生态与文化、经济与社会结合起来，分析在历史不同时期农牧交错带的变迁对蒙古族地区经济文化类型、人口结构、语言文化、社会发展、生态环境等的影响，总结这一过程中的经验教训，为今后这一特殊生态——经济文化区域的良性发展提供决策参考。

北方农牧交错带作为一个生态环境复杂、民族交错分布、经济贫困与生态恶化交织的区域，一直受到国内外学者的关注。最

前　言

早提出并进行农牧交错带研究的是赵松乔先生,于 1953 年发表了《察北、察蒙及锡蒙——一个农牧过渡带地区经济地理调查》一文,并于 20 世纪 50 年代末期相继对内蒙古、甘肃以及川滇等地区的农牧业进行了调查研究,从而对农牧交错带的概念、界限、范围及特征进行了初步确定,为农牧交错带的研究奠定了基础。这一时期,周立三、赵松乔等学者主要是以自然条件对农业生产的影响以及农牧业历史作为研究对象。

北方农牧交错带的自然、经济及人文特征,与邻近地区的差异以及这些差异在经济发展和环境保护方面的重要性,引起了历史学、地理学、生态学、经济学、社会学各方面专家的深入思考,并开展了多项富有成果的研究。20 世纪 70 年代到 80 年代,大型的综合考察、沙漠化考察、土地资源调查、"三北"防护林考察以及农业气候区划、综合农业区划全面展开,分别对农牧交错带的概念和范围做出了界定。80 年代末到 90 年代的农业气候区划、全国土地利用、环境演变、历史与考古、全球气候变化等研究,特别是国家大型科技攻关项目,如"六五"期间的内蒙古草场资源遥感调查和土壤侵蚀遥感制图、"七五"期间的黄土高原综合调查和"三北"防护林综合调查、"八五"期间的中国北方草场动态监测等,都对农牧交错带进行了深入研究。2000 年后出版的上述研究为农牧交错带界限的最终确定奠定了理论和实践基础。

自 20 世纪 90 年代以来,随着生态环境的不断恶化,学者们对生态脆弱带的关注加大,有关其典型类型之一的农牧交错带的研究也日益增多。如环境脆弱性分析、水土流失、生态重建的对策、气候及其变化对研究区生产力的影响等方面。这些研究大多运用相关理论和模型进行实证分析,为国家决策提供了重要的理论支持。还有一些学者从历史地理学、历史文化等视角分析农牧交错带形成及变迁过程对区域经济社会以及蒙古族经济社会发展的影响。如邹逸麟、李孝聪、闫天灵、王建革等从历史地理学和历史学视角研究内蒙古地区农耕经济的发展、蒙古族经济文化类型变迁。

由于国内蒙古族的主体分布于内蒙古,而且北方农牧交错带的大部分在内蒙古境内,或其与东北、华北相关省区的交界带上。北方农牧交错带的变迁过程主要是农耕区向草原区推进的过程,同时受到统计数据的局限,本书研究以内蒙古为主,相关数据的使用也主要是内蒙古自治区的。

本研究涉及经济学、历史学、蒙古学、民族学、生态学、地理学等相关学科,是综合性研究。研究中力图运用相关学科的理论和方法,充分发挥已有文献资料的作用,把历史叙述与逻辑分析结合起来;既重视综合分析,也强调实地调查和个案研究,把实证研究与规范研究、宏观视角和微观视角结合起来。但由于涉及学科知识点多,专业跨度大,为研究工作带来了很大的困难,很多问题没能深入展开,需要在以后的研究中进一步深化。

就在本书即将成稿之际,读了美国人贾雷德·戴蒙德著的《崩溃:社会如何选择成败兴亡》一书,该书以大量历史与现实的案例举证并分析一些文明社会是如何走向消亡的,并指出当今一些国家社会危机、种族冲突背后是日趋严重的环境危机,即很多社会的崩溃是由环境问题引发的。作者指出一个社会的崩溃可能有以下五个方面的原因:生态破坏、气候变更、强邻在侧、友好的贸易伙伴以及社会如何回应生态环境问题,同时认为第五点最为关键。指出一个社会应对之道取决于其政治、经济、社会制度和文化价值观,这些制度和价值观影响到社会能否去解决其面对的问题(或是否尝试着解决问题)。[1] 书中的很多观点对我们

---

[1] 贾雷德·戴蒙德著:《崩溃:社会如何选择成败兴亡》,上海译文出版社2008年版,第12页。

前　言

如何应对环境问题有一定的借鉴意义。作者将过去社会自我破坏环境的过程划分为八大类，其重要性因例而变：森林退化和栖息地的破坏、土壤问题（侵蚀、盐碱化和养分流失）、水资源管理问题、过度狩猎、过度捕鱼、引进新物种对生物物种的影响、人口膨胀及人口增长对人类产生的影响。认为人口增长迫使人们采用更为精细的农业输出方式（如灌溉、双熟制或梯田耕种），以及将耕作范围从优质首选土地扩展到更加边缘的土地，用以喂饱不断增加的饥饿之口。不具持续性的耕作方法必将引致上述八种环境破坏中的一种或多种，其结果是用作农业的边缘土地不得不再次被遗弃。由此，社会将面临食物短缺和饥荒的问题，人们为了取得匮缺的资源而展开战争，心存不满的民众揭竿而起推翻特权阶级的统治。最终，由于饥荒、战争或者疾病，人口数目下降，社会亦不复鼎盛时期所发展出来的政治、经济、文化的复杂度。[1] 同时作者还提出了"科学技术是否能解决所有问题？过度依赖科技的后果是什么"等问题，对普遍认为的科技进步可以解决环境问题提出疑问。把人类社会出现的各种矛盾和危机完全归结为环境原因，人口增长必然会引发环境危机未免有些绝对化。但人类社会目前面临的很多问题确实和环境破坏、资源过度开发利用有关。

---

[1] 贾雷德·戴蒙德著：《崩溃：社会如何选择成败兴亡》，上海译文出版社2008年版，第4页。

第一章　历史上蒙古族的分布及经济文化类型

蒙古族是一个具有悠久历史的草原游牧民族，世代生息繁衍于广袤的蒙古高原及其周边地区。蒙古族的起源和分布区域决定了其以草地畜牧业为基本生计方式，并在此基础上形成了独特的草原游牧经济文化类型。在漫长的发展过程中，蒙古族的经济社会发展经历了以狩猎——采集经济文化类型为主，逐渐过渡到以畜牧经济文化类型为主，并持续了几个世纪。其间也不乏农耕经济作为畜牧经济的补充而存在，但在清朝蒙地放垦前，农耕经济零星分布，规模有限，草原畜牧业是北方农牧交错带及以北地区的基本经济类型，草原哺育了蒙古民族。

1.1　蒙古族的起源

蒙古族是一个具有悠久历史和灿烂文化的民族，根据蒙古人的传说，已有三千多年的历史，从唐代史书中对蒙古族最早的文字记载来看，迄今已有一千多年的历史。英勇强悍、富有战斗精神的蒙古民族，长期以来生息繁衍于蒙古高原的广阔草原及周边地区，传承和发展了草原畜牧经济文化类型，并成为其代表者。13 世纪初，成吉思汗统一蒙古高原各部后，蒙古民族登上世界历史舞台，不仅建立了中国历史上空前统一的少数民族政权，与其他民族共同发展了中华民族的灿烂文化，而且在半个世纪的时间里建立了横跨欧亚大陆的蒙古大帝国，对中国历史和版图产生

北方农牧交错带变迁对蒙古族经济文化类型的影响

了重要影响，在人类的发展史上也写下了重要篇章。

1.1.1 蒙古族的族源

1. 族称由来

蒙古族是一个古老的民族。"蒙古"是蒙古语"蒙古勒"（Mongol）的汉语音译。"蒙古"这个名称在我国最初见于唐代，《旧唐书·北狄传》中记载，在今呼伦湖以北，傍额尔古纳河而居的部落有西室韦、大室韦、蒙兀室韦等部，其中的蒙兀室韦最初就是蒙古诸部落中的一个原始部落名称（蒙古和蒙兀是同名异译）。而历史研究证明，蒙兀室韦是构成蒙古民族的核心部分，该部落源于我国东北部的额尔古纳河一带，后来才西迁至漠北的不儿罕山（现肯特山）。

蒙古族的古代祖先，远在史前时期（即中国的传说时代——炎、黄、尧、舜时期），他们就被称作"蛮氏"、"蛮戎"，或叫做"荆蛮"。此称后来很长一段时期，被"山戎"、"还金犹"、"荤粥"、"戎狄"和"匈奴"等名称所取代。从魏晋时代起，又被称作"没骨"、"蒙兀"、"萌骨"、"忙中豁勒"，直到宋元时才最终称为"蒙古"。到了13世纪初，蒙古族的成吉思汗统一了漠北高原各氏族部落，建立起草原大帝国，号称"monggol"，从此蒙古族闻名于世。[①]

2. 民族渊源

关于蒙古族的族源问题，多年来史学界的争论较多，说法不一，没有取得一致意见，根据我们看到的文献，目前主要有以下

[①] 芒·牧林:《蒙古族族称〈MONGGOL〉考》，《内蒙古社会科学》，1994年第3期。

第一章　历史上蒙古族的分布及经济文化类型

几种看法：匈奴说、突厥说、吐蕃说、东胡说等。[①]

匈奴说的代表学者是方壮猷。他用比较语言学的方法，探讨匈奴语与蒙古语的关系。提出"古匈奴语言上之通则与今蒙古之通则不相违背，是则就比较语言学上以推测匈奴民族之种属问题，与其此民族为土耳其种之祖先，实不若认此民族为今蒙古之远祖之为近真"。

突厥说的代表者有柯劭忞。他认为"蒙古之先出于突厥"，是据宋人孟珙在《蒙鞑备录·立国》中记述"鞑靼始起，地处契丹西北，族出于沙陀别种"。

吐蕃说主要据《汉译蒙古黄金史纲》记载：蒙古祖先来源于西藏王子，西藏的王子是从印度而来。《蒙古佛教史》、《蒙古源流》等也有类似叙述。这是为了蒙古人信仰其佛教用吐蕃的神话来附会编造的。

我国历代很多学者主张蒙古族出自东胡。属于东胡系的有鲜卑，这是一个很多部落的总称。两汉时有乌桓、鲜卑、契丹。《旧唐书》的《室韦传》中记载有"蒙兀室韦"。有人认为"鲜卑"与"室韦"是同一个字的两种音译。蒙古室韦属于契丹系统，语言与契丹相类，而服饰、辫发和使用"角弓"的风俗习惯与鲜卑相同。"可见鲜卑、契丹、室韦蒙古都是属于东胡之一族系的"。

蒙古族生息繁衍的草原地带，自古以来就是诸多游牧部落的活动场所。在蒙古族登上历史舞台之前，漠北草原上先后出现过由匈奴、鲜卑、柔然、突厥、回纥等民族建立的部落联盟或强大国家政权。这些民族的生活习俗以及相互之间的交往、战争等都对蒙古族产生了深刻影响。目前，史学界呼声较高的看法是"蒙

---

① 参见：《蒙古族族源族称》，http://edit.ndcnc.jov.cn/datalib/2003/Nation/DL/DL-16803，全国文化资源共享工程。

北方农牧交错带变迁对蒙古族经济文化类型的影响

古源于东胡",主张蒙古源于东胡的民族学家和历史学家如亦邻真、留金锁、郑德英、姚家积、翦伯赞等,因据有充足的依据而使蒙古源于东胡的观点在史学界和民族学界影响深远,并被一部分史学、民族史工作者所接受。

东胡,是包括同一族源、操有不同方言、各有名号的大小部落的总称。他们"在匈奴东,故曰东胡"(《史记·匈奴列传》卷110),居住潢水(今内蒙古自治区境内西剌木伦河)、大凌河、老哈河等诸河流域。公元前 209 年,东胡被匈奴冒顿单于所破,东胡各部受匈奴人统治达三个世纪之久。公元 1 世纪至 2 世纪初,汉朝击破匈奴,北单于出走,东胡人的一支鲜卑人自潢水流域转徙其地。匈奴余者十余万落,皆自称鲜卑。鲜卑至此便强盛起来。到公元 2 世纪中叶,檀石魏统治时期,"尽据匈奴故地"(《三国志》卷 30,《魏书·乌丸鲜卑东夷传》)。4 世纪中叶,居住在潢水、老哈河流域一带的鲜卑人的一支,自号"契丹",居于兴安岭以西(今呼伦贝尔地区)的鲜卑人一支则称"室韦"。蒙古,是室韦人的一支,始见于《旧唐书》,称作"蒙兀室韦"。[①]

从蒙古人最古老的历史传说来看,"大约距今两千年前,古代被称为蒙古的那个部落,与另一些突厥部落发生了内讧,终于引起战争。据值得信赖的古人们〔所转告〕的一则故事说,另一些部落战胜了蒙古人,对他们进行了大屠杀,使他们只剩下两男两女。这两家人害怕敌人,逃到一处人迹罕至的地方,那里四周唯有群山和森林,除了通过一条羊肠小道,历尽艰难险阻可达其间外,任何一面别无途径。在这些山中间,有丰盛的草和〔气

[①] 陈献国主编:《蒙古族经济思想史研究》,辽宁民族出版社 2004 年版,第 1 页。

第一章　历史上蒙古族的分布及经济文化类型

候］良好的草原。这个地方叫做额儿古涅—昆。"① "额儿古涅·昆"即指额尔古纳河南边的崇山密林。后来他们在这一地带生儿育女，生息繁衍，并慢慢从氏族发展到了部落，最终他们历尽艰险，沿着额尔古纳河走出世代所居住的莽莽丛林，向西迁徙到斡难河源头的不儿罕山一带（今肯特山脉），从此这一广阔的地域就成为蒙古诸部活动的中心。《史集》中是这样记载这一过程的："当这个民族在这些山里和森林里生息繁衍，他们所占的地域显得日益狭窄不够时，他们就互相商量，有什么好办法和不难［做到］的办法，可使他们走出这个严寒的峡谷和狭窄的山道。于是，他们找到了一处从前经常在那里熔铁的铁矿产地。他们全体聚集在一起，在森林中整堆整堆地准备了许多木柴和煤，宰杀了70头牛马，从它们身上剥下整张的皮，［用那些皮］做成了风箱。［然后］在那山坡脚下堆起木柴和煤，安置就绪，使这70个风箱一起煽起［木柴和煤下面的火焰］，直到［山］壁熔化。［结果］从那里获得了无数的铁，［同时］通道也被开辟出来了。他们全体一起迁徙，从那个山隘里走出到原野上。"② 从地域来看，该传说与《旧唐书》中所记载相吻合，即蒙古部是室韦人的一支，最初称为"蒙兀室韦"，居住在额尔古纳河以南的地域。

1.1.2　蒙古民族的形成

蒙古人兴起于额尔古纳河流域后，便开始了长达3个多世纪的聚合过程。按其聚合过程发展和变化，可将此聚合过程分为三个阶段。第一阶段：从进入额尔古纳河流域到公元10世纪，为

---

① 拉施特著，余大钧、周建奇译：《史集》卷1第1册，商务印书馆1983年版，第251页。

② 拉施特著，余大钧、周建奇译：《史集》卷1第1册，商务印书馆1983年版，第252页。

北方农牧交错带变迁对蒙古族经济文化类型的影响

蒙古氏族向部落发展阶段;第二阶段:从公元10世纪到12世纪,为蒙古部落向部落联盟发展阶段;第三阶段:从12世纪中叶到13世纪初,为蒙古部落联盟走向统一、蒙古民族形成阶段。①

蒙兀室韦从额尔古纳河流域逐步西迁,一直到了原回鹘统治的草原地带,直至斡难河、客鲁伦河和土剌河的发源地不儿罕山(大肯特山)及中国现今的内蒙古地区。这样各蒙古部落,就逐渐分布于东起兴安岭一带,西至三河源头的广阔森林与草原地带,进行着游牧、狩猎的生产生活。而逐渐扩大并日渐增多起来的蒙古部落,并不都是出自蒙兀室韦。蒙古族的形成不是某一特定部落的简单的延续,而是在不断的迁徙与交往中,体现着古代各族属部落的混杂与交融。蒙兀室韦西迁后,形成了一个部落群,但人数并不多,原来居住在蒙古高原上的一些部落同室韦部落逐渐合流,就发展成为部落星罗棋布、人口日渐众多的局面。

到唐代后期,蒙兀部(蒙兀室韦)、白鞑靼部、北鞑靼部(后来称为克烈部)、敌烈部(塔塔儿部之一)、乌古部(即翁吉剌部)等结成了蒙古语族的部落联盟。由于蒙兀部最强大,在结成联盟时,所有成员均称为鞑靼,而以室韦(主要是蒙兀室韦)鞑靼为首。10世纪契丹人所建立的辽国管辖鞑靼各部,受到鞑靼各部的强烈反对。于是辽太祖耶律阿保机发兵大举北征,鞑靼部落联盟随即瓦解。在12世纪,中国的蒙古族仍以鞑靼之名见于史册,但这还是对蒙古语各部和一些非蒙古语族的突厥人、回纥人的概称,不是蒙古民族准确的称谓。②

蒙古草原上大大小小的民族和部落,一代一代地活动于此

---

① 徐黎丽:《试论蒙古部落的聚合过程》,《西北师大学报(社会科学版)》2001年第9期。

② 白歌乐、王路、吴金:《蒙古族》,民族出版社1991年版,第8—10页。

地，他们之间进行着不间断的战争和政权更替，但是一直没有实现统一。"天下扰攘，互相攻劫，人不安生"①。直到1205年，一代天骄成吉思汗扫平内忧外患，征服了蒙古"毡帐中百姓"，占领了东起兴安岭、西迄阿尔泰山、南达阴山的广大区域。1206年，蒙古部落在鄂嫩河畔举行盛大聚会，归顺于成吉思汗，建立起蒙古国，结束了各部族和部落的兴衰、更替的历史，为蒙古民族共同体的形成奠定了基础。1207年，成吉思汗派长子术赤带军征服北部尚未统一的"林木中百姓"，占领了西伯利亚以南地区，顺利完成统一。蒙古各部的统一，使得以前各有名号的部落，以蒙古部落为核心，共同使用蒙古语言，逐渐形成统一的蒙古民族共同体，"蒙古"由原来一个部落名称演变为一个民族名称。从此，蒙古民族作为一个统一整体登上了世界历史舞台。可以说，蒙古族是自古以来活动在广阔的蒙古草原上各部族和部落的集大成者，是当之无愧的"马背民族"的代表。

　　成吉思汗建立蒙古帝国之后，蒙古统治集团凭借强大的武装力量和优越的军事组织，发动了大规模的对外军事进攻，蒙古军队的足迹遍及亚、欧大陆的广大地区，建立了蒙古四大汗国，极大地扩大了蒙古帝国的疆域。成吉思汗的后继者忽必烈于1271年建立了元朝，1279年灭南宋，统一全中国，出现了空前规模的全国大一统局面，促进了国内各民族人民之间的经济文化交流和边境地区的开发。元朝是中国历史上第一个由少数民族建立的统一全国的政权，也为后来中国版图的形成奠定了基础，成吉思汗及其后人的作为在中国历史上具有不可替代的历史意义，至今仍是国内外史学界研究的重要内容。

---

① 《蒙古秘史》校勘本，内蒙古人民出版社1980年版。

1.2 蒙古族的分布

  大约距今 2500 万—200 万年的晚第三纪时期，喜马拉雅造山运动使青藏高原隆起，从而形成蒙古高原。大兴安岭、阴山、贺兰山、祁连山、阿尔泰山、天山、昆仑山等一系列高山的层层叠嶂，又使海洋季风难以深入。因而，从西北地区直到长江流域形成了一条广阔的干旱气候带。长江流域多雨，而北部和西北地区趋于干旱。自然植被也从沿海至内陆由森林转变为草原，按其距海远近，分别具有荒漠、半荒漠和干旱草原景观。由于地理环境的这一影响，我国自大兴安岭西麓向西南延伸，经河北北部、山西北部直至鄂尔多斯市和西北高原，形成一条从半干旱向干旱区过渡的自然地带。这条自然地带的北部主要是游牧区，南部则是农耕区，习惯上称为"农牧交错带"。在漫长的历史岁月里，曾有许多血缘氏族和部落活动在广阔的蒙古高原。这一地带，远古以来一直是游牧民族活动的历史舞台。①

  蒙古民族及其先民也是活动于蒙古高原的游牧民族。13 世纪，蒙古族崛起于漠北草原，建立草原帝国，之后通过军事征服不断扩大版图，使统治的疆域空前扩大。而且在其征战和征服的地方留下守军，使其分布十分广泛，亚欧地区、中国的中原地区乃至于遥远的南方都有蒙古族的分布，但蒙古民族的主体还是分布在大漠南北，在蒙古高原及周边广阔的大草原上生生不息地世代繁衍。

---

① 阿岩、乌恩：《蒙古族经济发展史》，远方出版社 1999 年版，第 24 页。

第一章　历史上蒙古族的分布及经济文化类型

1.2.1　蒙古建国前夕各部的分布

蒙古建国前夕，分布在怯绿连河（今克鲁伦河）、斡难河（今鄂嫩河）流域，包括贝加尔湖东南地区的是蒙古部。这个部落的名称就是前面谈及的蒙兀，当时是室韦—鞑靼部落的一支。蒙兀室韦原来居住在也里古纳河（今额尔古纳河）流域，大约9至11世纪，一部分逐渐西迁，到了鄂嫩河、克鲁伦河和土剌河（今土拉河）三河的上游一带，分别叫作尼鲁温蒙古和迭儿列今蒙古的两大分支。此后，蒙古各部落即在西起三江之源，东至兴安岭一带的广阔草原上游牧繁衍。

尼鲁温蒙古意为"出身纯洁"的蒙古人，包括有许多氏族和部落，据《蒙古秘史》记载，将近有三十多个部落首领，都是《蒙古秘史》上提到的阿阑豁阿之子不忽合塔吉、不合秃撒勒只、孛端察儿的后代，彼此有血缘关系。其中成吉思汗出生的孛儿只斤部，在不儿罕山（今肯特山）附近，札只剌部，在鄂嫩河畔；泰赤乌部，在鄂嫩河中游北部；还有散只兀、哈答斤、巴阿邻、照列、那也勤、巴鲁剌思、兀鲁兀、忙兀、主儿乞等部。迭儿列今蒙古意为"一般"的蒙古人，包括有兀良哈、弘吉剌及其分族亦乞列思、斡勒忽讷兀惕、哈剌讷兀惕、火罗剌思河也里吉、许兀惕、速勒都思、伯岳吾、不古讷惕、别勒古讷惕等大小氏族部落。以上两大分支合起来称为合木黑蒙古——全体蒙古人。①

元朝以前的蒙古诸部，分为草原游牧部落和森林狩猎民族，分别称为"毡帐百姓"和"林木中百姓"。前者分布在东起呼伦贝尔，西至阿尔泰山，南界阴山的广阔草原上；后者活动于东起贝加尔湖，西至额尔齐斯河的森林地带。

---

① 《蒙古族简史》编写组编著：《蒙古族简史》，内蒙古人民出版社1985年版，第11—12页。

北方农牧交错带变迁对蒙古族经济文化类型的影响

1.2.2 元代蒙古族的分布

经过成吉思汗的统一和以后三汗（窝阔台汗、贵由汗、蒙哥汗）的扩张，至元朝建立时，蒙古族的居住分布已相当广泛，除随军镇戍各地的将士、疆吏和他们的家属外，这时已经形成以"蒙古"为共同名称，以蒙古语为共同语言的蒙古民族，主要聚居于大漠南北的广大地区。

岭北行省是蒙古族的主要分布地区之一，通常被称为蒙古本土。岭北行省的辖境东越哈剌温山（今大兴安岭）至嫩江和松花江流域，南临大戈壁，西达阿尔泰山西麓。东部从鄂嫩河、克鲁伦河中游以东，为成吉思汗诸弟合撒儿、合赤温、铁木哥、别勒古台诸王的封地；西北部鄂毕河上游至额尔齐斯河，为巴阿邻部领主管辖地，居有帖良古、客失的迷等林木中百姓，其南为窝阔台后王阳翟王封地。东北包括贝加尔湖周围为火里秃麻道牧地，居火里、秃麻、不里牙惕、巴儿忽诸部。色愣格河流域为逊都思千户驻地。八河流域为斡亦剌部驻地。唐麓岭北为益兰州等五部断事官辖地，分布着乞儿吉思、撼合纳、谦州、益兰州、乌斯等部。

漠南蒙古族地区分属中书省及辽阳、陕西、甘肃等行省管辖，包括阴山以北的汪古部居地以及原属金、西夏的地区。漠南地区的德宁路、净州路、集宁路、砂井总管府为汪古部营地。宁昌路属亦乞列思。上都路在元初为扎剌儿部、兀鲁郡王营地。老哈河、西拉木伦河及其西北、东北地区属弘吉剌部等五投下地区。永昌路属阔端。沙州路隶八都大王。山丹州为阿只吉大王分地。西宁州为章吉驸马分地。河套的部分地区为忽必烈之子忙哥剌的领地。元朝在这些地区设置宣慰司，逐渐形成了漠南地区的蒙古族聚居区。

此外，在蒙古国建立至元朝建立前的 60 多年中，蒙古族人民不断地被征调南下或西征，转战各地，不少人随着诸王勋戚留驻封地，逐渐融入当地社会经济生活，成为当地的居民。以阿力麻里为中心的察合台封地；以叶密立为中心的窝阔台封地，都逐渐成为蒙古族分布较多的地区。在这些地区，中央政府派遣达鲁花赤进行直接统治，后又建立宣慰司都元帅府等军事行政机构进行镇守，设置驿站与元朝中央政府联系。①

通过这一时期的扩张和迁徙，蒙古族的分布突破了蒙古高原，在欧亚大陆和中国境内的很多地方都留下了蒙古军队的足迹，使蒙古族的分布在主体仍在蒙古高原的同时，也广泛分布于其足迹所到的一些地方，如现今中国云南省、河南省的蒙古人，被认为就是当时留下的蒙古驻军的后裔。

1.3 历史上蒙古族的经济文化类型

这里所指历史上是草地放垦、农耕经济大规模发展之前的经济文化类型。在公元5世纪前蒙古人靠森林和大河哺育，其生产与生活已走完原始社会早期历史阶段而跨入了拥有原始种植业和原始畜牧业经济的原始社会中期阶段。公元5至8世纪时，蒙古人已有明显的畜牧业从种植业中分离出来的迹象，已向发展畜牧业经济方面转变；同时，因为原始种植业或渔猎经济难以获取足够的生活资料，因而也必须发展新的生产力，向畜牧业经济过渡。历史上蒙古族的经济文化类型大致包括狩猎—采集、畜牧、农耕三种。其中，狩猎—采集经济文化类型是远古时期蒙古先民的主要经济文化类型，后来发展到10世纪的时候，蒙古族以畜

---

① 内蒙古社科院历史组：《蒙古族通史（上卷）》，民族出版社2001年版，第204页。

北方农牧交错带变迁对蒙古族经济文化类型的影响

牧经济文化类型为主，而狩猎—采集、农耕两种经济文化类型都是作为其补充形式存在的。考察蒙古族经济文化类型的变迁，在借鉴经济文化类型变迁基本理论和规律的同时，必须结合其所处的自然地理环境，不能简单认为早期出现的经济文化类型就是落后的。

1.3.1 关于经济文化类型

经济文化类型是民族学者在20世纪中期提出的概念，之后经常见于民族学或人类学研究的著述之中。20世纪中叶，苏联民族学者提出"经济文化类型"理论，通过对民族生活居住环境的分析，参考社会发展状况，进行民族文化的趋同比对和趋异比对。其基本定义是："居住在相似的自然地理条件下，并有近似的社会发展水平的各民族在历史上形成的经济和文化特点的综合体"。20世纪60年代，我国民族学家林耀华与苏联民族学者切博克萨罗夫合著《中国经济文化类型》一文，是应用该理论对中国各民族的经济文化类型进行研究的典范。林耀华先生在《民族学通论》一书中，结合前苏联学者的观点，把经济文化类型定义为："经济文化类型是指居住在相似的生态环境之下，并有相同生计方式的各民族在历史上形成的具有共同经济和文化特点的综合体"。[①] 同时将中国少数民族的经济文化类型划分为：渔猎采集经济文化类型，畜牧经济文化类型和农耕经济文化类型。张海洋教授进一步将人类社会经济文化活动区分为狩猎—采集、威斯顿耕作、畜牧、农业、工业五大类型。李毅夫、赵锦元将世界各民族从事的经济活动分为七种经济文化类型：原始渔猎类型、游牧类型、刀耕火种农业类型、锄耕山地农业类型、畜耕灌溉农业

---

① 林耀华主编：《民族学通论》，中央民族大学出版社1997年版，第88—89页。

第一章 历史上蒙古族的分布及经济文化类型

类型、机耕农业工业类型、现代工业农业类型。

杨庭硕、罗康隆、潘盛之在《民族文化与生境》一书中，根据"控能能力"把民族经济发展按进化阶段划分为狩猎—采集经济、威斯顿经济、游牧经济、农业经济和工业经济五大类型。并据此对中国各民族的经济文化类型进行了划分，认为处于农业经济类型的民族主要有：汉族、布依族、傣族、水族、白族、阿昌族、土家族、回族、维吾尔族、撒拉族、壮族、朝鲜族、保安族、京族、俄罗斯族等。部分蒙古族、柯尔克孜族、东乡族、满族、锡伯族、裕固族、毛南族和仫佬族也从事农业生产，但这些民族的主体从事畜牧业经济。而处于威斯顿经济类型的民族有畲族、瑶族、苗族、黎族、仫佬族、景颇族、傈僳族、哈尼族、毛南族、仡佬族、拉祜族、基诺族、怒族、佤族、布朗族、德昂族、门巴族、满族和锡伯族。[①] 两者的生计方式有许多共同点，但生产手段和对自然及环境的驾驭能力不同，即"控能能力"存在差异，也可以从广义上理解为是处于不同发展阶段的农耕经济类型。它们是狩猎—采集经济发展的一种形式，但不同于游牧经济。

从经济文化类型的定义可知，经济文化类型的形成与民族居住的生态环境有着密切的关系。在工业文明出现之前，人类社会的经济文化类型基本是由其生存繁衍的生态环境决定的。但当我们研究民族的经济文化类型时，要结合经济社会发展阶段，在大部分条件下，经济文化类型与经济社会发展阶段相适应。从人类社会发展的历史进程看，先后经历了采集—渔猎、畜牧、农耕、工商业等几种不同的经济文化类型，由于不同民族间的文明进程不一致，使得在同一历史时期存在着多种经济文化类型。我们在

---

① 参见杨庭硕、罗康隆、潘盛之著：《民族文化与生境》，贵州人民出版社1992年版，第91—95页。

北方农牧交错带变迁对蒙古族经济文化类型的影响

承认经济文化类型与民族发展的社会历史进程具有基本一致性的同时，还要看到经济文化类型受到生态环境的影响和制约，不同的自然生态环境具有与之相对应的经济文化类型，但又不受经济社会发展阶段的影响和制约。如果与社会发展阶段有关的话，只能是在不同的经济社会发展阶段选择不同的生产方式（技术角度）和生产组织形式。如同为农耕经济，既有以人力投入为主的传统农耕业，也有机械化程度很高的现代化农场；游牧业也可以分为传统游牧业和与现代技术结合的游牧业。

自然条件决定了民族的生产和生计方式类型，进而决定了文化类型和民族特点。马克思指出："不同的公社在各自的自然环境中，找到不同的生产资料和不同的生活资料，因此，他们的生产方式、生活方式和产品，也就各不相同。"① 法国著名的社会学家谢和耐曾在其著作《中国社会史》中也说到："正是地理环境促使形成了某种生活方式并强加给它一些限制。在某种海拔高度之上和某些气候条件之外，小麦就要让位于大麦了，蒙古那辽阔的草原牧场更有利于大规模的饲养业而不是农业，需要大量灌溉的水稻种植业最理想的选择地是温带和热带那些能灌溉的平原。"②

"中华民族的家园坐落在亚洲东部，西起帕米尔高原，东到太平洋诸岛，北有广漠，东南是海，西南是山的这一片广阔的大陆上。"③ 在这片广阔的大陆上，既有肥沃平坦的平原，也有高耸的山系和起伏的高原。东西呈现出明显的从高到低的三级阶梯，南北纵跨多个气候带，从而形成了东西南北乃至高地与低地

---

① 马克思：《资本论》，第一卷，中国社会科学出版社1983年版，第355页。
② （法）谢和耐：《中国社会史》，耿昇译，江苏人民出版社1995年版，第12页。
③ 费孝通主编：《中华民族多元一体格局》（修订本），中央民族大学出版社1999年版，第4页。

第一章　历史上蒙古族的分布及经济文化类型

之间各异的生态环境。生态环境是农业发展的基本前提,生态环境条件决定了农业生产的类型,分布在不同地区或生态条件下的民族适应其所在地的环境,发展了与之相适应的产业。"中国的地质、地貌与地理环境的特殊构造,不仅决定了中国生产力与生产方式发展的基础,形成了北方地域的牧业经济形态,在中部与东部的南方地区的农耕经济形态,西部地域的山地经济形态和沿海疆域的渔业经济形态,而且也影响了民族形成与发展的不同过程及其不同文化表现形态,故而有牧业民族与文化,农业民族与文化,山地民族与文化,海洋民族与文化等等。复杂的生态环境与不同的生产类型,决定了多元民族文化的形成与发展。""自然生态环境在很大程度上影响着人们的生产与生活方式,因而在民族文化的形成与发展过程中起着很大的作用。之所以出现狩猎民族文化、牧业民族文化、山地民族文化、农业民族文化、渔业民族文化,并在此基础上还派生出各种民族表现形式的次生文化,就是因为它们生活于不同的生态环境之中。生态环境变化了,民族文化的表现形式自然也会发生变化,但它们内涵的精华部分是会保存于传统文化之中的。"[①] 在这里施先生指出了经济文化类型与民族间的关系,游牧民族、农耕民族、海洋民族等是指文化类型或形态,而不是民族学研究中的"民族"概念。民族学中的"民族"是指人们共同体,不同的人们共同体可能归属于同一种经济文化类型,同一个民族共同体在不同的发展阶段可能归属于不同的经济文化类型,不能将这两个民族概念相混淆。

由于自然条件的差异,我国在古代就形成了三大经济区:(一) 内蒙古高原以南,大致上即阴山、长城一线以南,青藏高原边缘以东至海,为东部季风区,其自然条件适宜于农业,是汉

---

① 施正一著:《施正一文集》,中国社会科学出版社 2001 年版,第 801、804 页。

北方农牧交错带变迁对蒙古族经济文化类型的影响

族聚居的农耕区;(二)大兴安岭以西,昆仑山、阿尔金山、祁连山和阴山、长城一线以北为干旱和半干旱区,降雨稀少,分布有草原植被,为游牧民族聚居的畜牧区;(三)青藏高原高寒地带由于空气稀薄、气候寒冷、植被稀少,当地居民从事狩猎、采集和原始农业的混合经济;大兴安岭以东、长城以北的东北地区,由于气候寒冷,人口稀少,森林密布,17世纪以前当地居民主要从事渔猎、采集和少量农业的混合经济区。概而言之,我国历史上可分为农耕、畜牧和渔猎三大经济区。历史上民族、政权之间势力和疆土消长,实际就是这三大经济区的交融和消长。[①] 这是中国民族经济史研究的主线,尤其是农牧交错带地区,是中国历史上民族间经济交往的重要地带,一条是以长城为中心的北方农牧交错带,一条是青藏高原东部与云南、四川、甘肃交界的区域。

从中国民族分布的地域格局看,在长期的历史发展过程中,形成了"汉族主要居住在农业地区,除了西北和西南外,可以说凡是宜耕的平原几乎全是汉族的聚居区。同时在少数民族地区的交通要道和商业据点一般都有汉人长期定居。"[②] "少数民族聚居地区占全国面积一半以上,主要是高原、山地和草场,所以少数民族中有很大一部分人从事牧业,和汉族主要从事农业形成不同的经济类型。中国的五大牧区均在少数民族地区,从事游牧业的人都是少数民族。"[③] 在当时的条件下,这些高原山区及干旱、半干旱地区大多不适宜发展农耕业,即使有,也主要分布在有限的河谷地带或小块山间平坝上。在大部分地区,农耕业都不是当地

---

① 邹逸麟:《中国多民族统一国家形成的历史背景和地域特征》,《历史教学问题》2000年第1期。

②③ 费孝通主编:《中华民族多元一体格局》(修订本),中央民族大学出版社1999年版,第32页。

第一章　历史上蒙古族的分布及经济文化类型

居民从事的唯一产业，他们或从事单纯的游牧业或以畜牧业为主，兼营农耕业；或以农耕业为主，兼营畜牧业。

从经济文化类型形成的角度看，它代表了人类社会的发展进程和阶段，但在农耕与畜牧两种经济文化类型之间，必须结合不同地区的自然环境进行分析。一个民族选择畜牧还是农耕经济作为其生计方式，除受到经济社会发展阶段的影响外，还与其所处的自然环境密切相关。蒙古族生息繁衍的蒙古高原，在蒙古族形成之前就已是游牧部落或民族的生息繁衍之地，如匈奴、突厥等。这说明一定的自然生态环境是特定经济文化类型产生的基础，也就是说不是蒙古族而是其他民族生息繁衍在蒙古高原，也必然选择草原畜牧业，从而创造游牧经济文化类型，如果违背这一自然法则，一个民族很难生存和延续下来。近100年来，以农耕文化思维为主导的历代中央政权，力图改变400毫米等降水线南北生产分工格局，并一度取得成效，使农耕界限北移，但其代价是生态环境的破坏，土地农作收益的递减。

农牧交错带的环境敏感特征，不但导致自身自然属性的变化，而且也会影响到人类的经济生活方式。特别是在人类历史的早期，这样的影响几乎对人类经济生活方式起决定性的控制作用，促使人们从一种生产类型转向另一种生产类型。由于农、牧业生产依托的环境不同，因此随着农牧交错带自然属性的变化，人类首先打破原始农业"一统天下"的局面，在原始农业基础上萌生了畜牧业，然后渐次形成独立于农耕业的畜牧业空间区域，并在其南部边缘与农耕区交错分布，形成农牧交错带。

畜牧业从农业中分离以及畜牧区的出现是农牧交错带形成的标志。目前的考古学研究成果证明，距今5000多年前的新石器时代，中国北方是以原始农业占主导地位并辅有采集、渔猎等经济文化类型的区域。大约在距今3500—3000年左右，畜牧业逐渐从原始农业中分离出来，并伴随马具的应用及骑马民族诞生而

北方农牧交错带变迁对蒙古族经济文化类型的影响

不断扩大空间分布范围，在历史上首次形成以畜牧业占主导地位的经济文化区。由于畜牧业是从原始农业中分离出来的，因此畜牧区的形成与扩展过程，也就是农耕区的退缩过程；从距今3500～3000年前畜牧业向东、向南甚至向西开始其扩展过程，农耕区在相应方向的退缩始终与之相伴，这样的退缩过程一直持续到汉代。[①]

中国北方农牧交错地带大致相当于长城沿线地带，是我国北方由半湿润区向干旱区过渡的半干旱地区，是地理环境的过渡地带，亦是全球环境危机带的组成部分。这一地带对全球气候变化的反应最为敏感，尤其是对降水多少的反应更为典型。表现在物质文化景观方面，最突出的是农业、牧业文化景观相交错，而且时农时牧，使整个大农业生产系统处在波动不稳状态。

自然环境的特殊性，加之自古以来交错带南北民族分布的差异，以南地区以汉民族为主，以北以少数民族为主，汉族主要从事农耕经济，少数民族主要从事游牧经济，因而形成了以自然环境为基础的南北不同的自然景观特征和人文文化景观特征，农牧交错带位居其中，是其过渡地带，农耕与游牧交错分布。有学者从以下几个方面概括北方农牧交错带的经济文化环境特征。[②]

1. 以少数民族与汉族杂居而组成人群特征，这条带北侧为蒙古族集中居住地区，南侧则以汉族居住为主，西侧以回族集中居住，反映出多民族居住的交错特征。由于多民族杂居，从而在生活、生产及居住习惯上也各具特色，综合交织。在黄土丘陵区多为窑洞居住，在平原区多为土木建筑的房屋，在北部边缘有以蒙古包居住的蒙古族零星分布区。

2. 土地利用呈现出明显的农牧交错特征，偏西、西北、北

[①][②]韩茂莉：《中国北方农牧交错带的形成与气候变迁》，《考古》2005年第10期。

部以牧农交错；中部山地以林牧交错，东、南、东南部则以农牧林交错。从土地利用结构来看，全带耕地占 25%—30%，林地占 10%—15%；牧草地占 45%—50%，其他用地所占比例较少。

3. 虽然这一地带开发历史悠久，但是以大农业开发为主，整体工业化水平较低，除这一地带的呼和浩特市、包头市、银川市以及赤峰市、集宁市、榆林市、东胜市等城市外，基本上以地方加工工业为主体。因此，交通、通讯条件都不很发达，虽然近年在各方的支持下有所发展，但与农区相比，相差较大。

4. 经济水平相对低，大部分地区为贫困地区，人均收入不高；耕地单产水平较低，且深受自然环境的影响，仍然没有摆脱靠天吃饭的局面。此外受周围中心城市影响，呈现出环块状的经济水平分异。

5. 整个文化环境具有明显的区域特征，除整体表现为农牧林区与牧农林区外，还表现自东北而西南的分异，这种分异可大体划分为以下几个区域：西辽流域农牧林交错文化景观区；张北—集宁地区农牧交错文化景观区；阴山—贺兰山地区林牧交错文化景观区；岱海流域农林牧文化景观区；呼包地区农林牧城镇文化景观区；鄂尔多斯东部牧农林工矿文化景观区；陕北长城沿线农林牧工矿文化景观区；宁夏—甘肃中部农牧林文化景观区。

1.3.2 狩猎—采集经济文化类型

这是人类经济生活中最古老的经济文化类型，是其他各种经济类型的先驱，它伴随人类度过了人类历史的绝大部分时间。在这种类型的生计方式中，人们的劳动对象是自然界的天然生成物，使用的主要生产工具是棍棒、石块、弓箭、渔叉、网等。这一经济类型的产品一般不经过二次加工，从自然界中直接获取，直接利用，无须储存和交换，生产和消费连锁性一次完成，因而

北方农牧交错带变迁对蒙古族经济文化类型的影响

也就排除了生产技术的作用,也没有专业分工的必要。在这里人们必须经常更换生存区域,才能有足够的动植物可供获取,人口的繁衍增长受动植物繁殖速度的约束,人口增长缓慢,与这种生产相适应的社会组织形式是氏族村社。

蒙古族的狩猎—采集经济活动可以追溯到远古时期。据传说,远古时期的蒙古人以树叶为衣,用木、石做器皿,以采集为生。蒙古草原地域辽阔,狩猎资源丰富多样,优越的生态环境为远古蒙古部落从事狩猎维持生存提供了得天独厚的良好条件,公元5—6世纪蒙古人的祖先完成了由采集经济向狩猎经济的过渡。在蒙古族的传统经济结构中,狩猎经济的历史要比人们所熟知的畜牧业经济更为古老。公元10世纪,蒙古部落逐步由狩猎部落转变为游牧部落,狩猎业成为蒙古人补充生活来源的副业或大规模军事训练的围猎活动。[1]

蒙古族狩猎经济的历史十分悠久,至晚可以追溯到旧石器时代。蒙兀室韦在西迁之前,经济上仍以狩猎经济为主。据史籍记载,北齐时室韦"颇有粟麦及穄,唯食猪鱼,养牛马,俗又无羊。夏则城居,冬逐水草,亦多貂皮"。《隋书》记南室韦"田收甚薄,无羊,少马,多猪牛。造酒食噉,与靺鞨同俗。"北室韦"冬则入山,居土穴中,牛畜多冻死。饶麈鹿,射猎为务。食肉衣皮。"冬季凿冰捕鱼,踏滑雪板行走,"俗皆捕貂为业,冠以狐骆,衣以鱼皮。"[2]

直到成吉思汗统一蒙古诸部之时,生活在森林地带的蒙古人仍然以狩猎生产为其经济基础,其典型代表是"森林兀良合惕部

---

[1] 内蒙古社科院历史组:《蒙古族通史(上卷)》,民族出版社2001年版,第19—20页。

[2] 达力扎布编著:《蒙古史纲要》,中央民族大学出版社2006年版,第20—21页。

第一章　历史上蒙古族的分布及经济文化类型

落"。当时,"森林兀良合惕部落"的人们穿着兽皮制的衣服,住着用白桦和其他树皮筑成的敞棚和房屋,用白桦树汁作饮料。在满地冰雪的冬季,他们穿着"察纳"(滑雪板)、拖拽着雪橇,驰骋于冰雪之上,漫山遍野地追逐山牛等动物,过着传统的茹毛饮血、食肉衣皮的狩猎生活。[①]

狩猎业作为蒙古族最原始的经济文化类型,一直在民族经济文化生活中占据重要位置。狩猎业不仅是被称为"林木中百姓"的森林狩猎部落最主要的生产、生活方式,就是被称为"有毛毡帐裙的百姓"的草原游牧民部落也不能仅仅依靠单一的畜牧经济,而必须以狩猎作为经济生活的补充。落后的森林狩猎业最终经由半游牧半狩猎业转为游牧业,但在相当长的时期内,狩猎业一直作为蒙古游牧经济的补充形式而存在。早期的狩猎经济不仅是蒙古民族生活资料的重要补充,而且它的延续和发展还为畜牧业经济的产生奠定了坚实的基础。

狩猎经济在蒙古族及其先民的经济文化生活中延续了数万年之久,在蒙古族传统经济结构中所处的地位及其在蒙古族历史发展过程中具有极为重要的历史作用,主要表现在以下两个方面:一是生活资料的来源,在畜牧业尚不发达的条件下,狩猎是获取生活资料的主要形式;二是军事活动的"预演"。

古代蒙古人的狩猎活动,最初为生活、生产所需,其目的为获得食物充饥,获得皮毛以保暖,他们穿戴的袍子、帽子、靴子等衣物均以猎物的皮毛为原料制成,并以食用猎获物为主。蒙古族为了保证牲畜的繁殖,从不轻易宰杀,狩猎便成为补充食品的重要来源,所以说在早期狩猎业不仅是蒙古族得以生存的重要保障,同时也是草原畜牧业得以发展的前提。

[①] 拉施特著,余大钧、周建奇译:《史集》卷1第1册,商务印书馆1983年版,第202—203页。

北方农牧交错带变迁对蒙古族经济文化类型的影响

随着社会的发展及政治经济方面的需求，尤其是蒙古建国后，蒙古族狩猎活动逐渐演变成为一种军事训练及作战演习活动，并可以起到在战时保障军队食物供给的重要作用。古代蒙古族巧妙地利用狩猎活动，将生产和军事活动融为一体。在和平时期，使松散的牧民通过有组织、有分工、有严格纪律的狩猎活动统一行为，将全民族变成一支训练有素、招之即来的庞大军队，故能"上马则备战斗，下马则屯聚牧养"。[①]

1.3.3 畜牧经济文化类型

畜牧经济文化类型在蒙古族经济社会发展中具有举足轻重的作用，同时也是中国北方诸民族历史上的重要生计方式。蒙古高原及其周边地区分布着大片的草原和丘陵牧场，非常适宜放养马、牛、羊、骆驼等家畜。这一地区先后有匈奴、柔然、鲜卑、突厥、契丹、女真、蒙古等部落和民族从事畜牧业生产，他们所从事的畜牧业不同于其他地区和民族的家居圈养，而是逐水草而居的游牧业。蒙古族根据居住的自然环境选择和继承了草原游牧业这一生产方式，成为蒙古高原畜牧经济文化类型的典型代表，并孕育了独特的草原游牧文化。逐水草而迁移，随季节而流动，是蒙古族游牧经济文化类型最主要的特点，从 10 世纪蒙古部落转变为游牧部落之后，游牧业慢慢成为蒙古民族的基本经济活动和生计方式，并一直延续到 20 世纪初的草原放垦。

根据《魏书》、《隋书》、《旧唐书》等史书的记载，公元 5—8 世纪时蒙古人只是"养猪"、"少马"、"无羊"。马仅役用，"有牛不用"，肉食除猎获的野生动物外，饲养的牲畜中仅以"巨豕食之"。到 8 世纪初畜牧业经济虽有一定发展，但还不是很发达，

---

① 内蒙古社科院历史组：《蒙古族通史（上卷）》，民族出版社 2001 年版，第 86 页。

第一章 历史上蒙古族的分布及经济文化类型

农业也非常落后,处于原始状态。到 9 世纪时,羊、马大量增加。从 10 世纪开始到 12 世纪以后畜牧业经济开始取得长足发展,在蒙古汗国建立的时候就已经享有"游牧之国"的美称,蒙古族的畜牧业生产已经进入了较为稳定的增长时期,其牧放的牲畜种类已比较多,主要有马、牛、山羊、绵羊、骆驼等,并且均被普遍饲养。他们不仅重视牲畜的数量,而且还特别重视质量,蒙古的畜种都是由良畜组成的。从 10 世纪蒙古部落转变为游牧部落之后,游牧业逐渐成为蒙古民族从事的主要产业。蒙古汗国建立后,专门设立了牲畜及畜产品贸易市场。一般牧民也可以参加,用少量牲畜、皮张、绒毛等,从中原人手中换取谷物和茶、丝、烟等其他生活用品。①

马对古代蒙古人的生产、生活极为重要,蒙古族对马匹的饲养量较大,平均每名蒙古士兵都拥有两三匹马,欧洲传教士对此曾经发出过这样的感慨:他们拥有如此之多的公马和母马,以致我不想会在世界的其余地方能有这么多的马。马匹给蒙古族带来了巨大的商业价值和军事价值,使得蒙古族在征战世界的过程中一直在军事上处于优势地位。蒙古族古代的养羊业也是十分发达的,且数量上比马还要多得多。牧人日常的肉食、生活用品的原料都离不开羊。13 世纪初蒙古社会羊的数量接近 1000 万只;蒙古社会对牛肉的消费量仅次于羊肉,牛奶和奶制品也是蒙古人日常食物的主要来源,蒙古族一个部落就能拥有几万头牛;此外也有部分牧民饲养骆驼。②

历代蒙古大汗都很重视畜牧业的发展,屡次颁令严格保护草场,不准掘草根及遗失火源。窝阔台汗和忽必烈汗时曾派人在干旱草原打井,进一步扩大草场。蒙古统一后,社会稳定,畜牧业

---

① 白歌乐、王路、吴金:《蒙古族》,民族出版社 1991 年版,第 17—18 页。
② 阿岩、乌恩:《蒙古族经济发展史》,远方出版社 1999 年版,第 24 页。

得到发展。蒙古人以孳畜多寡为贫富的标准。

北元时期，畜牧业仍是蒙古社会的主要经济活动，与蒙元时期相比生产技术没有大的改进。清前期在蒙古地区推行的保护和发展畜牧业的经济政策，促进了畜牧业的发展。到清后期，随着蒙地放垦和农耕区面积的扩大，以及社会环境的变化等诸多因素的影响，畜牧业出现衰退和萎缩。

从一个"少马无羊"的民族发展成为世界著名的游牧民族，这与蒙古族所处的自然地理环境以及民族特点是不无关联的。所以说，在工业文明出现之前，一个民族经济文化类型的形成与其所处的自然环境存在着密切关系。同时，蒙古族在长期的畜牧生产中，也积累了很多宝贵的生产经验，对于畜牧经济文化类型的延续以及传播都具有重要意义。

1.3.4 农耕经济文化类型

在中国，农业作为一个古老的产业，在新石器时代就发生了农业文化。黄河中下游的新时期遗址中已找到粟的遗存，长江中下游的新时期遗址中已找到稻的遗存。从夏代以降修水利是统治者的主要工作，说明灌溉在农业上的重要地位。[①] 而且考古发现已经证明，在中国农业文明的形成和发展的过程中，各个民族都作出了贡献。蒙古族虽然是一个在历史上以草原游牧经济为主要生计方式的民族，但是，农业在蒙古族及其先民的经济生活中都不同程度地存在过，并且在不同的历史时期发挥了或大或小的作用。

从考古资料中得知，史前的贝加尔湖地区、蒙古高原腹地、鄂尔多斯、西辽河地区都曾出现过农业生产，其中，红山文化的

---

① 费孝通主编：《中华民族多元一体格局（修订本）》，中央民族大学出版社1999年版，第11页。

第一章 历史上蒙古族的分布及经济文化类型

农业生产是比较发达的。根据文献记载，早在石器时期今蒙古高原上就存在过农业生产的遗迹，鄂尔多斯、西辽河地区在公元前2000年前，农业有一定的发展。公元前2000—1000年是一个逐渐趋于干旱的时期，这个趋势，到公元前1000年左右达到顶峰，并使从河湟地区—鄂尔多斯—西辽河流域沿线地区由农耕转向游牧，出现了以此为界的南北农耕与游牧的分野。[①] 辽宁省阜新地区很早以前就是东北少数民族游牧生息之地，该地区的农业生产活动有悠久的历史。据阜新蒙古族自治县沙拉乡查海村考古发现的原始时期的大量石刀、石镐、石磨盘、石磨棒等农业生产工具充分证明：远在7600年前的新石器时期，这里的居民就已经开始运用简陋的石制工具，从事艰苦的原始农业生产。《隋书》中记载南室韦"田收甚薄，无羊，少马，多猪牛"；12世纪时色楞格河流域的蒙古部落篾儿乞部就已经从事农业生产；13世纪时到过蒙古族居住地方的旅行者—汉人张德辉也曾看到在蒙古地区克鲁伦河流域有人在经营农业；公元1223年旅行经过现今贝尔湖、胡伦湖和哈拉哈河一带的长春真人也在其著作中提到了该地区经营农业的状况。史书中也有很多关于早期蒙古族各部落从事农业生产的记载。如在《蒙古秘史》中就有"有板门的百姓"、"于土城内住的百姓"的记载，住土房的百姓除了经营牧业和狩猎外，还经营农业。由于受到北方自然环境的制约，蒙古族经济社会中出现的早期农业种植种类主要是一些旱作农业品种，如栗、黍、麦以及各种豆类。

农业作为畜牧业的补充，在蒙古族以及与蒙古族具有渊源关系的部落中都不同程度地存在过，室韦、汪古等部族都有从事农耕的纪录。但是，农业在早期蒙古地区尚不普遍，仅在少数部落中出现，并且没有单纯从事农业生产的人口。只是后来随着游牧

---

① 王明珂著：《华夏边缘》，社会科学文献出版社2006年版，第81页。

北方农牧交错带变迁对蒙古族经济文化类型的影响

经济的发展需要,从牧民中逐渐分离出一部分专门从事农业生产的人,他们过着定居生活,但是数量也不多。虽然蒙古族的农耕有着悠久的历史,但是在早期蒙古人的社会生活中,农耕业并没有成为主要的经济文化类型,只是在补充畜牧业经济的不足中发挥了一定的作用。

农业经济文化类型没有成为历史上蒙古族经济社会发展的主导,但是却受到了蒙古统治者的重视。成吉思汗统一蒙古高原各部,建立蒙古汗国后,非常重视粮食生产,亲自告诫诃额伦和斡赤斤所属部族首领经营农业,并"让万户朱尔奇德部种地",而且专门指定明嘎特部负责筹备粮食。[①] 当时俘虏西域、汉地的大量工匠至漠北,这些人在怯绿连、斡耳寒等河流域耕种,以后不断有被俘掠之人来到漠北从事农业。元朝为抗击诸王叛乱,派汉军和新附军在和林、谦谦州、称海等地驻防屯田,农耕面积进一步扩大。漠北农业的发展,在保证军队粮食供给的同时,减轻了内地供给的压力。在漠南,原来只有汪古部有农业生产,到了元代,弘吉剌部的应昌府、汪古人居住的砂井、净州等地,以及西部的亦集乃路都有农田,在亦集乃修建渠道,耕种面积很大。大漠南北农业的发展丰富了蒙古族的经济生活。北元时期,蒙古高原的农业主要集中在辽阳行省境内,在其他地方也有少量农耕。纳哈出投降和捕鱼儿海子之役后,北元境内的农业逐渐消失,永乐年间北征明军在漠北只见到一处农田。明中叶以后,在蒙古地区再次出现了农业经济,先在明朝沿边的兀良哈三卫和右翼部落,后来在左翼部落也发展起来。各部的农耕规模都比较小,土默特部丰州川一带的农业最发达。蒙古地区的农业主要由被俘掠或逃来的汉族农民经

---

① 嘎尔迪:《蒙古文化专题研究》,民族出版社 2004 年版,第 116—117 页。

第一章　历史上蒙古族的分布及经济文化类型

营，蒙古人几乎不从事农业生产。①

经济文化类型作为一种居住在相似的自然地理条件下，并有近似的社会发展水平的各民族在历史上形成的经济和文化特点的综合体，对民族经济社会发展的作用是巨大的。同时，民族经济文化类型的形成也是一个受制于自然地理环境以及民族传统文化的漫长过程。蒙古高原上曾经出现过诸多少数民族政权，蒙古族的先民自古以来就生活在蒙古高原及其周边地区，经过漫长的发展，最终由蒙古族实现了蒙古高原及其周边蒙古族聚居地区的统一。蒙古高原特定的自然地理环境、不同时期的社会生产力发展水平，决定了蒙古族在早期发展中，经历了由采集—狩猎经济文化类型发端，并在此基础上形成强大的草原畜牧经济，为蒙古部落的强大和蒙古帝国的形成奠定了坚实的经济基础。而蒙古族聚居区域早期农业的出现，虽然只是作为蒙古族畜牧经济文化类型的补充，但也在一定程度上影响了早期蒙古族经济社会的发展，丰富了游牧民族的经济生活。

---

①　达力扎布：《蒙古史纲要》，中央民族大学出版社 2006 年版，第 124—125、187 页。

第二章 北方农牧交错带的变迁

中国北方农牧交错带是一条重要的自然分界线，主要根据降水、气温等自然因素来划分。但北方农牧交错带不是固定不变的，在不同的历史时期，由于气候、人为因素的影响而南北摆动，并一直延续至今。从历史上北方农牧交错带变动的总体走势看，虽然是南北摆动，但总体趋势是农耕区逐渐向北推进，深入草原，农牧交错带的界限北移，农耕范围不断扩大。从时间序列看，秦汉以来的较长历史时期，北方农牧交错带的北端基本以长城为界，虽然长城以北地区也有农耕生产活动，但零星分布于少数地区。直到清朝中后期，随着对长城以北地区的放垦，内地人口大规模迁入北方农牧交错带及以北的草原，长城以北出现了大片农耕区，使农牧交错带逐渐北移，这种变动一直持续到20世纪末。

2.1 农牧交错带的概念

从1953年赵松乔先生首次提出农牧交错区这一概念之后，半个多世纪以来，我国学者对该区域展开了很多相关研究，在此基础上得出了北方农牧交错带的一般概念，并对其变迁过程进行了研究。北方农牧交错带不是简单的地理或区域分界线，历史上北方农牧交错带的区位不是一成不变的，受到战争、社会、经济等一系列因素的影响，北方农牧交错带的界线曾经一度迁移、交替，南北摇摆，并一直延续至今。

2.1.1 农牧交错带的提出

20 世纪 30 年代，中国地理区划（洪思齐，1934）中提出了季风区与中亚内陆高原分野的概念；中国气候区划（涂长望，1936）蒙古类中的内蒙古大部、大兴安岭西部、张库路（张家口—库伦）沿途亦为半耕半牧地带；中国农业区域（胡焕庸，1936）中的漠南草地区，年降水量 300—400mm，为耕地之极限。这些早期研究成果从地域、气候和农业土地利用角度对中国农牧交错带给出了初步认识。

赵松乔先生最早提出农牧交错区的概念，开始称其为农牧过渡带。他在 1953 年发表的《察北、察蒙及锡蒙——一个农牧过渡带地区经济地理调查》一文中提出：这一地区是一个典型的农牧过渡带，从外长城到已有的集约农业地带向北递变为粗放农业区、定牧区、定牧游牧过渡区，以至游牧区。这里既是自然条件和农业生产的过渡带，也是汉民族和兄弟民族交错居住的地区，研究其有着不容忽视的科学和政治意义。[①] 1956 年他在《我国三大景观地带交汇处的天祝》一文中认为，在经济地理上，天祝藏族自治县又是一个农牧交错区，一般藏族人民聚居地区为纯牧区或牧主、农副，汉、土等民族聚居区则以农为主，牧业也占一定比重。估计全县人口约有 1/3 从事牧业，农业、半农半牧次之。全县土地面积草原占 50%、耕地占 20%、林地柴山约 15%。1958 年，周立三、吴传钧等人将这样的农牧交错区域定义为农牧交错带。

20 世纪 50 年代末期，经过赵松乔以及周立三、吴传钧等学者进一步的研究和解释，不仅对农牧交错带的概念、界线、范围

---

① 赵松乔：《察北、察盟及锡盟——一个农牧过渡地区经济地理调查》，《地理学报》1953 年第 1 期。

北方农牧交错带变迁对蒙古族经济文化类型的影响

及特征进行了确定,而且将交错带的认识范围伸展到中国西南地区,认为中国存在着由东部农业区向西部牧业区过渡的农牧交错带,在这个过渡带内种植业和草地畜牧业在空间上交错分布,时间上相互重叠,一种生产经营方式逐步被另一种生产经营方式所替代。所以说,中国农牧交错带主要包括两个组成部分,分别为北方农牧交错带和南方农牧交错带。由于蒙古族为北方世居民族,且主要生息繁衍于北方农牧交错带以北地区,北方交错带的变迁对蒙古族的经济文化类型产生了深刻影响,尤其是近现代以来,北方农牧交错带的变迁,已远远突破了原来长城沿线的界限,深入草原地区,从根本上改变了蒙古族的经济文化类型,也改变了北方农牧交错带以北地区及蒙古高原的产业类型。

2.1.2 农牧交错带的含义

农牧交错带,在《现代地理学词典》中又被称为半农半牧区。从字面含义来讲,指的是农业和牧业交错分布的地带或区域。该地带是一个复杂的人地系统,它是指农业区与牧业区之间所存在的一个农牧过渡地带,在这个过渡带内,种植业和草地畜牧业在空间上交错分布,时间上相互重叠。[①] 广义而言,农牧交错带是指以草地和农田等的大面积交错出现为典型景观特征的自然群落与人工群落相互镶嵌的生态复合体,在这一生态复合体所在区域里,并存着以农业、草业、林业和畜牧业生产力为主体的多种生产方式。农牧交错带不是一个纯粹的自然体,带有强烈的人为干扰的痕迹。它的形成是农业种植业向草原牧区扩展、深入的过程中,受到草原区水热条件以及社会、经济、文化等多种因素对种植业限制的结果,从而形成农业种植业与天然草地畜牧业

[①] 赵哈林、赵学勇、张铜会等:《农牧交错带的地理界定及其生态问题》,《地球科学进展》,2002年第5期。

并存、插花分布的格局。

从经济学视角看,交错带在学术上被定性为"边际土地",它瘠薄脆弱,生产力低下,它和草原的生产方式主要是以自然放牧为主的畜牧业,从古至今延续数千年。我国西北部、北部属于交错带的区域范畴非常大,达到了118多万平方公里,占我国土地总面积的1/9以上。它从东北的吉林、辽宁一直到西部的陕西、甘肃,年降雨量基本在400到500毫米之间,高于草原,但又不足以形成大片森林。①

2.2 北方农牧交错带的地域界定

农牧交错带的提出虽然已经有半个多世纪的时间,但是各个学科对北方农牧交错带地域的界定还没有形成共识,这不仅是因为学科之间对农牧交错带的界定标准与衡量尺度不同,难以得出一致的结论。同时,北方农牧交错带随着时间的推移,在一系列因素的影响下一直处于变化之中,近几十年来更是显现出向西向北方向扩展的趋势,没有一个固定的界限,从而难以给出一个十分确切的界定。但是,根据多年来各个学科研究的情况及其共同点,可以确定北方农牧交错带的大致范围。这个范围可以分为自然界线和人为界限,自然地理学等学科主要研究其自然界线。也就是说,其自然界线是相对固定的,虽有变迁,但在一定期限内变化不会很大,而人为界线是由人类经济活动形成的,往往与自然界线不一致。从近100多年的情况看,人为界线或现实北方农牧交错带的界线早已突破自然界线,深入到了草原腹地。

---

① 《"边际土地"不能再放任自流》,《科技日报》,2006/03/30。

2.2.1 北方农牧交错带界定的沿革

农牧交错带最初是 20 世纪 50 年代初期从经济地理专业领域界定的农业种植业向天然草地畜牧业过渡，农牧并存、并重的过渡区域，在这个过渡区内，种植业和草地畜牧业两种生产方式在空间上交错分布、时间上相互重叠，范围大小不一的农牧交错区，彼此相连组成农牧交错的农业经济地带。但是这个时期的研究有一定的局限，尚未形成全国农牧交错带的系统研究，农牧交错带划分的具体指标还不够完善，包含的地理范围也是粗线条界线。1959 年，赵松乔进行了川滇农牧交错地区农牧业地理调查，首次将农牧交错带的认识范围从北方延伸到西南地区，从而将我国农牧交错带的范围完整地勾勒出来，即从内蒙古高原东南缘，经辽西、冀北、晋陕和宁夏中部，在甘青交界处转而南北走向，经川西、滇西北，包括南、北两段。①

从 20 世纪 50 年代开始，很多相关学科的学者分别从各自的研究领域对农牧交错带的范围作了界定，并不断将研究推向深入。但是由于不同的学科对农牧交错带的定义和认识有所不同，划分标准的侧重点不同，对农牧交错带界定的理论方法也不尽相同，所认定的农牧交错带的范围也有很大差别。见表 2-1：

表 2-1　不同学者对农牧交错带的认识一览表

序号	研究者	名称	范围	界限指标	专业
1	周立三等	内蒙古及长城沿线农牧林区、黄土高原亚区	内蒙古南部、长城沿线、晋陕甘黄土丘陵、陇中青东丘陵	半湿润向半干旱过渡、农牧兼营	农业地理

---

① 韩建国、孙启忠、马春晖：《农牧交错带农牧业可持续发展技术》，化学工业出版社 2004 年版，第 31 页。

续表

序号	研究者	名称	范围	界限指标	专业
2	李世奎等	半干旱地区农牧过渡带（半农半牧交错带）	内蒙古高原东缘和黄土高原北部	≥400mm/a出现频率50%为主导标志,日平均风速≥5m/s的平均日数为辅助指标	农业气候
3	朱震达、刘恕等	北方农牧交错沙漠化地区	东起松嫩下游,西至青海共和的农牧交错地区（在河套土默川断开）	年降水量250mm—500mm,降水变率25%—50%,7级—8级大风日数30d—80d	生产环境与自然地理
4	吴传钧、郭焕成等	长城沿线区,半农半牧和农牧交错亚区	内蒙古东南部、辽西、冀北、晋陕北部和宁夏中部	年降水量300mm—600mm,耕:草:林面积比1:0.5:1.5	经济地理
5	国家土地局、北京大学	三北交界区与晋陕、甘青黄土区	内蒙古东南部、辽西、冀北、(西北与东北、华北交界)晋陕甘宁黄土丘陵区	半湿润、半干旱,年降水量400mm左右,耕草林用地交错分布	综合自然地理
6	张丕远等	农牧业过渡带(气候敏感带)	大兴安岭东南—坝上—大同—榆林—环县北—兰州南的一条狭长地带	年降水量300mm—400mm,年降水变率15%—20%	历史地理
7	张林源、苏桂武等	北方季风边缘区半农半牧（或林）类型	内蒙古高原东缘、黄土高原北部	≥400mm降水出现频率5%—20%,10a中有8a以上不能满足旱作要求,降水量200mm—450mm,西北气流与季风气流交替作用地带	环境演变

续表

序号	研究者	名称	范围	界限指标	专业
8	张兰生、史培军等	季风尾闾区,农牧交错带是其中的一个部分	温带风沙草原与暖温带黄土草原区	西北界250mm,东南界450mm,集二线为东西分异的重要界线	环境演变
9	王铮、张丕远等	生态过渡带	贯通黑河-腾冲方向的狭长地带	胡焕庸人口分界的方向线	全球变化
10	田广金、史培军	长城地带(农牧交错带)	内蒙古高原边缘、河套、长城沿线区域	明长城与秦长城之间	环境考古

资料来源:引自王静爱、徐霞、刘培芳:《中国北方农牧交错带土地利用与人口负荷研究》,《资源科学》1999年第9期。

从表2-1可以看出,虽然不同学科领域的学者对中国北方农牧交错带的地域界定各不相同,指标和标准有一定的差异,但对它大体位置的认识基本是一致的,即我国北方农牧交错带大致沿北方400mm降水等值线走向,自东向西主要分布于内蒙古、辽宁、吉林、河北、陕西、山西、宁夏等几个省区内。

2.2.2 北方农牧交错带的地域范围

在前人研究的基础上,根据《中国畜牧统计1949—1989》(农业部畜牧兽医司,1990)和《中国县(市)社会经济统计年鉴—2003》(国家统计局农村社会经济调查队,2003),半农半牧业县(旗、市)连接起来形成一个包含大部分半农半牧县和少数农业县和牧业县的从东北向西南连续的农牧交错带,可分为北方农牧交错带和南方农牧交错带两个部分。农牧交错带大致从大兴安岭西麓起,经辽河上游、阴山山脉、鄂尔多斯高原,然后进入甘青高原;而南方农牧交错带则从甘青草原的南部进入川西北高原,经青藏高原南部,延伸至青藏高原南部。农牧交错带跨越12个省（自治区），包括226个县（旗、市），其中内蒙古52个县（旗）、四川46个县、西藏38个县、甘肃28个县、黑龙江15个县、吉林11个县、青海13个县、辽宁7个县、河北6个县、陕西6个县、宁夏3个县和山西1个县。内蒙古莫力达瓦达斡尔族自治旗位于农牧交错带的最北端，四川会东县位于最南端，吉林省扶余县位于最东端，西藏昂仁县位于最西端。在农牧交错带的226个县（旗、市）中，有牧业县31个，占农牧交错带总县（旗、市）的13.7%，农业县76个，占33.6%，半农半牧县119个，占52.7%。①

从中国行政地图来看，农牧交错带处于两大城市群连线之间的广大地带。其中一条城市系列为内蒙古自治区海拉尔—锡林浩特—呼和浩特—宁夏回族自治区银川—甘肃省兰州—青海省西宁—西藏自治区拉萨—云南昆明—贵州贵阳等高原城市；另一条城市地带是以黑龙江哈尔滨—吉林省长春—辽宁省沈阳—北京—河北省石家庄—陕西省西安—四川省成都—重庆市等平原城市、盆地城市为主。

赵哈林先生根据多年在该区的实地考察和研究经验，在充分参考我国气候区划、种植业区划、沙漠化防治区划及他人研究成果的基础上，将我国北方农牧交错带界定于降水量300—450mm，降水年变率15%—30%，干燥度1.0—2.0范围内，其走向北起大兴安岭西麓的内蒙古呼伦贝尔盟，向南至内蒙古通辽市和赤峰市，再沿长城经河北北部、山西北部和内蒙古中南部向西南延展，直至陕西北部、甘肃东北部和宁夏南部的交接地带。东南界为黑龙江的龙江、安达和肇洲，吉林的乾安和长岭，辽宁的康平、阜新、建平，河北的平泉、丰宁、淮来、淮安，山西的浑源、宁武、五寨，陕西神木、榆林、靖边，甘肃环县，宁夏同

---

① 韩建国、孙启忠、马春晖：《农牧交错带农牧业可持续发展技术》，化学工业出版社2004年版，第8页。

北方农牧交错带变迁对蒙古族经济文化类型的影响

心;其西界和北界为内蒙古的陈巴尔虎旗、乌兰浩特、林西、多伦、托克托、鄂托克和宁夏盐池。整个农牧交错带呈带状分布,其东段较宽,最宽处为科尔沁沙地和松嫩沙地,宽度可达300km以上;西段窄,为毛乌素沙地和黄土风沙区,宽为100—150km;中段为内蒙古锡林郭勒盟南3旗和河北北部地区,宽为200km左右。其行政区划涉及9个省106个旗(市),总面积654564km²(见表2-2)。但实际上,由于一些旗(县市)只是部分区域属于农牧交错带,因而实际面积要低于该面积。①

因本书研究重点是北方农牧交错带变迁对蒙古族经济文化类型的影响,因此以内蒙古境内或与其交界的区域为重点,也就是学者们研究的东北段、华北段和部分西北段,在资料使用中以内蒙古自治区为重点。由于内蒙古地域广阔,自东向西跨度大,其境内及与东北、华北、西北的交接区域大多为农牧交错带区域,尤其是随着草地的垦殖,北方交错带的实际界限已经远远突破了自然和理论的界限,使内蒙古的大部分区域变为农牧交错带。按上文内蒙古有52个旗县在北方农牧交错带的范围内,占全部农牧交错带旗县数的23%,占内蒙古旗县(市)的51.5%。

表2-2 我国北方农牧交错带所辖地区及其土地面积

地段	所属省区市	所含县、市(旗)	总面积(km²)
东段	内蒙古呼伦贝尔盟5旗(市)	鄂温克旗、新巴尔虎左旗、陈巴尔虎旗、海拉尔市、扎兰屯市	78 978
	内蒙古兴安盟4旗(县)	科尔沁右翼前旗、科尔沁右翼中旗、扎赉特旗、突泉县	57 709
	内蒙古通辽7旗(县)	奈曼旗、库伦旗、科左中旗、科左后旗、开鲁县、通辽县、扎鲁特	59 376
	黑龙江西南部5(县)	肇东县、泰来县、安达、杜尔伯特县、龙江	24 103

---

① 赵哈林、赵学勇、张铜会、周瑞莲:《北方农牧交错带的地理界定及其生态问题》,《地球科学进展》2002第5期。

第二章 北方农牧交错带的变迁

续表

地段	所属省区市	所含县、市(旗)	总面积(km²)
	吉林省西部8县(市)	双辽、大安、长岭、乾安、镇赉、通榆、前郭尔罗斯县、洮南	43 298
	辽宁西部7(县)	康平、法库、昌图、章武、北票、建平、阜新	28 047
	内蒙古赤峰8旗(县)	翁牛特旗、巴林左旗、巴林右旗、林西县、敖汉旗、阿鲁科尔沁旗、喀拉沁旗、克什克腾旗	79 068
中段	河北北部16(县)	围场、隆化、丰宁、沽源县、张北县、康保县、尚义县、崇礼、赤城、淮来、阳原、怀安、宣化、万全、涿鹿、蔚县	59 773
	内蒙古锡盟3旗(县)	多伦县、太仆寺旗、正兰旗	17 151
西段	内蒙古乌兰察布盟共13旗县(市)	武川县、化德县、商都、察哈尔右翼前旗、察哈尔右翼中旗、兴和县、丰镇县、凉城县、和林格尔县、察哈尔右翼后旗、清水县、集宁、四子王旗	65 172
	山西北部15(县)	左玉县、右玉县、五寨县、河曲县、保德县、偏关县、神池县、大同、阳高、广灵、浑源、怀仁、应县、山阴、天镇	22 714
	内蒙古伊克昭盟7旗(市)	达拉特旗、东胜市、准格尔旗、伊金霍勒旗、鄂托克前旗、鄂托克后旗、乌审旗	69 245
	陕西北部6(县)	定边县、靖边县、横山县、神木县、俯谷县、榆林	33 992
	甘肃、宁夏2(县)	环县、盐池	15 973
合计	106旗县(市)		654 564

资料来源:赵哈林、赵学勇、张铜会、周瑞莲:《北方农牧交错带的地理界定及其生态问题》,《地球科学进展》,2002年第5期。

2.3 北方农牧交错带的形成和变迁

中国北方农牧交错带的形成源自这一地区的自然环境,以及由此形成的游牧业与农耕业之间此消彼长的发展,同时受到游牧民族与农耕民族之间势力争夺的影响。从历史上看,北方农牧交错带一直处于变迁之中,农耕北界时而南下,时而北上,在反复进行的农牧拉锯战中,形成了这一独特的自然地理景观—农牧交错区域。这一区域的形成首先受制于自然环境,但又有很强的人类活动的痕迹,是自然因素和人类活动共同作用的结果。因此,对北方农牧交错带形成和变迁的研究不能只限于单一学科的研究,在以自然界限为基础的前提下,需要综合历史、民族、文化、制度等方面进行研究。

2.3.1 北方农牧交错带的形成

农牧交错带的出现和形成经历了漫长的过程,是气候、地质等条件的变化改变了早期的生产类型。考古学证据表明,中国现代以半农半牧为特征的北方农牧交错地区,史前曾是以农业为主的地区。最早的史前原始农业于 cal.8000—7000aBP 发现在内蒙古东南部地区,即兴隆洼文化,内蒙古中南部地区的原始农业文化在 cal.7000aBP 以后才开始出现。在此后至 cal.4300aBP 期间的考古文化虽出现数次文化间断现象,但文化类型均为定居农业文化为主,兼营狩猎,其晚期,农业文化已十分发达。根据考古资料所确定的史前原始农业文化最盛时农业文化遗存北界的大致位置在:从大兴安岭西侧沿西拉木伦河北侧向西南延伸,至化德、商都,沿阴山南麓、大青山南麓至包头、乌拉特前旗,向南经东胜以西、鄂克托旗、杭锦旗以东,向西经宁夏固原沿河西走廊北界至嘉峪关、玉门一线。现在的农牧交错带地区当时基本上属于原始农业区。[①]

北方农牧交错带的形成应源自北方原始农业和游牧业的发展。在全新世暖期结束（3500aBP）后，气候变冷、变干，我国北方地区萌生于农业内部的放养业逐渐脱离农业生产，形成独立游牧业，出现原始农业衰落、游牧业的兴起。随着农业的衰落、牧业的兴起，长城沿线地区成为以半农半牧、时农时牧的土地利用方式为特征的农牧交错带。战国以后修建起来的长城成了中原农业的汉民族文化与北方游牧的少数民族文化的分界线。在随后的历史长河中，自秦、汉、唐代开始屯田戍边，迭经明、清朝大规模的军（屯）垦，以及东汉、晋、五代、宋辽、西夏时期游牧民族的南下，农耕与游牧相替消长，逐渐形成犬牙交错格局。伴随农牧交错带土地利用格局随气候冷暖、干湿变化、历史朝代的兴衰、中原农耕汉民族文化与北方少数民族游牧文化的冲突和融合，形成了具有一定地理空间和特殊经济地理特征的农牧交错地域。长城沿线以南农作、以北放牧的生产格局一直维持到19世纪末。1910年后，长城沿线以北的垦荒态势渐增，到40年代末，土地垦殖率已达20%—23%，这样使得农牧交错带越过长城向北推进了数百公里，农牧交错区基本形成。[②]

北方农牧交错带形成后，并不是固定不变的，它本身就是一个大致区域，在一定的范围内摆动，最初主要受制于自然的限制，自然因素是基础和基本控制线，后在人类经济活动的影响下，南北摆动，但近100多年一直呈向北推进之势。

[①] 方修琦：《从农业气候条件看我国北方原始农业的衰落与农牧交错带的形成》，《自然资源学报》，1999年第14卷第3期。

[②] 孟庆涛、张文海、常学礼：《我国北方农牧交错区形成的原因》，《内蒙古环境保护》，2003年第15卷第3期。

北方农牧交错带变迁对蒙古族经济文化类型的影响

根据包玉海对农牧交错带变迁的研究，北方农牧交错带摆动（扩张）有拉锯式、推进式和摆动式三种模式。[①]

拉锯式：往往在南方农耕民族和北方游牧民族势力相当并长期对峙时期发生。以秦汉与匈奴时期发生的农牧交错带以东模式最为典型。

推进式：整个农牧交错带在较长时期内向相同方向推进。秦汉以来农牧交错带3次大的推移，每次的推移方向都是由南向北和由东向西进行。清朝中叶蒙地放垦，农牧交错带的北进，甚至中华人民共和国成立以后包括东北地区的"北大荒"、西北地区的新疆建设兵团、西藏和青海军垦等，均表现为农牧交错带跨越式推进。

摆动式：摆动式是历史上农牧交错带移动的主要模式。公元前5世纪至20世纪初农牧交错带的10次移动均有由南向北、由东向西和由西向东、由北向南的摆动。由于时间尺度的不同，摆动模式包含有推进式和拉锯式模式。

2.3.2 北方农牧交错带的变迁

北方农牧交错带的形成过程其实也是一个动态的变迁过程，因为在漫长的历史长河中，没有一成不变的事物，尤其是北方农牧交错带，由于自然条件的变化和社会历史等原因，农牧业结构和社会经济文化交替变迁，其界限曾多次进退、交替和南北摆动，并一直延续至今。历史上春秋战国、汉、晋、唐、辽金、清代中叶等时期以及现代，农业文化相对兴盛，农牧交错带界限向北扩展，而北齐、金、元、明、清初时期，北方游牧民族强盛，游牧文化兴旺，势力向南扩展，农牧交错带界限南移。清朝中期

---

① 转引自陈建华、魏百刚、苏大学：《农牧交错带可持续发展战略与对策》，化学工业出版社2004年版，第22页。

第二章 北方农牧交错带的变迁

草地放垦以后，传统农业对草原的长驱直入，从根本上动摇了牧业文明，是中国北方农牧交错带发展的一个转折点，为近现代北方农牧交错带界限不断向西向北扩展埋下了伏笔。可以说，游牧文明与农耕文明的此消彼长是和农牧交错带的边界变迁之间巧妙对应的：游牧文明占强势的时候，农耕界限向南推进；而农耕文明势力较强的时候，农牧界线就会呈现北上的态势。

有研究认为，自战国时期至今，我国北方农牧交错带北移400—500公里，向西则推进了1000公里。《中国大百科全书·中国地理卷》指出，我国最早的农牧交错带形成于战国秦孝公时期。此界限当时大致相当于自辽西郡以北向西南延伸至太原郡以北，沿吕梁山向南至龙门山，再向西经泾河、渭河上游至白龙江源区。根据这条界线，辽西、内蒙古东南部及河套地区、冀北、晋北、晋西、晋陕峡谷、陕北、宁夏，除陇东南部和陇南大部以外的甘肃以及青海，均属畜牧区。

在关于《地域分异规律与北方农牧交错带的退耕还林还草》的研究中，兰州大学伍光和教授进行了具体量算——在五原至龙门山一线上，农牧交错带北移近500公里，在银川至甘肃平凉一线上，北移400公里，而在天水—敦煌一线上，向西推进了1000公里。这一研究认为，目前北方农牧交错带不是或主要不是分布于森林草原带与典型草原带之间，而是基本上位于典型草原带内，部分地段甚至北推至典型草原带与荒漠草原带间。考虑到中国北方典型草原带地表多沙和黄土、降水强度大，年平均风速大，大风日数多，处于华北和黄河下游冬季盛行风上风向等特殊性，可以看出，人为的自然地带错位已经把农牧交错带推向危险境地。而退耕几乎是遏制生态继续恶化，进而恢复或重建与其自然条件相应的生活系统的唯一选择。[1]

---

[1] 王海燕：《我国农牧交错带大举北移西进》，《中国环境报》，2003/04/22。

北方农牧交错带变迁对蒙古族经济文化类型的影响

历史上,北方农牧交错带就一直处于变迁状态中,直至近现代也是如此。从下图可以清晰看出北方农牧交错带界限的变动:

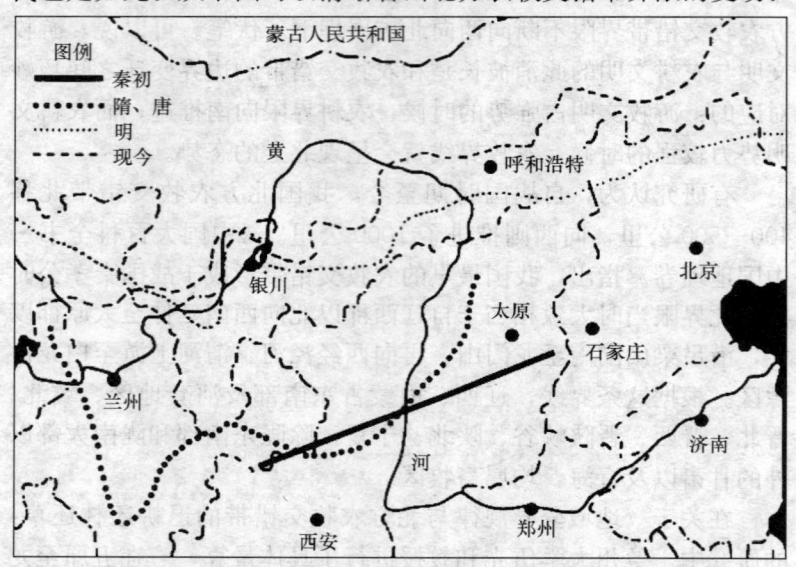

图 2-1 近 3000 年北方农牧交错带界限的变动

资料来源:韩建国、孙启忠、马春晖:《农牧交错带农牧业可持续发展技术》,化学工业出版社 2004 年版,第 14 页。

我国农牧交错带北界从内蒙古中部经宁夏北部、甘肃河西中部、青海北部到西藏西北部。南界从内蒙古东部经华北北部、陕北到陇东、陇中、青海东南部到西藏东部。南北宽 200—300 公里。这一地域年降水量 200—400 毫米,东部属温带或暖温带半干旱类型,自然植被为森林草原和典型草原;西部属于高寒半干旱半湿润气候区,为半荒漠草甸,即在总体上宜牧的背景下宜牧环境与宜农环境交替变化的区域。长期以来,边际性种植业与草地畜牧业并存。因气候变暖、干旱化加剧,人口压力与日俱增,种植区逐步扩大,牧区范围相应缩小,导致农牧交错带持续北移西进。研究表明,从唐宋至今,甘宁交界区农牧交错带已北移200—400公里,以致超越其原有的自然地带位置,抵达典型草原带甚至荒漠草原带边缘。

1. 原始的农耕、游牧文明

中国源远流长的历史文明,大体上可以概括为农业文明与游牧文明两大文明,两者同源于原始农业,既存在关联性,又互为独立,在漫长的历史岁月里,两大文明不断地相互交融、碰撞,互为消长,并相伴至今。

新石器时代人类的活动,特别是刀耕火种加速了森林向草原植被的演化;蒙古草原和中原几乎同步进入了定居农业时代。他们以同样的方式播种同样的作物(粟、黍),饲养同样的家畜(有猪、狗,少牛、羊,无马),居住同样的房子(半地穴式),陶器亦大同而小异。进入青铜时代,蒙古草原和中原人类的生活方式开始分化。由于气候的变迁和绵羊、马及相关技术的引进使蒙古草原逐渐游牧化;同时中原发展了精耕细作的灌溉农业,大量草地被开垦为耕地,形成了种植业占绝对优势的定居农耕生活方式。春秋战国之际,东亚大地上出现了游收与农耕的明显分野,长城的修造是其标志。[①]

中国历史上的长城是隔离北方游牧民族和中原农耕民族的重要人为屏障,同时也是古代一条重要的自然界限,用来界定农牧业分布地域。在古代,长城以南的气候和降雨等条件都十分适合农耕生产,定居农业民族(汉族)在这里占有统治地位,以农耕业为主;而长城以北的广大地域,却是气候干燥寒冷,沙漠草原相间的高原地带,虽然不适合发展农耕业,却具有发展牧业的绝对优势。历史上这里就是广大游牧民族生息繁衍的舞台,是游牧

---

① 易华:《游牧与农耕民族关系研究》,中国社会科学院研究生院博士论文,2000年5月。

民族的势力范围，主要从事逐水草而居的游牧生产。但以长城为界的农牧区分离格局形成之后，其界限不是固定不变的。在不同的历史时期，游牧业都各有进退，但是总体趋势是农业文明向北部草原的扩展。

2. 早期农业文明

今蒙古高原是我国早期人类祖先活动的主要地区之一。据考古发现，早在旧石器时代，今蒙古高原上就有人类活动。今蒙古地区发现许多石器时代的文化遗迹，主要有河套人的文化遗迹、大窑文化遗迹。此外，翁牛特旗、卓资县、武川县、四子王旗、清水河县、乌拉特中旗、准格尔旗、阿拉善左旗等地都发现了旧石器至中石器时代人类活动的文化遗迹，并留下了丰富的新石器时代的文化遗迹。从目前得知的情况来看，一些文化明显受到中原文化的影响。如：红山文化中农业文化占重要地位。主要分布在今西拉木伦河以北的富河文化的创造者们当时已经过上了定居的农牧生活，渔猎经济退居其次。今阿拉善地区发现的新石器时代的文化受到甘青地区的马家窑文化的影响。这说明，早在新石器时代，我国北方地区的各民族的经济文化与中原地区的各民族的经济文化相互有了一定的交往，彼此之间已经有渗透的痕迹。

到青铜器时代，今内蒙古东西部地区发现了大量的青铜器文化遗迹。如：东部地区的夏家店下层文化、夏家店上层文化；中西部地区发现的大口二期文化、朱开沟遗址等。从内蒙古地区发现的青铜器文化的特征来看，当时内蒙古地区的青铜器虽有自己的特点，但也有内地青铜器文化的影响，这说明，当时中原地区与蒙古高原之间有了更密切的文化关系。从内蒙古地区出土的石器时代与商周时期青铜器文化特征表明，至少在公元前2000年至公元前1000年间，今内蒙古地区居住的当时的古代人与今中原地区的华夏人有经济文化方面的交往。① 因此，在公元前 2000 年之前，今北方农牧交错带的大部分区域，农耕经济广泛存在，农耕与游牧的边界在此之后随着气候变迁，逐渐清晰。

3. 战国时期北方农牧交错带的雏形

自然环境只是农牧分界线形成的自然基础，而农牧分界线的最终形成离不开人类的活动，没有人类适应自然进行相应的生产活动和分工，就不会出现农牧交错带。同样，人类的活动也常常突破自然界限，使农牧分界线南北摆动。有学者认为，中国北方农牧交错带的变迁，大体应从战国时代说起。战国以前，从春秋上溯至三代，在黄河流域各诸侯国之间，杂居着许多被称为戎、狄、夷等的部落或民族，有的从事狩猎采集，有的从事畜牧，与中原"诸夏"各国经营的农耕区错杂而处；同时列国间还有不少瓯脱地带，既非农田，也不是牧地，所以很难说当时已存在分工明确的农耕区和畜牧区，当然更谈不上其间的界限了。②

战国时期匈奴、林胡、楼烦、东胡等古代北方民族曾经活动于今呼和浩特平原、乌兰察布南部丘陵地带、鄂尔多斯高原等地区，过着"逐水草而迁徙"的游牧生活。③ 战国时期开始，金属农具的普遍推广和使用，促进了种植业的大发展。正如恩格斯所说："铁促使更大面积的农田耕作，开垦广阔的森林地区，成为可能。"④ 战国中期开始，各国大力发展农耕生产，开垦荒地，原来杂居在中原地区的戎、狄、夷等部落或民族也被华夏族同化进入农耕社会。此时，黄河流域以农耕业为主要生产形式已基本

---

① 嘎尔迪：《蒙古文化专题研究》，民族出版社 2004 年版，第 115—116 页。
② 邹逸麟编著：《中国历史地理概述》，上海教育出版社 2005 年版，第 232 页。
③ 陈建华、魏百刚、苏大学：《农牧交错带可持续发展战略与对策》，化学工业出版社 2004 年版，第 17 页。
④ 马克思、恩格斯：《家庭、私有制和国家的起源》，《马克思恩格斯全集》第 21 卷，人民出版社 1965 年版，第 186 页。

北方农牧交错带变迁对蒙古族经济文化类型的影响

确立,而北方草原地区民族仍继续从事传统畜牧业,于是出现了农耕区和畜牧区之间的分界线。① 也就是说,农牧交错带的形成首先与中原农耕业的出现有关,有利的地理位置和自然条件以及技术进步,加速了中原地区农业区的形成和发展,并与北方游牧区相区别。

从战国到西汉初年,自今青海东部河湟地区向东北经陕北、陇东泾、渭、北洛河上游,晋西北山陕峡谷流域南缘龙门山,又东北沿着吕梁山、恒山,接燕秦长城至今辽宁境内,存在着一条农牧分界线。此线以北并非绝无种植业,如匈奴、羌人均有少量旱作农业;此线以南也不是绝无牧业,汉代中原地区的富豪之家,也有"多其牛羊"的,然在整个经济生活中不占主要地位。② 这一时期,虽然农牧分界基本形成,但还不像后来明显,在南北均有农牧业的发展,但北方以游牧为主,南方以农耕为主的格局已经形成。

4. 秦、汉、唐时期的农牧消长

公元前3世纪,秦始皇派大将蒙恬率兵十万,击退匈奴,占领了今内蒙古黄河以南地区,并开始向河套地区大规模移民,"筑四十四县",充实边地。秦始皇的移民实边政策,不仅增加了内蒙古地区的农业人口,最重要的是加剧了草原的开垦,使得农垦区向北推移,农牧业北线推移到西达河套西乌兰布和沙漠和贺兰山、河西走廊和湟水流域,北抵阴山山脉,东面沿长城一线。其后,借助秦末农民起义的契机,匈奴重新占领了丢失的土地,几乎控制了今天的内蒙古自治区全部土地,秦朝开垦的农地又成为游牧民族的牧地,农牧交错带随之南移。

汉武帝时,击败匈奴,复取鄂尔多斯等地,并在今甘、蒙交

---

① 邹逸麟编著:《中国历史地理概述》,上海教育出版社2005年版,第233页。
② 邹逸麟编著:《中国历史地理概述》,上海教育出版社2005年版,第234页。

第二章　北方农牧交错带的变迁

界处设置张掖郡、朔方郡、五原郡、云中郡、丁襄郡、上郡、西河郡、代郡、雁门郡、辽西郡、土谷郡、右北平郡等郡，并开始向晋西北、陕北、宁夏等地相继移民几十万，迁徙人口进行屯田生产，成为汉代农业发达的重要农垦区，农业生产达到一定水平，本地区居民粮食自给有余。农耕生产的扩大，使得农牧边界再次北移。[①] 西汉末年，社会动荡，匈奴、西羌等少数民族叛乱，东汉设置的郡县内大多数移民内迁，牧业文明再次成为主导。

此后北方游牧民族与南方从事农耕的汉民族屡经战乱，草原垦殖兴废不断。唐贞观七年（公元633年），屯垦又兴起，在后套开延化、陵阳、咸阳、永清等大兴渠道，其中有的渠可灌溉土地万亩以上，种植业得到空前的发展，农业边界北扩。唐代农牧业界线变成了农耕区与半农半牧业的界线，且有所北移，如东段北移到燕山山脉以下，西南端向南延伸，达到陇山之西，东北端也可以伸向辽水的下游。而半农半牧区与牧区也形成一条界线，即由阴山山脉西达居延海，东达燕山山脉。在这样的形势下，农业区形成一些发达富庶的地区，如泾渭河下游、汾水下游、涑水流域、伊洛两水下游和黄河的下游。在半农半牧区里面，已经有相当的农业基础。北齐时代（公元550—557年），北方游牧民族崛起和强盛，河套平原农田又成为刺勤部族游牧之地，"天苍苍，野茫茫，风吹草低见牛羊"就是当时的真实写照。宋辽时期战乱不断，原有渠道被废弃，原有开垦的土地回归到游牧部落，种植业原有蒙古部落南进而逐渐退废。[②]

[①] 陈建华、魏百刚、苏大学：《农牧交错带可持续发展战略与对策》，化学工业出版社2004年版，第17页。

[②] 陈建华、魏百刚、苏大学：《农牧交错带可持续发展战略与对策》，化学工业出版社2004年版，第17—18页。

北方农牧交错带变迁对蒙古族经济文化类型的影响

5. 蒙古帝国及元朝的农业开发

蒙古高原上虽然存在早期农业的传入,但是丝毫没有动摇游牧文明的根基。此后的蒙古帝国以及元朝时期,农业也有很大程度的发展,但没有占据强势成为主要的经济文化类型。成吉思汗统一蒙古高原,建立蒙古汗国后,非常重视农业生产,曾经俘虏汉、契丹、回回等民族万余人在蒙古族聚居区屯田生产,漠南地区的农业逐步影响到漠北蒙古族的生产生活,有不少蒙古人学会了耕种,但是漠北地区的社会经济还是以畜牧业为主。

蒙古统治者在统一全国的战争中,严重破坏了中原地区的农业生产,很多耕地变为牧场,激起民愤。为了安抚民心,巩固统治,元朝建立后,统治者为了适应汉地的生产力发展水平,重视农业生产,采取鼓励开荒、兴修水利等一系列积极农业政策,对于政局稳定、国家强盛以及蒙汉农牧文明的交流具有重要意义。在采用汉法的同时,蒙古统治者将蒙古原有的统治法纳入国家制度中,执行保护民族文化、经济的政策,这就使得蒙古族的经济文化生活得到了完好的保存和发展。蒙元时期,北方农牧交错带从根本上讲还是一个以畜牧业为主的时代,随着大批蒙古族南移,长城沿线一带又恢复成为游牧区,农牧交错带界线南移。

6. 明朝农牧文化交流

明初,在蒙古高原的南缘阴山、大青山以南的东胜(今内蒙古托克托)、开平(今内蒙古正蓝旗东闪电河北岸)、全宁(翁牛特旗)一线等地开置屯田,设立一批卫所,形成明初北部农牧分界线。以后由于14世纪以来气候转寒,蒙古高原多次遭受寒流侵袭,北部气候环境恶劣,寒冷的气候和频繁的风沙,严重影响了农耕业,于是几乎在同一年,即永乐元年(1403年)北部沿边卫所全部迁入长城一线,原先开辟的屯田全部弃耕。宣德(1426年)以后,鞑靼、瓦剌、兀良哈部逐渐占领了长城以北地区,明朝卫所或废或撤,随即修建了边墙。这道称为边墙的长城

第二章　北方农牧交错带的变迁

在黄河以西沿着黄土高原的边缘，黄河以东大体沿着山脉走向，阻隔了农耕民族与游牧民族之间的交往。边墙以外、河套以南的鄂尔多斯高原地区的库布其沙漠和毛乌素沙地均已十分发育，无法进行耕种。明代沿边卫所官员招引边民于边墙外开垦营利，农耕线逐步北推至界外，但远者不过七八十里，近者二三十里。明代边墙有"烧荒"制度，即每年冬天出塞烧野草，以变哨瞭，故农耕地不可能离边墙太远，所以明代边墙实际是当时的农牧分界线。①

同时，明朝中后期，大量汉民涌入蒙古地区，建房垦地，从事农耕，推动了蒙地农业的发展，其中，土默特和卫拉特两地是农业生产发展最快的区域。从史料记载来看，当时部分地区蒙古族的耕种水平已经很高，明代肖大亨所著的《夷俗记·收养》中记载"观诸夷耕种，与塞下不甚相远"，并且种植种类繁多，除了各种谷物之外，也有西瓜、杏、桃、茄子、葱、蒜等蔬菜水果的种植。这不仅是因为人口流动，更主要的原因是元朝灭亡后，蒙古地区经济受到严重打击，北元时期，统治者在大力恢复发展蒙古族的经济命脉——畜牧业的同时，也需要借助内地汉族之力恢复农业生产。

北元时期最具历史意义的现象是蒙古草原半农半牧经济的出现。阿勒坦汗对农业发展十分重视，并采取低赋税等政策吸引边民，开垦土默川，使得畜牧业的发展过程中注入了农业文明的因素，兼具农牧文明双重特点。虽然农业在北元蒙古地区没有得到普及，但是半农半牧经济的出现，为以后蒙古族经济文化类型的变迁提供了一个新的模式。

7. 清代是北方农牧交错带农牧结构的根本性转折

---

① 邹逸麟编著：《中国历史地理概述》，上海教育出版社 2005 年版，第 239—240 页。

北方农牧交错带变迁对蒙古族经济文化类型的影响

清代是农牧文化此消彼长的一个重要转折点。清代以前,农业都是作为游牧民族的补充形式出现,并没有大肆开垦草原、威胁游牧经济的现象,并且游牧民族在某些历史时期处于强势,也在一定程度上保持了草原游牧业的持续发展。清代以后,尤其是清中后期,随着对草原的放垦,大量内地人口进入草原,草场被不断开垦,北方农牧经济发生了根本性变化,农业突破原来的界限,向草原推进,并开始了农牧交错带快速北移的进程。

清代统一长城内外,初年规定边墙外五十里为禁留地,是蒙汉两族的分界线。康熙年间准许蒙古王公和内地汉民合伙种地,蒙古境内开始发展农耕业。后来去长城口外垦地的汉民日众,引起清政府的忧虑,遂限制人数,规定每年由户部发放准垦凭证,以便控制汉民进入蒙古草原。雍正年间募民边外垦种,规定春往冬归,不许移家占籍,但耕地范围有限,不出边外五十里地。乾隆以后内地贫民出边墙垦种的越来越多,难以控制。清中叶以后,由于汉人进入蒙古草原,农耕地有所扩展,但毕竟还是插花地,尚未改变整个草原景观。清末光绪年间开始,清政府在河套一带推行"开放蒙荒"、"移民实边"政策,兴办垦务,河套地区基本全被开垦。[①] 大量汉人涌入蒙古地区开垦土地,一是由于中原地区农民饱受战乱以及剥削之苦,被迫"出关",涌入蒙古地区谋求生路;二是清朝统治阶层与蒙古王公相互勾结,为了各自的政治经济利益,或强占牧场屯田招垦,或典租、变卖土地,加速了滥垦乱种的速度。到清朝中期,农业已由黄河、长江流域沿线地域,扩展到草原腹地;三是随着农业人口激增,牧场面积萎缩,畜牧业失去了发展基础,导致畜牧业衰落,大量失去牧地的农民只好选择从事农业糊口,或者从事商业、手工业等。从这个时期开始,蒙古地区农业、牧业、半农半牧并存的现象更为普

---

① 邹逸麟编著:《中国历史地理概述》,上海教育出版社2005年版,第240页。

第二章 北方农牧交错带的变迁

遍，改变了以前的经济结构，并使得种植业边界大幅度向草原腹地推进。

由于移民的进入，清代的农牧交错带发生了重大的变化。分界线东北起林西、经棚，向南经多伦、德化，向西经四王子府和百灵庙，较为平行地沿北纬 42 线向西延伸。清代中期的农牧分界线远在此线以南。以张家口到德化这一区间为例，1872 年汉人北移的村落只在张家口北方 5—6 公里，到 1938 年，扩展到德化，这中间 170 公里的广大地域从 50 多年前的纯牧区一变而为农耕区和半农半牧区。广泛种植着莜麦、马铃薯、荞麦和小麦等作物。在蒙古草原中部，作物分布以阴山山脉为分界线，莜麦、小麦、大麦、荞麦、亚麻、菜子、马铃薯等耐寒性、耐旱性的作物在阴山山脉北部占压倒多数的地位，而粟、高粱、绿豆等抗旱性强耐寒性弱的作物则分布于阴山南部地区。[1]

总的说来，清代北部农牧分界线可以说有两条：一条是陕西省北界和山西、河北长城的辽西努鲁儿虎山一线，此线以南为农耕区；一条是沿贺兰山、阴山山脉，东至乌兰察布盟的乌拉山迄大兴安岭南端，此线以南有部分地是半农半牧区及分块的农耕区（如河套平原和银川平原）。内蒙古东四盟中昭乌达、哲里木二盟和 1950 年划给热河、辽宁、内蒙古三省区的原卓索图盟都有不少耕地，但大多比较分散，仍属农牧交错区。[2]

从原始农牧业出现开始，两大文明间就一直进行着不间断的交流更替，一直到蒙元时期都维持着此消彼长的态势。从明初修筑长城，半农半牧区出现，到清朝的"移民实边"，以及清末民初和中华人民共和国成立以来的大量垦荒，农业文明一直处于强

---

[1] 王建革：《定居与近代蒙古族农业的变迁》，《中国历史地理论丛》，2000 年第 2 期。

[2] 邹逸麟编著：《中国历史地理概述》，上海教育出版社 2005 年版，第 240 页。

势，草原畜牧业不断萎缩，造成农牧交错带北界不断北移，北方农牧交错带的跨度不断加宽。这种反复拉锯式的发展，使得北方农牧交错带不断向北位移和延伸。

8. 近现代农牧交错带的变迁

北洋政府时期，蒙地开垦仍然没有停止，并以此作为敛财手段，对蒙古地区进行经济掠夺政策，从而加速了蒙古地区农业化进程，通过"移民实边"的民垦以及北洋军阀的军垦手段大肆掠夺蒙民草地；国民党政府统治时期是蒙地开垦的又一个高峰期，使得北方农牧交错带的边界又大大向北向西扩展。

中华人民共和国成立之后，在 20 世纪 50 年代、60 年代中期以及 70 年代前期分别出现了三次较大规模的草地开垦，其中以 50 年代的草地开垦面积最大、涉及面最广、持续时间最长。特别是 1952 年，开垦面积占全国农业耕地面积的 3.9%，占全国历年开垦面积的 22%。20 世纪 90 年代以后仍然有大量的草地被开垦，平均每年的开垦量在 $19 \times 10^4 \mathrm{hm}^2$ 以上，在 1989—1996 年的 8 年时间里，全国共开垦草地 $154.6 \times 10^4 \mathrm{hm}^2$，占全国历年开垦草地面积的 8% 左右，其中，黑龙江、新疆、内蒙古等地区的开垦面积最大，范围最广。20 世纪 50 年代以来，中国农牧交错带大部分地区都出现了由农区向草原区推进的态势，表现为大面积开垦草地，扩大耕种面积。从 20 世纪 80 年代中期至 2000 年，北方几省区草地开垦面积：内蒙古东五盟 $97.08 \times 10^4 \mathrm{hm}^2$、宁夏 $57.1 \times 10^4 \mathrm{hm}^2$、甘肃 $24.98 \times 10^4 \mathrm{hm}^2$、新疆 $95.89 \times 10^4 \mathrm{hm}^2$。[①]

在内蒙古赤峰市克什克腾旗，1949 年耕地总面积为 45000 公顷，1962 年增加到 76552 公顷，之后的很长一段时间内，基本维持在 60000—70000 公顷之间，到了 1996 年扩大到 78104 公

[①] 陈建华、魏百刚、苏大学主编：《农牧交错带可持续发展战略与对策》，化学工业出版社 2004 年版，第 20—21 页。

顷，1998年达到84159公顷（第一次农业普查后的数据）。同期粮食产量也大幅度增加，由1952年的4.02万吨，增加到1998年的17.15万吨，但人口增长速度也很快，人口由1952年的9.89万人，增加到1998年的25.44万人，增长了2.57倍，粮食产量增加了4.27倍，人均粮食产量增加了。虽然克什克腾旗属于牧业旗县，但农业在其南部乡镇已经十分普遍，牧业主要存在于北部的几个苏木。

第三章 北方农牧交错带变迁的动因

北方农牧交错带的形成是一个漫长的历史过程，长时期受到自然、经济、社会等多方面因素的影响，一直处在变动的复杂状态中。关于影响北方农牧交错带变迁的各种因素所起作用的大小，学术界有不同的看法。北方农牧交错带的变迁是多种因素交错影响的过程，各个因素之间相互关联，相互影响。自然因素的变化与北方农牧交错带的变迁过程相互对应，但是这种变化又是通过人类的经济活动来体现的。

中国北方农牧交错带的形成首先是人类经济活动适应自然的结果，或者说是自然对人类经济活动的约束，即在经济类型的形成中自然条件起着决定性的作用。自然条件决定了生产和生计方式类型，进而决定了文化类型和民族特点。而农牧交错带由长城沿线逐渐北进，农耕经济大面积跨越原有界限，向草原深处推进，主要动因是经济因素和制度因素。也就是说，北方农牧交错带的形成和变迁是自然、经济和制度三方面因素共同作用的结果，其中自然因素是基础，经济因素是动因，制度因素是推力。

3.1 长城与北方农牧交错带

研究北方农牧交错带的变迁离不开长城，长城是中原农耕民族为防御北方游牧民族的入侵而修建的，直至清朝一直发挥着重要的军事防御功能。长城始建于战国，经过清代以前历代统治者不断加固和延长，形成了横贯中国东西大部分疆域的南北分界线，与各个

第三章 北方农牧交错带变迁的动因

时期的农牧分界线基本吻合。并因此赋予其重要的自然、人文及社会含义,是研究中国历史及民族关系的重要内容。虽然不同历史时期长城的位置有所不同,但基本没有远离北方农牧分界线。

从经济学的视角看,长城又是农业和牧业生产边际产出变化的分界线。假设长城上或边缘地区农牧的收益相等,那么由南向北农业的边际收益低于牧业,而由北向南,牧业的边际收益低于农业。历史上长城南北农牧的分工是由产出和收益决定的,在此过程中形成了不同的经济文化类型区。

为了防止游牧骑兵越界掠夺或入主,农夫社会就在这里建立了一个军事屏障——长城。草原上生长着游牧民族,他们已不是单独的牧民,而是结成了牧民社会。在南方农业区域,则生长着农业人口,他们也不是单独的农夫,而是结成了农耕社会。中国两千多年的历史,多是围绕着游牧民族与农耕社会的互动展开的,这首先是因为草原和农业地区的气候地理环境的不同。历史学家们曾提出过著名的 400 毫米等降雨线,这条线的北边,降雨量少于 400 毫米,为半干旱地区,不适宜种植农作物,因此成为游牧地区;而在南边,由于降雨量多于 400 毫米,为半湿润和湿润地区,适宜农业,因此成为农耕社会。对照一下,这个边界大约在内蒙古自治区的南部边界上,呈向下(南)弯曲状;这也与长城的走向大致一致。向下弯,是因为越向内陆,同一纬度地区的降雨越少。这就与科斯的假设不同,在农夫与牧民的故事中,农田与牧场的土地是同质的,既可以作农田也可以作牧场。但在现实中,400 毫米降雨线南北的土地(和气候)是不同质的。按照经济人的逻辑,无论是谁先占有了土地,也无论后来通过战争还是交易改变了土地的所有权,农田和牧场仍然会以此分界。如果农夫向北购买或占领了草原,农耕不如放牧,他只有变成牧民才最有效率;而牧民向南购买或占领了农田,放牧不如农耕,也只能变成农夫才是理性选择。在历史上,曾有过许多想把农田变

北方农牧交错带变迁对蒙古族经济文化类型的影响

成牧场，或把牧场变成农田的冲动。①

　　农夫和牧民的身份并不是先天预定的。只是由于到了不同的地区，才会决定他们的身份。由于自然环境导致的游牧地区和农业地区的基本生产方式不同，就会以此为起点，产生不同的经济制度、政治制度、生活方式和文化。

　　不同民族由于自身所处的不同自然环境和传统的影响，在经济发展中各有侧重。之后随着社会经济的发展和自然环境的影响，逐渐形成了我国传统社会中农牧关系的一个特点，就是从事种植业的民族和从事畜牧业的民族在地域上的分离，农耕区与畜牧区之间有明显的分工。这种地域上的分界，在历史时期由于民族活动和自然环境的变化，有过较大的变化。② 虽然从纯经济学的角度看，自然条件是农牧分界的决定条件，历史上也确实有过大量想把农田变草原和把草原变农田的努力以失败告终。但近100多年的历史也表明，中国历史上形成的以长城为分界南耕北牧的由自然地理分界决定的生产方式的分界不是绝对的，人为的力量在短期内是可以改变自然分界的，并可以获得更高的经济收益，尽管其代价是自然和人文景观的破坏。

　　明长城基本与当时牧区和农区的分界线相当，大致相当当时年降水量250—300mm的雨量线，正是雨养农业与灌溉绿洲农业的雨量分界线，今天这条界线（近40年平均值）大致与荒漠草原与草原分界线相一致。内蒙古高原西部，秦长城基本与当时农区和牧区的分界线相当。由此可以看出，在这两期长城建筑之间，农牧交错带东西摆动有相当距离，这一摆动幅度与由年降水量复原所得到的中全新世高温期（6000aBP）非常一致。这就表明长城的修筑除了当时军事、政治、社会原因外，也反映了当时

---

① 盛洪：《长城与科斯定理》，《南方周末》2007/07/26。
② 邹逸麟编著：《中国历史地理概述》，上海教育出版社2005年版，第232页。

第三章　北方农牧交错带变迁的动因

农业文化景观区与牧业分化景观区的分异。事实上这些文化景观区与当时的民族有很大关系；当时长城一线外侧，多以游牧民族居住为主，从事牧业活动；而该线内侧，则以汉民族居住为主，从事农业活动。从这个意义上来讲，长城是恢复这一地区农、牧区分界的重要考古证据；而由环境演变所重建的降水量分界线，恰恰又说明，长城亦是一条重要的自然地带的分界线。从长城的南迁，不仅说明历史上游牧文化的地区变迁，而且也证明了自中全新世暖湿期以后，这一地带向干旱化方向发展的总特征。[①]

以长城为界，中国的北边草原游牧民族与南边耕地农业民族，由于游牧的移动性与农业的固定性的不同，铸成了古代相互对立而又相互依存的两个社会模式。定居社会与草原社会，农耕文化与游牧文化，一方面长期并行发展，一方面又相互冲突与融合，交织构成了迄于17世纪清代统一中国南北的全部历史。秦、汉以来长城两边经济、文化分合发展的历史表明，在这两个区域及两个社会之间，必然有某种贸易的存在，以体现其根本的经济共生关系。特别是明代，经济上的需要将游牧的蒙古人和农业的汉人结合在一个帝国禁令不能完全割断的贸易体系中。[②]

但是，真正平等互利的民族贸易在历史上的出现，却经历了漫长而艰难的历程。当中原朝廷无力制服众多的游牧部族时，便出现和亲赠赍贸易，即农业朝廷将公主嫁于游牧君主，同时赠送钱物以换取暂时的边境安宁；当中原朝廷势力发展到足以征服周边游牧民族时，游牧君主便接受中原王朝的封号并向其贡纳方物，以换取中原朝廷大量的物资及金银赏赐，因而形成厚往薄来的朝贡优赏贸易；但在战、守的选择中，中原朝廷更多的时候以

[①] 史培军、田广金：《中国北方长城地带环境考古学的初步研究》，《内蒙古文物考古》，1997年第2期。

[②] 余同元：《明后期长城沿线的民族贸易市场》，《历史研究》，1995年第5期。

北方农牧交错带变迁对蒙古族经济文化类型的影响

天朝帝国自居,对游牧民族采取战、守的策略,断绝一切贸易往来,迫使游牧民族采取战争掠夺的手段,在企图达到入主中原的大目标下,首先夺取农业物资,或以武力为后盾强迫农业物资输入草原,从而形成以无对有的战争掠夺贸易;当战争两败俱伤、边境人民违禁走私不可遏止的时候,或在战争之后双方敌对局势缓和下来的时候,和平互市贸易便应运而生。[①]

长城沿线农、牧民族的和平互市贸易在明代以前便已萌生,如"后汉通交易于乌桓、北单于、鲜卑",隋、唐与突厥、回鹘"缘边置市"、"以金帛市马",宋与契丹"置通市以通有无",等等。但能够于和平环境中实现平等互利的贸易往来,则是明后期明、蒙通贡互市以后的事。1571年隆庆和议以后,长城沿线"华夷兼利"的民族贸易市场普遍建立并历五六十年盛而不衰,才使农、牧民族贸易乃至全部的民族关系产生了划时代的变化。[②]

不管是历史上农牧民族之间的征战还是近现代的草原开垦,其实都是建立在人类对财富占有的驱动力基础上的。长城最早出现在战国时期,此后的秦、汉、明等朝代也纷纷修筑,作为一个军事防御工事,修建长城的初衷是为了把游牧与农耕民族分隔开来,防备游牧民族入侵中原,实际上也就成了我国农耕区与游牧区的分界标志。中原王朝修筑长城,其目的是保证政权稳定,防止游牧民族入侵;而历史上几次大的游牧民族越过长城甚至建立独立政权的史实也说明,游牧民族有占领长城以南地区甚至统一全国的野心,农牧民族之间的征战其实就是权利之争、财富之争。长城虽然分别保护了农耕区和游牧区的经济发展,促进了中国的农耕文明和游牧文明的发展,让双方长时间的和平相处、互

[①②] 余同元:《明后期长城沿线的民族贸易市场》,《历史研究》,1995年第5期。

第三章 北方农牧交错带变迁的动因

相交往成为可能。但是纵观中国的历史,长城却从来就没有将不同的民族真正隔离开来,而是全景般地目睹了他们的融合。历史上由于双方力量对比的变化,长城的位置也在随着这种力量的变化而向北或向南移动,明长城的位置就比秦汉长城向南后退。两千多年来,我国北方的农牧界线历经变动,形成了一个动荡不定的农牧交错带——农牧过渡区,也即长城地带。长城地带的自然地理环境既适合放牧又可以扩耕,在你进我退,或我进你退的长期对峙、拉锯的过程中,这里成为汉民族和少数民族杂居的融合带。[①]

同时,长城沿线也是南北农耕民族和游牧民族交往的核心地带,这种交往包括经济上的互补和文化影响。从而形成了一个特定的经济文化带,即农牧交错带。长城两边农、牧社会经济、文化的二元一体化,首先发生在两个世界的交接地带,在这里,农、牧民族发生极为频繁的交往。游牧人口的南移,农耕人口的北迁,农、牧社会的经济交流和文化融合得以逐步实现。而在农牧人口的汇聚地带,农、牧人口的叠移形成了叠合的半农半牧带,这便是中国历代版图上长期存在的特殊区域,因其以长城为枢纽标志,所以称为"长城文化带"。长城文化带具有中国古代"内边疆"的形态,既是中原王朝的边防带,又是农、牧经济的自然过渡带;既是农、牧民族交接对峙的自然地理带,又是农业文化与游牧文化的汇聚融合带。每个朝代长城的修筑,都标志着一条特殊的文化带的兴起,也都是长城文化带整体发展过程中的一个特定阶段。每个阶段中长城文化带的演变都体现了长城地带经济文化发展的特点和规律,并揭示了其同内地政治经济发展的

---

① 《世界遗产之中国档案(十):长城》,引自 cctv.com《国家地理》。

内在联系。[①]

内蒙古作为北方农牧交错带的主要分布区域，自古以来就是北方游牧文化和南方农耕文化的交错带，无论是汉民族还是游牧民族，许多朝代的统治者都在这片土地上修筑长城。特殊的地理位置造就了内蒙古长城在全国无可替代的重要地位：总里程数最长—拥有历代长城约长 1.12 万公里，是全国长城里程最长的省区；修建朝代最多—不仅拥有秦、赵、燕等各北方诸侯国长城，而且拥有秦汉、北魏、隋、金、明等各代长城。据了解，内蒙古境内修筑最早的长城是战国赵武灵王在公元前 326 年—公元前 298 年修建，它东起河北省北部，贯穿内蒙古乌兰察布市、呼和浩特市、包头市，至乌拉特前旗大坝沟口终止，全长 500 公里。[②] 由此可以看出，内蒙古南部地区自古以来就是农牧交错发展、多民族活动征战的地区，也是具有重要的历史和人文价值的地区，农耕的界线也基本维持在长城沿线。

3.2 北方农牧交错带变迁的自然因素

大量研究表明，北方农牧交错带的变迁首先受到自然驱动力的影响，虽然自然因素对农牧交错带形成的作用强度较为舒缓，但是却很重要，甚至是决定性因素。人类行为可以超越自然因素的约束，但在一定的限度范围内，超出这一限度就会受到自然的惩罚。可以说，在北方农牧交错带变迁的历史过程中，自然因素起着潜移默化的作用，并且主要通过人类的经济活动表现出来，

[①] 余同元：《论中国历史上农牧民族的二元一体化》，《烟台大学学报（哲学社会科学版）》，1999 年第 3 期。

[②] 《内蒙古境内长城遗存总长约为 1.12 万公里》，《东北新闻》，2006/11/30。

在一定程度上作为产生变迁的基础和前提而存在。自然因素的变化有时较缓慢，但是递进的；有时变化较突然，引起人类社会和经济活动的变化。即使在现代，降水、气温、风力等都明显影响着北方农牧交错带及其以北地区的生产活动和产出。自然因素控制着农耕界限，其中降水和温度是北方农牧交错带变迁的两个重要的自然驱动力，同时还包括土壤类型、风力大小等因素。

几千年来，草原畜牧业之所以没有被耕作农业完全取代，是因为该地区气候、水资源、土壤结构、植被群落及相关的其他自然因素不适宜耕作农业发展。也就是说，在气候干旱寒冷、水源匮乏、土壤沙质化的地区只有选择草原生态畜牧业，才能有较高的、稳定的经济收益。同时，草原生态畜牧业因适合相应的地貌和气候条件，从而也保护了天然植被的生态服务功能，使草地生态系统具备了自然演化、自我更新的能力。[①]

3.2.1 气候变化

考古学证据表明，中国现代以半农半牧为特征的北方农牧交错地区，史前曾是以农业为主的地区。在全新世暖期结束（3500aBP）后，气候变冷、变干，北方萌生于农业内部的放养业逐渐脱离农业生产，形成独立游牧业，出现原始农业衰落、游牧业的兴起。随着农业的衰落、牧业的兴起，长城沿线地区成为以半农半牧、时农时牧的土地利用方式为特征的农牧交错带。伴随农牧交错带土地利用格局随气候冷暖、干湿变化、历史朝代的兴衰、中原农耕汉民族文化与北方少数民族游牧文化的冲突和融合，形成了具有一定地理空间和特殊经济地理特征的农牧交错地域。

气候受大自然的影响，即便没有人类活动的作用，其自身的

---

① 达林太、恩和：《内蒙古土地荒漠化成因研究》，自然之友第二届会议论文。http://www.fon.org.cn/content.php?aid=387。

热、潮湿或更变化多端时,这个社会就更可能处于濒临崩溃的边缘。① 对于这一点国内的一些学者也提出了生态安全的概念,指出生态安全并不仅仅关系到经济发展,而且关系到社会稳定和存亡。中国社会科学院的扬帆、朱宁从史学角度出发,指出中国历史上的朝代循环,表现为经济政治危机所引起的阶级斗争和上层分裂,与生态环境的破坏有极大关系。特别是从明朝中期开始,百年鼠疫不绝,在中国文化的中心地带—华北平原,从山西、河北、山东,直至统治中心—北京和天津,动辄死亡数十万人。一个国家、一个文明的统治中心连续百年出现严重自然灾害和瘟疫,不可能不造成根本性的衰落。于是才有李自成起义和清兵入关,才有 150 年清朝统一全中国的国内民族战争。就是在这 150 年,西方发生了技术革命和工业革命,使几千年的中华文明走向衰落。西方发展的最根本基础是新大陆的开发和殖民地的建立,而中华文明衰落的基础则在于统治中心生态环境的破坏。② 长期以来,一谈到国家安全和稳定受到威胁,人们总是首先想到大规模的外敌入侵,或是内部动乱,或是两者同时发生。很少想到由于生态环境问题而造成对国家稳定的威胁。非洲是当今世界社会政治最动荡的地区之一,除了一些固有的如种族矛盾等历史遗留问题外,恶劣的生态环境造成了严重的生存危机,失去了社会稳定发展的物质基础。

3.2.2 地形地貌

北方农牧交错带基本上处于我国地貌的第二台阶向第三台阶

---

① 贾雷德·戴蒙德著:《崩溃:社会如何选择成败兴亡》,上海译文出版社 2008 年版,第 10 页。

② 杨帆、朱宁:《西部大开发的战略意义》,《经济活页文选(理论版)》2000 年第 6 期,中国财政经济出版社。

北方农牧交错带变迁对蒙古族经济文化类型的影响

过渡的边缘地带上,主要地貌表现为东部内蒙古高原向东北平原、华北平原的过渡区,中部内蒙古高原向黄土高原过渡区,以及西部青藏高原向黄土高原过渡区。按土壤类型可以把农牧交错带分为三个类型区,即黄土覆盖区、沙质覆盖区和黏土覆盖区。黄土结构疏松,孔隙裂隙多,透水能力强,极易发生水土流失,遍及整个黄土高原,主要分布在水土流失比较严重的黄土丘陵区。呼伦贝尔、科尔沁、浑善达克、毛乌素等沙地多为风沙土所覆盖,其土壤贫瘠,含沙量高,松散易流动。黏土覆盖区是指松嫩平原地表物质多为第四纪黄土状亚黏土,质地黏重,渗透性差,地下水位浅,矿化度高。① 脆弱的生态地质环境很容易受到冲击和破坏,内蒙古草原大部分地区地表土层薄,加之该地区风力大,垦殖后很快土层流失并沙化,草地退化速度快,而且治理难度大。

内蒙古以草地环境为主,草原土壤分布最广,是内蒙古土壤的主体,分布在内蒙古的中部和东部,占全区土地面积的 68.40%;其次是荒漠土壤,占全区土地面积的 21.24%;森林土壤的面积最小,分布在东北部的大兴安岭,占全区土地面积的 10.36%。土壤地带性分布明显,由于生物气候自东北向西南的分布规律,因而形成了明显的土壤水平地带性分异,自东北向西南依次分布着灰色森林土、黑土、黑钙土、栗钙土、棕钙土、漠钙土、灰棕漠土等。土壤有机质也呈现自东北向西南递减趋势。灰色森林土与黑土的有机质含量高达 5%—13%,黑钙土为 3.5%—5.0%,栗钙土为 1.5%—4.0%,棕钙土为 0.7%—1.8%,漠钙土和灰漠钙土为 0.5%—1.0%,极干旱区土壤有机质还不到 0.5%。钙积层现象普遍。由于气候较干旱,

---

① 陈海:《中国北方农牧交错带生态——生产范式区划研究》,北京师范大学博士学位论文,2004 年。

土壤受淋溶作用较弱，土壤中的碳酸盐钙积在腐殖质下，由明显的紧实钙积层形成。

3.2.3 降水变化

北方农牧交错带范围的界定以年降水量 400mm 为重要指标，大致处于干燥的半干旱区。以降水量为主要指标划定北方农牧交错带的范围，是因为该地带位于我国东南部季风农业区向西北部干旱牧业区的过渡地带，水分是造成农牧业地域之间差异的一个重要因素。在我国北部，由于东南季风减弱，降水量相对较少，农业自然条件和资源环境条件发生了由东南季风区向西北干旱区的地带性演变。东部季风区的水热条件适于农业生产，而西北干旱区水分不足，不利于农业生产，而以牧业生产为主。半农半牧交错地带沿着年降水量 400mm 形成于东部季风农业区和西北干旱牧业区之间，充分体现了降水条件对农牧交错带界限变迁的影响。

北方农牧交错带处在东南季风与西南季风作用的边缘地带，年平均降水量极不稳定，平均值在 250—450mm，但年际变率较大，平均达 25% 以上。年蒸发量 1993—2752mm，是年降水量的 5—11 倍。降水分布呈现出自东北→西南延伸，东南→西北更替的规律，空间递变率较大，一般为每 10km 减少 8—8.5mm，西北边缘更大，高达 15—20mm。年内降水量极不均匀，春季干旱，降水集中在盛夏，一般七八两个月的降水量占全年降水量的 45%—55% 以上。这种降水量年际与年内的波动，是导致本区农牧业生产不稳定、农牧交错带空间摆动的根本原因。[1]

距今约 8000—6000 年，辽河流域占优势的是以栎为主的阔

---

[1] 韩茂莉：《中国北方农牧交错带的形成与气候变迁》，《考古》，2005 年第 10 期。

北方农牧交错带变迁对蒙古族经济文化类型的影响

叶林植物群落,气候较今温暖。距今8000—2500年,辽宁南部地区以栎和桤木为主的阔叶林占优势,气候湿润温暖,从而推断当时的气候较今高出2—3度。多年来在内蒙古东、中部地区新石器时代遗址出土的动植物遗存,表明在其全新世高温期植被和气候与赤峰地区取得的环境考古资料一样,都证明当时温性针叶林和阔叶林的发育,显示较今温暖湿润的气候特征。根据目前掌握的资料,充分反映了距今约10000—5000年北起黑龙江,南至长江流域以南,西至天山南北、云贵高原和西藏高原的广大范围,都处在温暖湿润的气候条件之下。这种温暖的气候一直延续到中国历史文明的早期——夏商时代。①

历史研究证明,我国北部地区的农牧业交替与降水多少有着很好的对应关系。比如说历史上的鄂尔多斯地区,在每一次干燥期,均以畜牧业的发展为特色,兼有范围较小的牧农交替;而每一次的湿润期则以农业为特色,兼有范围较小的农牧交错。这是因为古代旱作农业地域气候变化尤其是干旱作用的能力较弱,干燥期的降水量减少常使旱作农业萎缩,遇到严重的持续干旱,甚至赤地千里、饥民无数,往往成为影响政权稳定的导火索。与此相反,以游牧为主的草地畜牧业则更能耐受干旱的波动。历史上北方农牧交错带在干燥期旱灾频频发生,大规模开垦的农田尤其是弃耕的农田常引起沙化。这在历史上都有丰富的文献记载。沙化扩展,农耕无收,则治边无力,进而导致一些郡县不得不内迁。郡县内迁,游牧民族南移,交错带的农、牧民族结构和农牧业生产结构则发生交替。这是农牧交错带在干燥期由农变牧的机制的一个方面。但是游牧民族用畜牧手段改变农牧交错区及其以南地区时,尽管农业生产比重日趋下降,但是却不至于完全丧

---

① 邹逸麟编著:《中国历史地理概述》,上海教育出版社2005年版,第12—13页。

失,他们会在畜牧业的夹缝中求得生存,因为即便是游牧民族也会需要粮食,并或多或少地受到农业民族的影响。随着气候由干燥向湿润转化,又会促使由农转牧的过程发生逆转,农业生产的比重逐渐上升。这就是农牧交错带受气候影响由农转牧再由牧转农的全过程。①

近3000年来,我国北方农牧交错带地区的农业与牧业随着冷暖、干湿的振荡多次进退、交替,历史上农业文化相对兴盛、农业北界向北扩展的春秋战国、汉、晋、唐、辽金、清代中叶及现代等时期均是暖期或相对温暖期,而牧业文化相对兴盛、牧业南界向南扩展则一般发生在冷干期。② 在人类生产力水平较低的历史时期,农牧交错带的界线的演变受自然因素,尤其是气候的影响更为明显。如在15—19世纪小冰期时,使原先在长城一线的400毫米等雨量线较现在向东南退缩400—500公里,使得长城一线的降水量持续偏少,土地向荒漠化发展,农业遭到毁灭性打击。而在西汉初期,400毫米等雨量线较现在向北、向西扩展到达了大青山一带,甚至处于干旱区的古丝绸之路也非常兴旺,这是因为多雨而使荒漠化发生逆转的缘故。③ 近百年以来,农牧界线也是波动的,虽然其影响因素更多的表现在生态环境恶化以及人为因素等方面,没有历史上受气候因素的影响那么明显,但是也在一定程度上受到了气候因素的直接影响。

内蒙古地区的降水也存在着明显的年际差异,并直接影响着农牧业生产和环境状况。

---

① 韩建国、孙启忠、马春晖:《农牧交错带农牧业可持续发展技术》,化学工业出版社2004年版,第27—28页。
② 张兰生、方修琦、任国玉:《我国北方农牧交错带的环境演变》,《地学前缘》,1997年第1期。
③ 韩永翔、张强:《干旱气候和荒漠化》,《气象知识》,2003年第1期。

表 3-1　内蒙古各地年、季降水量极值及其平均变化（1947 年—1997 年）

项　目	地　区	呼盟	兴安盟	通辽市	赤峰市	锡盟	乌盟	包头市	鄂尔多斯市
年雨量 （mm）	地名	莫旗	乌兰浩特	金宝屯	克旗	太旗	后旗	达茂旗	乌审召
	最　多	727.8	654.8	801.6	809.1	625.6	663.4	929.2	716.8
	距　平	56	55	66	79	58	68	130	98
	最　少	296.2	239.7	313.1	283.4	240.0	220.2	155.1	199.1
	距　平	－36	－43	－35	－37	－39	－44	－61	－45
	变率（%）	46	49	50	58	49	56	95	71
夏季 （6—8月） 降雨量 （mm）	地名	莫旗	乌兰浩特	金宝屯	克旗	太旗	后旗	达茂旗	乌审召
	最　多	604.6	537.1	595.2	648.2	462.9	483.3	757.6	546.8
	距　平	82	69	82	106	75	77	173	219
	最　少	179	152.4	144.6	158.8	153.6	129.6	83.7	55.6
	距　平	－45	－51	－56	－49	－41	－52	－69	－67
	变率（%）	63	60	69	77	58	64	121	143

数据来源：吴鸿宾等编著：《内蒙古主要气象灾害分析》，气象出版社 1990 年版。

3.2.4　干燥多风

北方农牧交错带是大风频发区域，为沙化土地的扩展提供了动力条件，也直接导致了京津地区遭遇沙尘暴侵袭。农牧交错带降水量少而变率大，年内旱期长。干旱年份和季节，牧草发育较差，地表植被稀少，土壤水分散失较快，疏松裸露的地表更有利于风蚀作用。干旱多风与移动性强的疏松沙土之间相互强化，制约着这一地区的生产活动。干旱是阴山北麓地区最常见最严重的自然灾害，平均每 10 年发生中度以上的干旱 6.8 次。其中又以春旱最为频繁和严重。大风和风沙是阴山北麓常见的灾害，年平均风速 3—5m/s,春季为 4—6m/s。全年 8 级以上大风天数平均在 20—80 天,从南向北增多。据统计,鄂尔多斯高原自 1838 年—1980 年共 143 年间较大干旱有 30 次,平均 3—4 年一次。大风之年,大风沙暴天气明显增多,草原沙化明显增强。农牧交错带大部分地区年平均风速较大,一般在 3—4m/s,最大风速达 29m/s,春秋两季尤甚,春季平均风速 4—5m/s。同时,风也是沙丘活化的原因之一,是沙丘移动的驱动力。[①] 干旱多风的气候特征,侵蚀土地作用强烈,恶化了环境条件,也导致北方农牧交错带的边界不断北移西下。草地开垦几年后,地表土层被侵蚀流失,产出下降甚至撂荒弃耕,转而开垦邻近的草地,周而复始,地表裸露面积扩大,在风力作用下,形成沙丘和荒漠化。荒漠化面积随着草地开垦和弃耕不断扩大,最终形成今天大面积的荒漠化,沙进人退,出现大面积的生态贫困区和贫困户。

3.2.5 水资源紧缺

随着人口的剧增,从河流或地下取用淡水资源量明显增加,使维护植被生长的水资源不能得到保证,即生态系统用水严重短缺。加之无节制抽取地下水,导致地下水位的大幅度下降,有些地段的地下水埋深已经低于植物根系分布的深度,结果造成植被枯死。原来被这些植被固定的沙质地表失去了植物的保护,一遇大风极易起沙扬尘。如额济纳河下游、塔里木河下游胡杨林的大面积死亡,就是因水源短缺造成的。京津平原地区覆沙扩展亦与维护沙地植被的地下水位下降有密切关系。由于生态用水不能保证,使大面积的植被干枯,失去保护地表沙性物质的抗风蚀功

[①] 张殿发、李凤全:《我国北方农牧交错带脆弱生态地质环境形成机制探讨》,《农村生态环境》,2000 年第 4 期。

北方农牧交错带变迁对蒙古族经济文化类型的影响

能,加快了沙化土地的扩展以及沙漠边缘沙丘向农田前沿的入侵。[①] 另外,随着环境破坏,一些内陆河湖水量减少,甚至干枯,湿地面积缩减,对区域整体自然及景观环境造成破坏。据有关资料,内蒙古自治区水资源缺乏,水资源总量为515.5亿立方米,淡水面积87.5万公顷,其中可利用水面为51.1万公顷。而且内蒙古的水资源分布不均,90%以上集中在东部地区,中西部地区严重缺水,再加上人为的欠合理利用,使广大地区的地表水流量逐年减少。内蒙古自治区水资源的人口承载力仅为1881万人,但截至2006年底内蒙古总人口增至2392万人,已大大超过内蒙古水资源的人口承载力。[②]

在土壤有机质的不稳定性与贫瘠性、气候因子的多变性以及生态用水的紧缺等多种自然驱动力的交织作用下,北方农牧交错带不断位移,逐步向水质、植被和土壤较好的草原深入,形成了农牧边界北移西下的地理景观。在干旱半干旱地区发展农耕经济,其对水资源的需求远远高于游牧业,除了依靠自然降水外,就是大面积开采和利用地下水,造成地下水补给不足,大面积水位下降。20世纪60—70年代,在内蒙古东部农耕区大规模打机井,保证了农田灌溉需要。但随着降水减少,一方面对地下水的利用增加,另一方面补给不足,出水量减少,甚至不能满足基本生活用水需求。一些地区的地下水位从60年代的4、5米下降到现在的30、40米。水资源短缺是北方农牧交错带经济发展的瓶颈,而农耕和工业经济类型对水的消耗量远远高于畜牧业。水资源是这一地区今后经济发展的重要"瓶颈",对未来产业布局和结构选择等有直接的制约和影响。

---

① 高尚玉、史培军、哈斯等:《我国北方风沙灾害加剧的成因及沙化过程的中长期发展趋势》,《自然灾害学报》,2000年第4期。
② 《内蒙古水资源的人口承载力已超载511万人》,《新华网》,2007/11/26。

第三章 北方农牧交错带变迁的动因

3.3 北方农牧交错带变迁的经济因素

经济因素是北方农牧交错带北移的重要动因。农牧交错带的特征是宜农宜牧，在草地开垦初期，农耕的收益明显高于游牧业，激发了人们开垦草原的冲动，是草原开垦面积一直扩大的经济动因。根据有关资料，在察北、察盟及锡林郭勒盟农牧过渡地区，从事农耕，维持一个农民的生活，按 1953 年耕地全年生产力，每年需 7—8 亩耕地；若耕地复原为草地放牧，维持牧民一人生活，约需草地 40 亩；其单位面积农牧收益的比例为 5∶1，只有在不适宜农业的峻岭及洼地，牧业利益才能超过农业。[1] 尤其是近现代以来，随着人口增加，大批内地人口进入农牧交错带及以北地区，开垦草原，使农牧界限北移深入草原腹地。

环境遭受破坏程度及复原的可能性取决于人类活动的特点（如每年每英亩被砍伐树木的数量）和环境的特性（如每英亩种子发芽的数目及每年树苗成长的速度）。这些环境的特性又可被归为脆弱型（易受破坏）或是复生型（遭受破坏后复生能力强弱），我们可以凭借这两种特性来归纳某个地区森林、土壤和鱼类总量等等。某些社会经历环境崩溃，原则上可能是由于人类肆意妄为，也可能是因为他们所在的环境存在着一些异常脆弱的因素，或者两者相互作用造成。[2] 以内蒙古降水变化为例，它既受长期气候演变的影响，也与人类的活动有关。特别是森林大量被

---

[1] 赵松乔：《察北、察盟及锡盟——一个农牧过渡地区经济地理调查》，《地理学报》，1953 年第 1 期。转引自陈建华、魏百刚、苏大学主编：《农牧交错带可持续发展战略与对策》，化学工业出版社 2004 年版，第 25 页。

[2] 贾雷德·戴蒙德著：《崩溃：社会如何选择成败兴亡》，上海译文出版社 2008 年版，第 9 页。

北方农牧交错带变迁对蒙古族经济文化类型的影响

变化也涵括了冷暖干湿及因年月而异些许差别。这其中自然力导致的气候变化包括太阳热散和火山爆发时火山灰对大气层的影响，也包括地球轴心及其公转轨道平面角度变化所引起的气候变更，以及地表陆地与海洋分布面积的变化。自然气候变化中最常被讨论的例子是距今 200 万年前冰河期和公元 15 至 19 世纪小冰河期中大陆冰盖的消长，还有 1815 年 4 月 5 日印度尼西亚坦博拉火山大规模爆发导致的全球气候变冷。[1] 根据有关学者的研究论证，中国历史上曾经出现过几次周期性的气候变迁，大体而言，历史上几次大规模民族融合时期，都是相对的寒冷期。寒冷期的出现，所带来的后果往往是传统游牧区域的南移，迫使游牧民族南下；而出现相对的温暖期时，如历史上的汉唐时期，造成的结果便是农耕区域的北移，促成了农耕民族纷纷北上开垦农田。[2]

随着气候冷暖的变化，湿润状况也在变化。辽宁南部地区在经过了温暖湿润的气候以后，阔叶林中松树的成分增加。内蒙古察哈尔右中旗的孢粉增加了麻黄花粉和松树，反映了气候渐趋干冷。北京地区自 2500 年前开始，气候变干冷，泽薮逐渐消失，泥炭停止积累，开始形成淤泥，继而被代表干旱环境的灰黄色黏性土所覆盖。[3]

过去许多社会里，只要气候条件良好，一个社会所耗费掉的环境资源就可以被补充。然而，当气候变得更为干燥、寒冷、炎

---

[1] 贾雷德·戴蒙德著：《崩溃：社会如何选择成败兴亡》，上海译文出版社 2008 年版，第 9 页。

[2] 贺卫光：《农耕与游牧：古代中国的两大经济文化类型》，《西北民族学院学报（哲学社会科学版）》，2002 年第 1 期。

[3] 周昆叔：《试论北京地区自然环境变迁》，载《环境变迁研究》1984 年第 1 辑。转引自邹逸麟编著：《中国历史地理概述》，上海教育出版社 2005 年版，第 18 页。

北方农牧交错带变迁对蒙古族经济文化类型的影响

砍伐、草原过度放牧、坡地滥垦耕种所造成的自然植被破坏,后果尤为严重。它首先使雨后径流加大,水土流失;土壤肥力和蓄水能力都急剧下降。同时使地表反射率增加,蒸发加剧,形成一定范围的水分条件亏损,进而影响该地区降雨量,使得干旱地区更加干旱。这些不良环境因素的反馈,进一步恶化了植被生长条件和蓄水能力。①

从人类经济活动的目的和规律看,在游牧经济条件下,由于居住分散,生产生活的自给性强,需求有限,不利于工商业的发展。而当从牧业为主向种植业为主转换以后,工商业获得了发展的契机,特别是人口聚居和分工的发展。这时耕作不再是仅仅用来满足人们的生存需要了。从新古典经济学的角度看,土地用途的转移是土地经营者追求效用最大化的结果。对于北方农牧交错带而言,个体行为追求最大利益的结果就是开垦荒地,其地租表现为尽量少的投入,能获更多的收益。当农业的收益高于畜牧业的收益时,必然会转变土地利用的方式,尽管这种收益可能是短期的。何况最初开垦的一些土地确实具备农业发展的条件,这些土地的开垦给管理当局和开垦者带来了可观的经济收益,缓解了内地人口压力和社会矛盾。

3.3.1 人口增长

在一定的技术条件下,土地对人口的承载力是有限的,虽然中原地区的汉族发展了精耕细作的农业,但在当时的生产力条件下,土地的产出不可能有大幅度的增加。而且直接受到自然条件的影响,一旦遇到严重的自然灾害,土地产出下降,很难维持基本生活,人们就会背井离乡,去开拓新的土地。中原地区可供开

---

① 夏彭年、陈光明、沈建国等:《内蒙古自治区水资源可持续利用问题及对策》,《内蒙古大学学报(人文社会科学)》,2000 年第 3 期。

第三章　北方农牧交错带变迁的动因

垦的土地越来越少,迅速增加的人口不断向不宜农耕的草地迁移。虽然农牧交错地带和草地的产出低于平原地区,但由于地广人稀,可耕地多,可以广种薄收,在风调雨顺的年份还可以有好的收成,从而吸引越来越多的内地人口涌入农牧交错带及以北地区开垦草地,发展农耕业,使人口稀少的北方农牧交错带及以北的草原成为缓解内地人口压力的地区。

清以前中国人口大约在6000万左右,最多时达到7000万左右。到了清代,中国人口迅速增长,康熙以后,随着社会稳定、经济发展,中原地区人口迅猛增长。到了乾隆六年(1741),清廷在内地省份各州县依据保甲门牌统计户口,年底统计的人口为1.4341亿余人,乾隆二十七年(1762)人口突破2亿,到乾隆五十五年(1790)又突破3亿。半个世纪里人口总数翻了一番,这在中国人口史上是空前的。[①] 人口的急剧增长,形成了中原地区人多地少的矛盾。按照当时的生产力水平,清人洪吉亮曾作过估算,认为"一岁一人之食,约得四亩;十口之家,即须四十亩矣"[②]。也就是说,一个人大约有四亩地即可维持其一年的生计。但从乾隆中期人口突破2亿以后,全国耕地面积已达不到这个标准。有学者估计,乾隆十八年(1753),人均耕地面积为4亩,乾隆四十九年(1784),人均耕地面积减为2.6亩,到了嘉庆十七年(1812),平均每人只有耕地2.3亩。[③]

人地矛盾的加剧迫使一些人口向人口相对稀少的长城以北迁移,涌向内蒙古的流民呈逐年上升趋势。如遇灾年,内地灾民大批背井离乡到关外谋生。这时人烟稀少的内蒙古及东北成为缓解

---

① 肖瑞玲、曹永年、赵之恒、于永:《明清内蒙古西部地区开发与土地沙化》,中华书局2006年版,第84页。

② 转引自肖瑞玲、曹永年、赵之恒、于永:《明清内蒙古西部地区开发与土地沙化》,中华书局2006年版,第85页。

③ 行龙:《人口压力与清中叶社会矛盾》,《中国史研究》,1993年第4期。

北方农牧交错带变迁对蒙古族经济文化类型的影响

人口压力和社会矛盾的解压阀,通过吸收内地人口缓解土地及社会压力,缓和社会矛盾。中国历史上著名的人口迁移活动——"闯关东"、"走西口"和"下南洋",前两者都是人口向长城以北的迁移。一般认为"关东"指的是东北的黑龙江、吉林和辽宁,其实,内蒙古东部大部分地区也在这一范围之内,而且内蒙古东部人口的急剧增加和这段人口迁移历史是基本一致的。作为"闯关东"的主体——山东、河北移民的后裔,也是现今内蒙古东部汉族居民的主体。而内蒙古西部地区则是山西、陕西、甘肃等省人口"走西口"的主要目的地。

历史证明,内蒙古地区几乎每一次农业盛行都伴随着大量的内地移民的涌入,或者说,每次移民涌入蒙地都给草原带来了一场农耕文明的"洗礼"。不论是古代还是近现代,人口变动都是北方农牧交错带变迁的一个重要因素。人口迁徙与增长无疑会造成对土地的压力加大,而内地人口增加并迁徙到草原牧区的事实,不仅给草原带来了农业生产方式,同时也加剧了人地矛盾,其生存过程中需要的居住、交通、生产等都需要用地,直接导致了土地的过度垦殖,人们自发地垦殖未利用土地,就连草地、林地也难逃此劫,农业用地不断侵占草场,牧业退化,北方农牧交错带的北界不断向北扩展。

科尔沁地区位于内蒙古自治区东南部,地处东北平原向内蒙古高原的过渡带,西起燕山山脉的七老图山,东至松辽平原西部,南以努鲁尔虎山为界,北达大兴安岭山地南缘,属于中国北方农牧交错区的东部,行政区划上包括内蒙古哲里木盟的大部、赤峰市的部分及辽宁省的西部。历史上,科尔沁地区是著名的草原牧区,但这片水草丰美的纯牧区却变成了今天黄沙肆虐的半农半牧区,可以说是北方农牧交错带变迁的真实写照,并且从科尔沁地区人口结构变化,也可以看出人口驱动因素对北方农牧交错带变迁的影响。北宋时期,这里是契丹人的领地,契丹统治者把

第三章　北方农牧交错带变迁的动因

许多民族的人们迁徙到科尔沁地区，其中有汉人、渤海人、女真人等，且以汉人为最多，渤海人次之。①大量人口的迁入带来了农业经济的迅速发展，草原受到严重破坏，科尔沁地区已经出现沙地。在元、明时期，该区的经济活动以畜牧业为主，天然植被有所恢复。18世纪中叶以后，清政府推行放价招民耕种政策，在科尔沁地区开始了大规模的农垦，该地人口民族结构发生了根本性变化，即由蒙古族为主变为以汉族为主，加速了蒙古地区从游牧经济到半农半牧经济和定居农业经济的转变，导致大面积草原退化，农耕北界继续向北移动。②

此外，伴随着汉族人口的激增，蒙古族人口却出现了下降趋势，这也是导致农耕经济占据主导地位的一大原因。13世纪蒙古族人口发展到100万，在元代，大量的契丹人、女真人和西域人陆续融入蒙古族，加上蒙古族自身的繁衍，鼎盛时期蒙古族人口曾达到400多万人，其中居住在内蒙古的有近100万人。经过明、清时期的发展，到19世纪初，内蒙古地区的总人口已达215万以上，蒙古族、汉族人口数量大致相等。但是，自此以后，由于清朝政府大量征兵、鼓励发展喇嘛教、王公贵族对民众盘剥加甚以及恶性疾病荚延等原因，蒙古族人口开始呈现下降趋势。与此同时，晚清政府实行"移民实边"、"拨兵屯田"、"开放蒙荒"的新政策，鼓励汉族人口到边远地区开发农业以增加税收，解决国库空虚，使得内蒙古地区汉族移民迅速发展，满族和回族人也加快增长起来。1840年鸦片战争以后，沙俄侵略势力进入中国的内蒙古地区，掠取了一系列政治特权和经济利益。农村牧区两极分化严重，大批饥民四处流浪求生，被迫逃荒，来内

---

①　申友良：《中国北族王朝初探》，中央民族大学出版社1997年版。
②　薛娴、王涛：《中国北方农牧交错区沙漠化发展过程及其成因分析》，《中国沙漠》，2005年第3期。

北方农牧交错带变迁对蒙古族经济文化类型的影响

蒙古地区的汉族人口激增。

以哲里木盟为例（现通辽市），从1770年开垦前的18.3万人到清末（1912年）增长至近250万人，其中蒙古族人口仅增长1万多人，其余的230万人都是内地移民，人口密度也由0.26人/平方公里增加了十几倍，达到近3.5人/平方方里。这些流民在西辽河、新开河以及洮儿河、郭前旗境内的伊通河、饮马河附近"披荆斩棘，从事耕耘"，在科尔沁东南部以及东、东北部连接形成了农业带，到民国初期时，人口密度已达86.53人/平方方里。民国以及伪满时期，哲里木盟人口持续保持较为可观的增长，并且主要集中在移民较多的农业区。1945年以后，科尔沁的大部分划归辽北省，人口减少，并成为东北第二大牧区。从1947年内蒙古自治区成立到1996年，由于中华人民共和国成立初期外省人口大量迁入以及持续偏高的自然增长率，该地50年净增244.38万人，以年均5.22%的速度增长。自科尔沁有了垦殖以来，涌入蒙旗的流民越多，蒙地平均人口密度越大，其开垦的草原面积越广，导致农耕北界的不断北上。到1996年，科尔沁的人口密度达到1947年的近55倍。农耕北界西段：从清初的山海关（北纬40°、东经119.8°）到目前的扎鲁特旗格尔朝鲁（北纬约44.8°、东经121°），北上4.8个纬度，为391.4km^2；东段：从清初的开原（北纬42.5°、东经124.1°）到目前的科右中旗吐列毛杜（北纬45.5°、东经119.5°），北上3个纬度，为244.6km^2。农耕北界北上的最短（垂直）距离为3个纬度。[①]

从内蒙古自治区成立的1947年到1996年，科尔沁总人口由93.64万增加到348.02万，50年净增244.38万，年均增长速度为5.22%。人口密度从1947年的10.44人/km^2，提高到1996

---

① 乌兰图雅：《300年来科尔沁的土地垦殖与荒漠化》，中国科学院地理研究所博士学位论文，1999年。

第三章　北方农牧交错带变迁的动因

年的 38.8 人/km²。在生产技术条件相对落后的情况下，科尔沁急剧增长的人口及其相应增加的物质需求造成了该区垦殖范围的不断扩大，从而也引起了上述系列土地利用的变化。尤其引起人们注意的是科尔沁各旗县人口增长的非均衡性。位居西辽河平原的开鲁县、科左中旗、通辽市和科左后旗，因它相对优越的自然条件或城市发展，人口均有较大幅度的增长，年均增长速度都在 4.3% 以上。其中，人口增长最快的扎鲁特旗 (22.18%) 与人口增长缓慢的库伦旗 (3.07%)、奈曼旗 (3.47%) 构成了鲜明的对照。库伦旗和奈曼旗属早开发区，由于土地的沙漠化和旱灾、洪灾的多发，已成为近期科尔沁区内农业人口流动的主要迁出区。相反，人少地广的扎鲁特等旗却成为近期农业人口的主要迁入区，造成了科尔沁沙地近期耕地范围的不断北扩。近年来科尔沁沙地人口的流动方向与耕地重心的移动方向之一致性绝非偶然。[①]

北方农牧交错带，1953 年与 1997 年相比，以县为单位的人口密度，50 人/km² 以下的县数，由 118 个减少到 37 个；50—100 人/km² 县数由 59 个增加到 65 个；100—150 人/km² 由 14 个增加到 48 个；150 人/km² 以上县数由 10 个增加到 51 个。由此可见，人口的增加对土地形成的压力在逐年增大，使土地的负荷加重。GDP 的增长主要表现在改革开放以来的 30 多年，GDP 的年增长率在这一期间都在 10% 以上。地均 GDP 也有了明显的增加，目前每平方公里一般已达到 150 万元以上，而且，城镇区域明显高于广大农村牧区，沿交通线两侧明显高于其他地区。人口与 GDP 的变化作为土地利用变化的驱动因子，大大改变了这一地区的土地利用格局，从而形成了对沙尘暴发生发展的诱发和

[①] 乌兰图雅：《科尔沁沙地近 50 年的垦殖与土地利用变化》，《地理科学进展》，2000 年第 3 期。

北方农牧交错带变迁对蒙古族经济文化类型的影响

加强因素。[1]

据初步统计,2000年底农牧交错带人口为1300万左右,人口密度为31人/km^2,尽管这一数字还不到中国平均人口密度的1/4,但与该地区的资源承载能力相比已处于超载状态,远远高于联合国的干旱、半干旱区人口密度标准。有关专家测算,农牧交错带自然承受能力的理论人口密度为20人/km^{2}左右。据调查,位于华北农牧交错带典型地段的内蒙古赤峰市,人口密度偏农区为115人/km^2,农牧交错区为48人/km^2,偏牧区为16人/km^2,平均为59人/km^2。[2]

人口作为一个独特的因素,对土地利用与土地覆盖变化的影响,是人类社会经济因素中最主要的因素,也是最具有活力的土地利用与土地覆盖变化的驱动力之一。人口增长是耕地扩大的主要因素之一,随着人口的增长以及人们生活水平的提高,人们对农产品的需求数量也在日益增加,致使耕地面积不断扩大;另一方面人口的增加会占用大量的耕地进行房屋、道路建设,使耕地减少。如果说人口的增长使人们对粮食的需求增加而使耕地增加的话,科学技术的进步使开垦大量土地成为可能。科学技术的进步体现在机井数量变化、化肥投入量变化、机械动力变化对粮食单产和总产的影响上。根据黑龙江省大庆市杜尔伯特蒙古族自治县的情况,近50年来农机具的迅速增加,农业机械化水平不断提高,致使开垦大量的耕地成为可能。[3] 同时,对于处于干旱半干旱区域的农牧交错带而言,20世纪中期以来机井数量的增加、

---

[1] 史培军、王静爱、严平、袁艺:《中国风沙灾害及其防治对策》,2005北京高新产业国际周"国际保护环境大会"论文。

[2] 陈建华、魏百刚、苏大学主编:《农牧交错带可持续发展战略与对策》,化学工业出版社2004年版,第45页。

[3] 白淑英、张树文、张养贞:《农牧交错区50年来耕地开发过程及其驱动因素分析——以大庆市杜尔伯特蒙古族自治县为例》,《资源科学》,2005年第2期。

化肥的施用等都较大幅度地提高了土地的产出，也在一定程度上给人错觉，通过人为力量可以改变这一区域的土地利用方式。但问题在20世纪末凸现，地下水位下降，耕地退化，一些耕地被迫弃耕。水位下降带来的直接后果不但使农耕经济难以为继，继而影响到居民的日常生活，造成人畜饮水困难，每到春季，内蒙古一些地区地下水位下降，水井出水减少甚至干枯。

3.3.2 经济利益驱动

经济条件是民族发展的决定性因素，人口数量激增对北方农牧业最直接的影响方式就是人类的经济活动，而农耕与游牧经济之间的依存互补性也是二者此消彼长的根源之一。人口增加是北方农牧交错带变迁的诱因，但造成农牧交错带北移及草原生态环境破坏的是人类不恰当的经济行为。在一定的经济社会发展阶段，这种行为又具有必然性，受到人类对自然的整体认知能力和个体利益的双向驱动。在生产力水平较低的情况下，扩大耕地面积是满足不断增长的人口的粮食需求的基本途径。

如果说历史上农牧交错带变迁的自然驱动力的最直接表现形式是气候条件，那么在近现代，在水热光照等自然因素以及一系列人为因素的共同作用下，北方农牧交错带生态环境的变化却是最明显的表现，自然界的生态平衡直接关系到农牧界线的变迁。并且，生态环境的恶化与农牧交错带的变迁是一个相辅相成的过程，互为影响，生态环境的恶化使得人们将视角延伸至自然条件相对保护较好的草原地带，寻求新的发展空间，也正是这一过程导致了更大面积的区域惨遭生态失衡的惨痛代价。生态环境越恶化，适于农耕的土地就越少，就更加剧了草原的开垦，形成恶性循环，使得北方农牧交错带的北界不断向北延伸。

分析生态环境对北方农牧交错带变迁的影响，其实也是对人类活动的反思过程，因为当地生态环境的恶化，从根本上而言，

北方农牧交错带变迁对蒙古族经济文化类型的影响

是由于人类不合理的社会经济活动造成的。以位于鄂尔多斯高原东南边缘的毛乌素地区为例,秦汉时期曾是"沃野千里、仓稼殷实"和"水草丰美"的农牧并茂之区。后来,几经战争的创伤,长城内外城堡不断修建,人口日益增多,垦殖面积不断加大,引起植被的大量破坏以及流沙的大量出现。19世纪清政府又以"借地养民"等名义,大量开垦毛乌素沙地及其周围地区,重农轻牧,结构单一,更加剧了流沙的蔓延。现今毛乌素沙地的南缘已侵入黄土高原,向北又和鄂尔多斯高原北缘的库布齐沙漠相连接。又如分布在西辽河流域的科尔沁沙地,在元明两代时,这里还是"长草林丰"。19世纪中叶以后,清政府放荒招垦,滥垦固定沙地,引起流沙蔓延,流动沙地由斑点状变为片状或带状。1959年流沙面积已占沙区总面积10%左右。[1]

蒙古族的游牧经济之所以有强大的生命力,是与蒙古高原所独有的生态环境密切联系的。蒙古高原有茂密的森林,也有丰富的矿藏,锡林郭勒、呼伦贝尔和科尔沁三大草原举世闻名,但是自古以来,蒙古族以及其他游牧民族在生产实践中也经历了采集、渔猎、种植等多种生产方式的探索,最终还是选择并坚持了游牧业作为主要经济文化类型,说明当时蒙古高原的生态环境是最适合游牧经济发展的。但是,随着历史上尤其是近现代北方农牧交错带的北移,以及对草原的过度垦殖,蒙古高原的生态环境极度恶化,水草丰美的草原变成了枯干的沙漠,草原上适于牧业的土地已经越来越少,蒙古族人民的生活变得十分被动,要么接受汉族农耕文化,"加入"破坏草原的行列中,要么只能在草原深处幸运地找到一块保护相对完好的草地进行牧业生产。

我国北方农牧交错带不仅是一个典型的生态脆弱区,同时也

---

[1] 韩建国、孙启忠、马春晖:《农牧交错带农牧业可持续发展技术》,化学工业出版社2004年版,第31页。

是一个突出的经济贫困区,内蒙古贫困旗县的 84.4% 就分布于自治区中东部的生态脆弱区。在科尔沁沙地,库伦旗、科左后旗和奈曼旗等开发较早的旗县,不仅是土地退化等生态问题严重旗县,同时也是国家级的经济贫困旗县。长期以来,该区人们的物质需求是在不断的索取中得到满足的,土地一直处于"开垦—沙化—(换地)再开垦—再沙化"的恶性循环中,其结果是整个环境的恶化、经济的落后和生活的贫困。尤其是 20 世纪 80 年代以来,由于人们错误的"致富"意识,引起了更大范围的土地开垦和畜群头数的盲目增加。这就造成了该区耕地面积的急剧扩张和耕地、草地质量的进一步退化。[①]

因此,经济落后是土地退化的强大驱动力,北方农牧交错带地区有 80% 左右的旗县是国家级贫困县,贫困迫使人们对土地资源进行掠夺式开发和不合理利用,滥垦、过牧、采药等一系列不合理的经济活动都是导致土地退化的经济行为。伴随着人类不合理的经济活动,出现了土地荒漠化、盐碱化等退化现象,目前该地段已经是我国植被破坏最严重的区域。一些专家估计,自然变化引起的荒漠化土地仅占 13%,其余的 87% 都是人为原因引起的。其中,因人类的活动影响造成的荒漠化土地面积,25% 起源于过度耕种,28% 起源于过度放牧,32% 起源于过度樵采,8% 起源于滥用水资源。[②]

农牧交错带共有耕地 5.19 万平方公里,以"旱作雨养"为主,多年来一直沿用落后的"弃耕"制。近十年来,这个地带开垦出来的草原,目前已有半数弃耕、撂荒。因过度放牧,交错带

[①] 乌兰图雅:《科尔沁沙地近 50 年的垦殖与土地利用变化》,《地理科学进展》,2000 年第 3 期。

[②] 霍成君:《我国北方农牧交错带草地退化和荒漠化成因的研究》,中国农业大学博士学位论文,2002 年。

北方农牧交错带变迁对蒙古族经济文化类型的影响

57.47万平方公里的草地中，八成以上出现不同程度的退化。据有关部门统计，农牧交错带的荒漠化土地面积已占全国荒漠化土地总量的45%。而且一字排开的科尔沁、浑善达克、毛乌素、腾格里及巴丹吉林几大沙漠，仍以每年数千公顷的速度吞蚀良田。由于土地沙化、盐碱化和草地退化现象严重，农牧交错带的生产、生活条件十分恶劣，农牧业生产水平低而不稳。[1] 不合理经济行为与生态环境恶化之间的恶性循环，使得人民生活水平难以得到明显改善，科学文化素质普遍低下，难以从根本上遏制破坏生态的落后经济行为，人类为了眼前的既得利益将草原逐渐蚕食，导致北方农牧交错带的界限一再北移。

盲目追求GDP的增长也是这一地区环境状况恶化的重要原因，GDP的增长主要表现在改革开放以来的30多年中，GDP的年增长率在这一期间都在10%以上。地均GDP也有明显的增加，目前每平方公里一般已达到150万元以上，而且，城镇区域明显高于广大农村牧区，沿交通线两侧明显高于其他地区。人口与GDP的变化作为土地利用变化的驱动因子，大大改变了这一地区的土地利用格局，从而形成了对沙尘暴发生发展的诱发和加强因素。[2]

20世纪90年代在呼伦贝尔市的新巴尔虎左旗掀起的草地开垦潮，就是经济利益驱动的结果，这一利益驱动既有开发商的利益驱动，也包括当地政府的利益驱动。据有关报道，在当地开垦一个10万亩耕地的农场，就算每年轮休一半，一年也得种5万亩地。每亩地一年的收入按400元计算，开发者一年的收入在

---

[1] 《农牧交错带成为我国自然植被破坏最严重的区域》，《云南日报》，2000/07/20。

[2] 史培军、王静爱、严平、袁艺：《中国风沙灾害及其防治对策》，2005北京高新产业国际周"国际保护环境大会"论文。

2000万元以上，只要有可能，外来开发商或草地承包者就会为了经济利益扩张耕地，开垦草原。而对当地政府来说，开垦者每年给旗财政交纳400多万元的农业费。这里的开发费其实就是开发草原以后向旗政府交纳的租金。这个农业费和国家农业税不同，国家取消了农业税并不影响新巴尔虎左旗农业费的缴纳。据了解，从1992年到2005年之间，新巴尔虎左旗从南部农业开发中收取农业费3852万元，在高峰期农业费占到全旗财政收入的2/3。[1] 对一个以草原畜牧业为经济支柱的旗而言，国家取消农牧业税后，把草地承包给牧民，对地方财政没有直接贡献，而承包给外地开发者则不同。因此，草地开发对地方政府和开发者都产生明显的收益。除把草地变更为耕地外，矿产资源的开发也存在着类似的利益关系，是草原开发的直接经济驱动力，也是草原保护面临的巨大压力。草地放垦和矿产资源的开发受益者是开发商和地方政府，而世代以游牧为生的牧民被排斥在开发利用资源之外，不但没有获益，反而因草地萎缩和环境恶化而受到损害。也就是说，在草地开发的利益链条中，牧民的利益往往是被忽视和侵害的。

这里涉及少数民族经济研究中的重要议题：如何兼顾少数民族经济发展与少数民族地区经济的发展。20世纪50年代以来，少数民族地区一些资源开发项目的实施和大型工程的建设，以国家或地区利益为出发点，忽视了当地少数民族的发展问题，使地区经济发展与少数民族经济发展相脱节。各种资源开发的结果往往以破坏少数民族赖以生存的资源环境为代价，使其生产生活条件恶化，成为生态"难民"。

---

[1] 内蒙古电视台：《70万亩草原为何被开垦》，2006/08/07。

3.4 北方农牧交错带变迁的制度因素

北方农牧交错带的变迁除了以上谈到的自然、人口及经济因素外，制度因素是一个不可忽视的方面。在经济发展的研究中，西方传统经济理论更多地关注于资本、劳动、技术等因素的分析，往往忽视制度的作用，其实制度也是一个不容忽视的因素。在很多情况下，制度的变迁对经济发展起着关键性的影响，而这种影响有些是积极的，加快了经济社会发展的进程；也有一些制度对经济发展的影响是消极的，甚至对其造成巨大的损失，引发社会动荡。

制度经济学把制度因素纳入经济分析中，不仅研究正式制度，而且还加强了非正式制度的研究。在新制度经济学派中，美国学者道格拉斯·C·诺斯是最具代表性的人物，诺斯将制度定义为博弈的规则，认为制度由正式规则、非正式约束以及实施特征构成。新制度经济学认为，制度是人们交换活动和发生联系的行为准则，制度提供了一种规则安排，激励或阻碍着人们的经济活动驱动力的大小，规范着人们的经济活动方向，从而影响着经济的增长。制度可以分为正式制度和非正式制度。正式制度包括成文法、习惯法以及各种基础性规则，如宪法等国家基本制度，它是决定社会经济秩序的基础，具有普遍约束力和强制性；非正式制度是一种文化进化所形成的规则，由风俗习惯、行为规范与自我认定的行为守则构成，是人们自然接受而难以在短期内改变的，体现在人们的日常行为规范和思维之中，与正式制度相比，虽没有普遍约束力和强制性，但影响和决定着群体的生产生活方式以及思维方式和处事规则。

在北方农牧交错带变迁过程中，制度因素也是导致农牧消长

第三章 北方农牧交错带变迁的动因

的重要诱因,并表现为正式制度和非正式制度两个方面共同作用。蒙古族在历史上形成了较完善的保护草原水草、禁止草原荒火、保护野生动物、保护森林资源等方面的正式制度和非正式制度。在历史上,每当以游牧文化为主的草原民族占据优势时,草原就得到较好的保护,而当以农耕文化为代表的民族占据优势时,必然加快草地的开垦,改变其用途。当这种行为超过生态极限时,就会引发环境问题,进而影响到经济社会的发展。

3.4.1 正式制度

正式制度是指人们有意识地设计并创造出来的行为规则,包括宪法、规章制度等。民族经济与社会制度之间的关系,可以概述为:民族经济决定社会制度,社会制度影响民族经济,民族经济与社会制度优化之间是相辅相成的关系。中国历史上各少数民族的社会制度的演进都是与其经济发展水平相适应的。在北方农牧交错带的演变过程中,一般而言,多是中原王朝的正式制度导致农耕边界北上,而游牧民族的正式制度大多是保护草原游牧经济的。这与不同民族之间经济文化类型存在差异以及不同政权的利益趋向不同等密切相关。20世纪以来的体制因素,包括土地所有制,与土地有关的法律、法规、政策、体制等,以及政治因素,包括土地改革、重大政治事件以及经济政策等都是诱发农牧交错带北移的重要原因。

1. 蒙古族的正式制度

蒙古族在早期建国之初就十分重视制度建设,先后颁布了一系列法典,成吉思汗以及以后的统治者都致力于立法,颁布了诸多的法规律令,对维护蒙古社会的政治经济稳定和发展草原牧民的生产、生活发挥了积极的作用。古代蒙古的法制,可分为四个发展时期:一是习惯法时期,二是成吉思汗大扎撒时期,三是政教并行时期,四是清代地方法制时期。习惯法时期始于公元9世

北方农牧交错带变迁对蒙古族经济文化类型的影响

纪初，止于12世纪中叶，长约400年；成吉思汗大札撒时期起于公元1206年，止于13世纪中叶贵由汗去世之后，长约50年；政教并行时期历元、明两朝360多年；地方法制时期是有清一代。在整个古代蒙古法规律令中，不乏经济立法的内容，并有着蒙古民族游牧经济特点。[①]

虽然不同历史时期，蒙古地区的立法不尽相同，但是无一例外都体现着保护草原生态环境的意识。

据史料记载，在远古的历史上某些蒙古部落不太遵循习惯法中禁止破坏草场的规范，曾出现乱掘草根、破坏牧场的事件。成吉思汗第七世祖篾年土敦之妻那莫伦哈屯，因札剌亦儿人被契丹人打败，逃到她的游牧地掘草根为食，挖出了许多的坑，破坏了她的养马场。对此那莫伦哈屯非常气愤，拼着命地质问道："你们为什么乱掘一气，掘坏了我儿子们驰马的地方？！"蒙古族祖先很早以前就有了保护草场的习惯法，他们为了保护草场不被破坏，甚至用牺牲生命的代价来保护着草场，坚决反对破坏草场、挖掘草根。严禁破坏草场的法规不仅在习惯法中已有惯例，而且在后来的成文法中也都有明文规定。早期习惯法中规定：禁镬地破坏牧草生长；禁遗火而燎荒，违者诛其家；禁于水中和灰烬上溺尿等。[②]

成吉思汗大札撒时期，除继承古时习惯法外，又增加了诸多保护生态的条文。如成吉思汗《大札撒》明确规定："禁草生而镬地。"这就是说，从初春开始到秋末牧草泛青时禁止挖掘草场，谁若违犯了该法规，就要受到严厉的惩罚。成吉思汗的继承人窝阔台汗在其颁布的法令中说："百姓行分与它地方做营盘住，其

---

① 奇格、浩斯：《试述古代蒙古的经济立法》，《内蒙古师范大学学报（哲学社会科学版）》，1999年第7期。

② 李则芬：《成吉思汗新传》，中平书局（台湾）1970年，第510—512页。

第三章 北方农牧交错带变迁的动因

分派之人可从各千户内选人教做。"说明充分利用蒙古草原的广阔地带分散游牧,避免因过度集中放牧而破坏草原植被,是保护草原生态环境积极有效的措施,并形成了防止破坏草场的法律条文。在水资源保护方面,成吉思汗《大札撒》吸收的习惯法规定,有许多条文是有关禁止污染水资源的法规。如"禁止水中溺尿"、"禁民人徒手汲水,汲水时必须用某种器皿"、"禁洗濯、洗穿破的衣服"等等,都是保护水资源的法律法规和具有积极意义的法律措施。《大札撒》有关禁止草原荒火的法规基本上延续了习惯法的内容,如禁止人们向灰烬上溺尿、禁止跨火、禁止跨灶等。《大札撒》明确制定了"禁遗火而撂荒"的法规,即禁止失放草原荒火,违者要受到严厉处罚。这是在继承蒙古族古代习惯法中有关禁止跨火、玩火的禁忌基础上,进一步形成的成文法。[①]

元朝时,蒙古族相关律例中出现了保护野生动物的条例,如定九、十、十一月为围猎季节,其他时间禁猎。并规定春夏猎母孕仔野兽、杀胎者有禁、杀卵者有禁,并保护珍贵鸟类。北元时期的蒙古法典最具游牧特点,且条目清晰、完善、成熟。其中有:

公畜够三九,不许宰杀,母畜足四九,不许宰杀,如(有人)交换母畜而无骆驼(每只)可按两头大畜。

失放荒火者,罚五,奖赏发现者。并赔偿牲畜一百只。

若杀野骡、野马,以马为首罚五。[②]

到了清代,蒙古地区地方法规的制定均以中央政权的命令为

[①] 金山、陈大庆:《人与自然和谐的法则——探析蒙古族古代草原生态保护法》,《中央民族大学学报(哲学社会科学版)》,2006年第2期。

[②] 奇格、浩斯:《试述古代蒙古的经济立法》,《内蒙古师范大学学报(哲学社会科学版)》,1999年第7期。

北方农牧交错带变迁对蒙古族经济文化类型的影响

准绳，在早期的地方法制中，比如说"阿拉善蒙古律例"、"呼伦贝尔地方总律"等都是参照清朝政府制定的"蒙古律例"来制定的，所以清朝政府采取"移民实边"政策的时候，蒙古地区也不敢擅自实行"封禁"政策。另据《察哈尔正镶白旗查干乌拉庙庙规》规定："牧羊人在夏季早晨太阳出来到晚上太阳落山时归牧，冬春季早晨太阳升到半个乌尼杆子高时出牧，下午太阳到陶脑一指高时归牧。放牧人放牧时要注意查看四季的草色，选择最好的水草放牧。遵守这个规定如果牲畜繁育增长，赏给放牧人马、牛。如违犯这个规定不执行，撤销那个人的吃穿，让他自力过活。"倒场轮牧作为移动游牧的一种方式，它的分工更细致，按季节倒场轮牧，充分利用草原地带各个草场的季节性差异，来满足畜群的采食需求，具有合理、科学的一面。它成为游牧生活生产方式的一种习惯法则，一直被人们所遵循、贯彻着。

随着清代农民"出关"、"走西口"来到蒙古地区开垦种地，蒙古地区的游牧生活方式开始发生变化，但保护草场始终是蒙古族牧民永恒的法则。据史料记载："查近数年来，本王苏鲁克绵羊增多，水草感到缺乏，如能将和希格图木伦河沿除原有仓里种的地以外，将其余我旗属下家人等所种之地永远禁止。将河水下放，以供苏鲁克绵羊饮用，在日后对绵羊及马群苏鲁克有莫大之利益。为此规定今后禁止在该河沿耕种田地，永为定例遵行，记入印文档册。"他们为了保护自己生存的草场，制定地方性法规，将"我旗属下家人等所种之地永远禁止"，要求"今后禁止耕种田地"，并把它永定为"定例遵行"。[①]

结合以上蒙古族正式制度在不同历史时期的表现，可以看出其制定的一系列制度都是从保护草原生态、促进游牧经济持续发

---

① 金山、陈大庆：《人与自然和谐的法则——探析蒙古族古代草原生态保护法》，《中央民族大学学报（哲学社会科学版）》，2006年第2期。

展的目的出发的,当然,有清一代的蒙古统治者慑于清朝政权威力或者想牟取私利而被动或主动地开垦草原的事例除外。

2. 中原王朝的正式制度

中原王朝的农业政策演变是北方农牧交错带变迁最主要的制度动因,纵观两千多年来的农牧消长,秦汉时期大规模屯田以及清末时期的招垦政策等都对北方农牧交错带的变迁起到了不容忽视的作用。正所谓"体制黄沙比草原黄沙更可怕,它才是草原沙尘暴的真正源头之一。"[①]

历朝中央王朝为了防御游牧民族入侵,保证政权稳定,采取强制移民戍边方式在当地进行屯田活动,不仅给草原带来了农业生产方式,也增加了人口压力,并且由于国力时强时弱,屯垦活动不稳定,农牧边界就出现前后摆动。国力强盛时,中原政府发力推动屯垦,发展当地农业生产,农业北界向草原深入;国力衰退时,游牧民族南下,中原移民退出,农牧线向外伸展。中国历史上历代中原封建王朝在北方草原地带的移民屯田,比如秦汉之际的"屯垦",明代的"军垦",清朝中后期的"禁垦"、"开禁"、"移民实边",北洋政府以及国民党政府推行的"放价招垦"、"蒙地汉化"政策都是围绕着北方草原的开垦问题展开的,这些制度实施的直接后果,就是农业生产方式在草原地区兴起,种植业界限向北部和西部的草原大大推进。

以清代为例,这个时期是北方农牧交错地区农牧业发展的转折点,出现这种现象与中原农民出关垦田密不可分,但是究其深层原因,还是中原王朝的政策起到了根本性作用。清朝建立初期,长期战乱以及满族王公的剥削使得大量中原农民流离失所,很多农民欲到蒙古地区寻找生机,为了平息民怨、缓解阶级矛盾,清政府对中原"闯关"农民采取的是明禁暗放的政策,并且

---

① 姜戎:《狼图腾》,长江文艺出版社 2004 年版,第 356 页。

北方农牧交错带变迁对蒙古族经济文化类型的影响

鼓励倡导蒙古地区农业开发,这就为草原移民增多提供了"隐形"保护伞。1901年,清廷为了摆脱义和团和八国联军的内外双重压力,开始在全国推行所谓新政,其中很重要的一条政策就是放垦蒙地,即彻底放弃禁垦蒙古地区土地的政策,以国家行政命令召垦传统上属于蒙古各盟旗所有的土地、牧场,也包括放垦和继续放垦内属蒙古各旗和其他官有牧厂、台站的土地。对私垦地和放荒地一律收取押荒银(地价),发给执照,熟地立即开始升科,收取地租银,荒地则垦熟后升科。在新政时期,清廷总计共放垦东、西部蒙古盟旗土地约十万余公顷,加330余万垧,搜刮押荒银约六七百万两。推行垦荒的地区,除了锡林郭勒盟偏远牧区和已基本农耕化的卓索图盟等地外,几乎遍及内蒙古的所有盟旗。[①] 清朝政府的政策演变直接导致了蒙古地区牧场的开垦,农业生产方式在草原上以前所未有的规模和速度发展开来,蒙地放垦进入高潮,大片草地被用作农田,导致北方农牧交错带的北界不断深入草原腹地。

纵观清代科尔沁的农耕北界变化,可以发现:清朝对蒙政策始终左右着科尔沁农耕北界变化的方向和幅度。尽管清代内地人口的剧增会引起一定的人口迁移,但清朝对蒙政策一直控制着前往"边外"的农业人口数量,进而影响着蒙旗农业发展的速度和规模,具体表现为相应时期蒙地流民管理机构的出现及其扩展速度的非均衡性。总之,清代对蒙政策及其变化是科尔沁农耕北界跃变的宏观调控因子,是科尔沁农牧交错区形成的重要人文条件。[②]

[①] 达力扎布:《蒙古史纲要》,中央民族大学出版社2006年版,第307—311页。

[②] 乌兰图雅、张雪芹:《清代科尔沁农耕北界的变迁》,《地理科学》,2001年第3期。

第三章 北方农牧交错带变迁的动因

3. 20世纪50年代以来的制度演变与北方农牧交错带的北移

长期以来,草原一直是缓解内地人口压力的解压阀,很多时候草原地区人口的机械增长率远远高于自然增长率,同时伴随着农牧交错带不断向草地环境延伸以及大面积的开垦草地。20世纪50年代以来,一方面内地人口急剧增长,粮食需求随之增加,另一方面工业化与城市化不同步,出现过几次人口从农区甚至从城市向草原牧区的大规模转移,把大量草地开垦为耕地,是形成目前草地环境恶化的重要原因。

20世纪50年代开始,中央政府推行"以粮为纲"的政策,再次引发垦荒高潮,致使大面积草原毁于开荒。在1950—1999年的49年间,黑龙江省共开垦草地$589.4 \times 10^4 hm^2$,占全国草地总开垦量的32.7%,约占1988年该省总耕地面积的66.7%。内蒙古出现4次草地开垦高潮:第一次是在1958—1959年,生产关系转变和大办农业等政策,极大地调动了农民生产的积极性,牧民大量开垦牧草地,耕地出现了增长高峰,同时在全国片面强调粮食自给,仅3年时间就开垦草地1200多万亩,使当时的农牧交错带北界已经推移到乌兰浩特附近;第二次是在1960年代国民经济困难时期,由于自然灾害以及人为因素的影响,国民经济进入极端困难时期,为恢复经济,提高生活水平,出现了第二次垦荒高潮,耕地进入第二个增长高峰期,仅1960、1961两年便开垦1056万亩草地;第三次是在1966—1976年的"文化大革命"期间,强调"以农为纲"、"牧民不吃亏心粮"等思想,在牧区掀起第三次大规模开垦草原的浪潮,开垦牧区草地,这期间内蒙古耕地增加了1500万亩;第四次是1995—1996年粮食涨价引发经济利润追求,变相地承包草原进行开垦。[①] 近50年来

---

① 陈建华、魏百刚、苏大学:《农牧交错带可持续发展战略与对策》,化学工业出版社2004年版,第20—21页。

北方农牧交错带变迁对蒙古族经济文化类型的影响

我国的草地开垦与国家政策趋向有着密切的关系,加速了农牧交错带向草原区的扩展。

以科尔沁地区为例,科尔沁沙地耕地面积的动态变化及其趋势特征与内蒙古乃至全国后备耕地资源的开发特点有很大的相似性。自中华人民共和国成立以来我国北方后备耕地资源的开发也经历了 20 世纪 50 年代的大面积开发、60、70 年代的不断减少和 80、90 年代的缓慢减少 3 个时期,开发的数量(面积)占全国耕地资源开发量的 40%—70%。其中,除了包括辽、吉、黑 3 省的东北开发区外,内蒙古的后备耕地资源的开发规模一直处于领先地位,在 80 年代中后期掀起的新一轮开发中甚至超过了东北区。在 1986—1996 年间,黑龙江省耕地面积增加 23.08 万公顷,增幅为 14.73%,而同一时期内蒙古耕地面积净增 77.30 万公顷,增幅竟达 53.04%。开荒主要集中于内蒙古东部的哲里木盟北部、锡林郭勒盟东南部以及呼伦贝尔盟大部。科尔沁沙地农耕北界的北上和耕地重心的北移是必然结果。[①]

20 世纪 80 年代初期,我国在农区实行家庭土地联产承包责任制,在牧区实行家畜承包到户,但在初期草地并没有承包给牧民,草场的所有权和经营权仍归集体或国家所有,后来实行草畜双承包。草畜双承包后,随着羊绒等畜产品价格的上涨以及市场化趋向的改革,最初也没有核定合理的草原载畜量,牲畜大幅度增加,草场由于超载过牧出现了严重退化。同时,草原畜牧业的再生产过程与农业不同,作为主体的生产者与基本生产资料土地(草地)、牲畜的循环关系也不同。畜牧业要求牲畜大范围移动,以保证草原的恢复和畜群的再生产,而农耕恰恰是在固定土地上的精耕细作,流动性和固定性是两者的根本差别。因此有学者认

[①] 乌兰图雅:《科尔沁沙地近 50 年的垦殖与土地利用变化》,《地理科学进展》,2000 年第 3 期。

第三章　北方农牧交错带变迁的动因

为把草地分割承包违背草原畜牧业发展的规律，是近年造成草地退化的又一制度原因，草地的分块承包限制了游牧的范围，不利于畜群的转移和草地的轮牧。

到 20 世纪末，内蒙古自治区全区退化草地面积达 23.1 万平方公里，占全区可利用草地面积的 35.6%，其中退化最严重的鄂尔多斯市，退化草地面积已占该市面积的 68.6%，呼伦贝尔盟近 20 年来草地退化面积达 200 万公顷，占该盟草地总面积的 25%。[①] 自 20 世纪 90 年代以来，全区牲畜存栏头数剧增，由 1990 年的 800 万头（只）增加到 1999 年的近 1200 万头（只），10 年增加了近 400 万头（只）。与此相伴的是，草场退化的速度也在加快。浑善达克沙地就是草原自然沙化和生态脆弱的真实写照，早在 30 年前，这里曾是中国沙漠及沙地植被保存最完好的"沙漠绿洲"。但是到了 20 世纪 70 年代中后期，随着内地人口大量流入草原，沙地植被蚕食和破坏日益加剧，沙区内的地表水减少、地下水位下降，草场退化、沙化不断加剧，沙漠化程度愈来愈严重。

开始于 20 世纪末的西部大开发战略，针对西部地区生态环境恶化的现实，国家开始实行"退耕还林还草"政策，此后"禁牧"等政策纷纷出台，虽然不能完全将生态环境恶化的态势彻底扭转，但是也取得了积极的成效。但禁牧不是解决这一地区生态环境恶化的根本途径，主要应调整土地利用方式，在不适宜发展农耕经济的区域，恢复草地畜牧业。国家和地方政策指引下所导致的土地利用方式的变化，在与自然环境的演变相协调时，人地系统便处于一种良性的循环过程当中，社会经济发展相对稳定；而当政策引导不科学的时候，往往导致生产方式与生态环境之间

---

① 国家环境保护局自然保护司编著：《中国生态问题报告》，中国环境科学出版社 2000 年版，第 44 页。

北方农牧交错带变迁对蒙古族经济文化类型的影响

的冲突，不仅破坏环境，最重要的是影响人民正常生产和生活水平的提高。

黑龙江省杜尔伯特蒙古族自治县近 50 年的农业开发力度较大，耕地面积持续增长，在 1954 年有耕地 $10.70 \times 10^4 hm^2$，占土地总面积的 17.87%；1976 年增长到 $11.44 \times 10^4 hm^2$，年增长率为 0.613%；1988 年为 $13.31 \times 10^4 hm^2$，年增长率为 0.952%；1996 年为 $15.54 \times 10^4 hm^2$，年增长率为 2.449%；2001 年为 $16.97 \times 10^4 hm^2$，年增长率为 1.878%。1954—2001 年有 7.91 万 hm^2 的其他类型的土地转换为耕地。杜尔伯特蒙古族自治县近 50 年来耕地扩张主要是生存目的和经济目的。这种变化直接受到国家经济政策的影响，该区政策变化可以分为 5 个阶段：20 世纪 50 年代，中华人民共和国成立初期生产关系转变和大办农业等政策，极大地调动了农民生产的积极性，牧民大量开垦牧草地，耕地出现了增长高峰；70 年代，由于自然灾害以及人为因素的影响，国民经济进入极端困难时期，为恢复经济、提高生活水平，出现了第二次垦荒高潮，耕地进入第二个增长高峰期；"十年动乱"时期，强调"以农为纲"、"牧民不吃亏心粮"等，在牧区掀起第三次大规模开垦草原的浪潮；90 年代初期，受市场经济的影响，畜牧产品价格下跌，但粮食价格受国家保护，许多牧民弃牧从农，导致了耕地变化的第四次高峰；90 年代后期，我国北方农牧交错区，由于过垦等不合理的土地利用方式造成土地退化，对当地及全国的可持续发展造成严重影响。因此，在农牧交错区等生态环境脆弱的地区实施退耕还林还草等生态保护措施，使得这些地区耕地持续增加的势头有所扭转。[1]

由于不断有"左"的影响，牧区或半农半牧区往往盲目地扩

---

[1] 白淑英、张树文、张养贞：《农牧交错区 50 年来耕地开发过程及其驱动因素分析》，《资源科学》，2005 年第 2 期。

第三章 北方农牧交错带变迁的动因

大农业，减少牧业，使游牧业成分减少。在呼伦贝尔草原地区，长期以来以游牧业为主，20世纪60年代政府号召农牧结合。认为游牧业为农业提供肥料，农业为牧业提供秸秆和粮食，生态上可以相互补充。但这种生态理论没有社会基础，蒙古人不愿意搞农业，政府从外地迁入了一些汉人搞农业，试图以农促牧。但汉蒙并没有成为一体，蒙古游牧民是流动的，汉人是固定的，无法农牧结合。最后，汉人只能在城乡结合部种菜。①

有学者指出，近年来谈论造成荒漠化的人为因素倒是多了起来。但许多人常常把开垦、过牧、樵柴等平行地列为"诸多原因"，甚至有些人把牧区的超载过牧列为首要原因。从近一年的短期时段和现在的可放牧草场而言，正如有关调查结果所表明，内蒙古地区现有食草牲畜4123.55万羊单位，全年共需可食干草352.64亿公斤，全年共缺饲草66.05亿公斤，短缺率为18.7%；在33个牧区旗中有28个牧业旗牲畜超载，缺草量在20%以上，其中有2个旗缺草量达40%以上，过牧问题确实存在。但从长时段考察草原的变迁沿革，过牧问题是由开垦、樵柴、滥搂乱挖等农耕行为造成的，其中开垦是最主要的原因。② 也就是说，过牧与否除了看牲畜数量的增加外，还要看草地面积的变化，一方面可供放牧的草地越来越少，另一方面牲畜数量增加，两方面的因素共同造成草原生态环境的恶化。

这首先是因为现有放牧草场已不是过去的辽阔而丰美的草场。如上所述，鄂尔多斯、巴彦淖尔、乌兰察布、哲里木、昭乌达、兴安等盟市的广大农耕区都曾经是从游牧民族的草场演变而

---

① David Sneath: Changing Inner mongolia: Pastoral mongolian Society and the Chinese State. Oxford university press. 2000. 88—89。转引自王建革：《近代蒙古族的半农半牧及其生态文化类型》，《古今农业》，2003年第4期。

② 恩和：《草原荒漠化的历史反思》，《防灾博览》，2005年第3期。

北方农牧交错带变迁对蒙古族经济文化类型的影响

来的,即使对游牧民族在中华人民共和国成立前许多世纪内从水草丰美的草原被迫迁徙到目前的地域这一历史欠账不予考虑,只要简单对比一下从 20 世纪 60 年代以来的草原面积变化就可发现,天然草原拥有面积从 60 年代末的 86667.7 万公顷,下降到 80 年代中期的 7880 万公顷,到 90 年代末就剩下 7370 万公顷,在 30 多年中净减少 966.7 万公顷,共下降 11.5%;如按可利用面积计算,上述三个时期的数据分别为 6867 万公顷、5998 万公顷和 5170 万公顷,在 30 年中净减少 1697 万公顷,共下降了 24.7%。

其次,本来种植业与畜牧业之间的选择并不是哪个"先进"与"落后"的问题,而是"是否适应"的问题。但由于"农耕"先进,"畜牧"落后这一传统社会思想根深蒂固,在农业与畜牧业之间做出错误的产业选择,"重农轻牧",一贯地延续了下来。实际上,畜牧业在全区整个国民经济中的地位十分明确,而直到 1997 年还在鼓励扩大耕地。于是所谓"开垦宜农荒地 480 万亩"被确定为国民经济和社会发展的计划指标。第三次草原开垦高潮就是在这个时候发生的。

此外,受已开垦土地的荒漠化对相邻草原的胁迫影响,剩余草原的生产力也逐年下降。与 20 世纪 50 年代相比,内蒙古草原的产草量已经下降 30%—50%。[①]

因此,如果说沙漠化是干旱、半干旱及部分半湿润地区由于人类不合理经济活动和脆弱环境相互作用而造成土地生产力下降,土地资源丧失的话,那么,政策失误和政府失控是产生这一现象的最主要的原因。尤其是在人类对环境的认知水平和能力有限的条件下,忽视环境的发展变化规律,夸大人力的作用,出于良好的愿望结果却适得其反。

---

① 恩和:《草原荒漠化的历史反思》,《防灾博览》,2005 年第 3 期。

3.4.2 非正式制度

非正式制度,是指人们在长期的社会生活中自发形成并被无意识接受的行为规范,包括一系列的道德和伦理行为规范、文化、风俗、社会心理等。非正式制度不像正式制度那样依靠外在的强制约束机制,而主要依靠的是社会成员内心的心理约束,通过在社会中潜移默化地形成一种道德机制,可以帮助社会成员据此对他人的社会行为作出评判,从而达到约束作用。非正式制度在很多情况下是一种本能的意识和行为,如世代以农耕为生计方式的中原人,对土地利用的首要意识是耕种,而且只要有闲置未利用的土地,只要能生长农作物,产出大于投入,他就会开垦和耕种。20 世纪 80 年代实行家庭联产承包责任制后,在内蒙古很多农区,一些过去的荒山滩地,甚至林地在所属权限不明确的情况下都被开垦为农地,是造成这些地区近 30 年生态环境恶化的重要原因。

蒙古族是草原上的"马背民族",在长期的生产实践中摸索出了最适合本民族生存发展的草原游牧经济文化类型,蒙古民族的价值观以及行为方式都表现出了相应特点。从早期蒙古人从事畜牧经济开始,他们就像保护自己的生命一样,保护草场、牲畜和生态环境,并且形成了民族共同认可的草原游牧文明,孕育着生态文明和可持续发展的思想,体现在蒙古人日常的生产生活中和行为规范中,并代代相传。与正式制度一起,形成了与草原和谐相处的民族文化特质。这种文化特质不是外界的强制,是大部分社会成员自觉遵守而根植于一个民族的文化和行为规范之中,是潜移默化、世代相传的价值体系。非正式制度对草原生态环境的保护以及蒙古民族的可持续发展可以说起到了决定性作用。

草原是蒙古族生存繁衍的载体,因此,蒙古人保护草原的意识很强。姜戎在《狼图腾》一书中借用老牧民的话生动地概括了

北方农牧交错带变迁对蒙古族经济文化类型的影响

蒙古人和草原的关系,"在蒙古草原,草和草原是大命,剩下的都是小命,小命要靠大命才能活命,连狼和人都是小命。"① 这句话具有很深的内涵和哲理,反映了草原生命体间的关系,草和草原是这里一切生命存在的基础和前提。

10世纪后,草原游牧业成为蒙古高原各部落的主要经济部门,在以后的历史发展中草地游牧业一直是蒙古族基本的生计方式,并孕育了独特的蒙古族游牧文化。在长期的游牧实践中,蒙古族形成了许多保护草原生态环境的理念和经验,使游牧业这一适合蒙古高原生态环境特点的生产方式得以延续。

在传统游牧社会,蒙古族牧民总结出许多合理利用草场的畜牧业经营方式,根据不同季节、草场质量、水源条件等合理安排使用草场。这种逐水草而徙的草原游牧生产方式从根本上保护了草场,杜绝了破坏草原现象的发生,体现了人类经济活动与环境的协调发展。

古代蒙古人的生态意识很强,十分注重水源保护。施拉特主编的《史集》记载:"蒙古人有这样的习惯:春天和夏天,任何人都不在光天化日之下坐于水中,不在河中洗手,不用金银器汲水,也不把湿衣服铺在草原上,因为按他们的见解,这样会引来雷电大劈,而他们〔对此〕非常害怕,会害怕的落荒而逃。有一次,合汗和察合台一起出去打猎。他们看到一个木速蛮坐在水中洗涤,在习俗上不放过〔一点〕细节的察合台,想要杀掉这个木速蛮。"因窝阔台合汗采取巧妙的方法,这个木速蛮才幸免于难。在日常用水方面,蒙古人也是极度节约的,"当他们要洗手或洗头时,他们就在嘴里含满一口水,将水一点一点地从嘴里吐到手

---

① 姜戎:《狼图腾》,长江文艺出版社2004年版,第29页。

第三章 北方农牧交错带变迁的动因

中,也用它来弄湿他们的头发,洗他们的头"。①

此外,蒙古族还很注重生态平衡,他们会有效地控制牲畜数量,以免超过草原的承载力。就连草原上对付牲畜的天敌——狼,也不赶尽杀绝,虽然蒙古人不忍心自己的牛、羊被狼群吃掉,但是为了维持草原上的生态平衡,蒙古人总是会给予狼群一定的恩惠。

今天看来,游牧文化是游牧民族适应草原环境、合理利用自然资源的产物,更是一种符合可持续发展理念的生活方式。蒙古族牧民总结出许多合理利用草场的畜牧业经营方式,根据不同季节、草场质量、水源条件等合理安排使用草场,划分出冬春、夏秋两季营地或四季营地,并按照不同季节进入不同的营地放牧,这样就大大减少了滥牧、抢牧的现象。②

移动是游牧的生命,构成游牧制度的核心就是游牧运动,否则在草原上生存是不可能的。"像一切时代的游牧民一样,蒙古游牧民为了给畜群寻找牧场,不得不每年好几次从一个地方移牧到另一个地方,移牧的距离以牧场的条件和畜群的大小为转移。他们不储备冬季用的秣草,而是以移牧来进行调节,冬天移到牲畜易于觅食(干枯的草根)的便利场所。移牧和驻营也按畜群的种类而有所变化:对羊群适宜的,对马群就不适宜。畜群越大,移牧的次数就越多"。③ 据《蒙古秘史》记载,有一年在蒙古部落移牧途中,扎木合对成吉思汗说:"咱们如今挨着山下,放马的得帐房住;挨着涧下,放羊的放羔的喉咙里得吃的。"说明移牧的主要目的就是考虑畜群的种类与水草植被的关系。牧民在决

---

① 乌峰、乌兰那日苏:《论蒙古族的生业方式与生态》,《内蒙古师范大学学报(哲学社会科学版)》,2005年第4期。
② 色音:《游牧民族的畜牧文化》,《大自然》,2004年第1期。
③ 符拉基米尔佐夫:《蒙古社会制度史》,中国社会科学出版社1980年版,第58—59页。

北方农牧交错带变迁对蒙古族经济文化类型的影响

定移牧的频率和距离时，必须考虑以下几个条件：第一，牧草和水源的关系；第二，牲畜的种类；第三，牲畜群的大小等。其中草场是最基本的条件，只有丰美的草场，畜群才能肥壮。①

公元12世纪开始，蒙古族以畜牧业为主要经济部门，实行逐水草而居的游牧经济，在长期游牧经济发展过程中自发形成了许多生态环境保护意识，并体现在其风俗、禁忌以及日常生活中。草场和水源是蒙古族发展游牧经济的物质基础，蒙古族保护草场和水源的意识十分强烈。为防止草场退化，采取倒场放牧的方法，实行"休牧"，保护草原，并形成了以牲畜粪便为燃料的良好生活习惯，因为牲畜粪便经过燃烧变成灰烬，既能形成对草木生长极为有利的肥料，又避免了污染和浪费；北方的草原，水源奇缺，蒙古族的许多禁忌规定，一般不准在河水中随便洗东西，禁止人徒手汲水，汲水时，必须使用某器皿，但取水的器皿必须干净，以免污染水源，取水时不准到处淌洒，以免浪费。②

狩猎业一直是畜牧经济的补充，蒙古族擅于骑射，并在生产生活中积累了丰富的围猎经验，但是他们从不对野生动物进行灭绝性的逮杀，就算是逮到了母仔或幼仔，也要尽可能地放生，以维持动物繁衍与生态平衡。这一点在姜戎的《狼图腾》（2004年）一书中体现得淋漓尽致。就是蒙古牧民这些朴素的行为，诠释了人类与生态环境和谐相处的自然法则，那就是尊重自然和自然规律，不要一味地索取，自然资源也是会枯竭的。

---

① 金山、陈大庆：《人与自然和谐的法则——探析蒙古族古代草原生态保护法》，《中央民族大学学报（哲学社会科学版）》，2006年第2期。
② 李笑春、陈智等：《生态意识变迁的考察与草地畜牧业可持续发展——以内蒙古锡林郭勒退化草地为例》，《中国人口、资源与环境》，2004年第4期。

表 3-2　内蒙古牧区的牲畜转场时间

地　区	四季营地				两季营地	
	春	夏	秋	冬	夏季	冬季
呼伦贝尔盟北部牧区	5月上旬	6月下旬	9月上旬	11月上旬	6月上旬	10月下旬
锡林郭勒盟北部牧区	4月下旬	6月中旬	9月中旬	11月上旬	5月中旬	10月下旬
乌兰察布盟北部牧区	4月中旬	6月中旬	9月下旬	11月中旬	4月下旬	11月上旬
西部牧区	3月下旬	6月下旬	9月中旬	11月下旬	4月上旬	11月上旬

资料来源：王文辉主编：《内蒙古气候》，气象出版社1990年，第219页。

游牧民族在长期的社会实践中积累了丰富的游牧经验和牧业技术，在不同的时间、不同的地点，针对不同牲畜的习性和种类进行分类放牧。比方说，羊的春季营地，牧民一般选在地势稍高、挡风雪之处，羊吃了生长在石缝中的酸性、辣性草，有利于杀菌，为秋膘打基础；羊的夏季营地，牧民一般选择地势高、离河水稍远的地方，羊群不燥，可增强体质；羊的冬季营地，牧民会选在地势稍高、挡风朝阳之所，以保暖保膘。这四季牧场的迁徙之中，包含着轮牧、休牧、禁牧的科学内涵。[1]

农耕文明深入草原的同时，也带来了与草原游牧文明截然不同的非正式制度，这就是"小农经济"所带来的一系列意识乃至生产方式上的变革。

农耕和游牧作为两种不同的生产方式，其土地利用方式是截然不同的。游牧是适应草原生态环境的一种生产方式，而精耕细作的农耕方式不适合草原地区，在大批内地农民进入草原进行农耕生产的同时，也引起其基本生产资料——土地的沙化和退化。为了满足需要进一步开垦草地，扩大耕地面积，从而使农业不断深入草原，农耕逼退游牧，农牧交错带的面积扩大。农耕和游牧

---

[1]《正确认识游牧文明，科学治理草原》，《中国民族报》，2006/03/17。

北方农牧交错带变迁对蒙古族经济文化类型的影响

是两种不同的生产方式,同时也孕育着不同的文化和环境观念。

自20世纪80年代以来,在中西方文化比较研究中,国内外学者们都注意到了一个基本的事实,认为中国与西欧在前工业时代的农业耕作制度是两种不同的类型。在西欧封建时代,农业耕作方式是田草结合、农牧结合,而中国则是单一的粮食种植业。[①] 也就是说,中西农业文化最大的差异就在于中国的农业文化实际上是一种单一的种植业文化。种植业经济和畜牧业经济没有能够有效地或有机地结合在一起。游牧经济和农耕经济在历史上长期处于实际上的分离状态,二者之间存在着许许多多的矛盾与斗争,并且,历史上游牧民族与农耕民族之间的持续不断的战争也与这种经济类型间的分离状态有密切的关系。那么,为什么在中国历史上没有形成上述两种经济类型间的有机的结合,我们认为除了自然环境方面的因素外,中国古代文化方面的某些特点也是形成农牧分离的一个重要原因。[②] 也就是说,除了受制于自然环境的影响外,中国历史上形成的以中原单一农业为核心的农耕思想,对草地畜牧业有一种本能的源自文化的不认同以及对农耕经济的崇尚。而历史形成的以汉文化为核心的农耕思想认为中原地区是文明中心,其他地区都是落后的观念,潜移默化中形成了农耕优越于其他生计方式的观念和意识。在这种观念和意识支配下,不管是统治者还是普通百姓,都以农耕思维看待其他生产方式,强调农耕的重要性和主体性。

我们常说的中国历史上"重农抑商"的政策及思想,实际上主要是重视种植业(包括桑、麻、棉等)的发展,进而形成了"耕织结合"的农耕文化。中国历代王朝一贯奉行的重农抑商政

---

① 马克:《中西封建社会比较研究》,学林出版社1997年版,第28页。
② 贺卫光:《农耕与游牧:古代中国的两大经济文化类型》,《西北民族学院学报(哲学社会科学版)》,2002年第1期。

策，是从东周时期开始的。所谓的"重农抑商"政策，其本质实际上是"农本"思想，因为历代统治者所采取的"抑商"措施主要是为了"重农"，即"重农"是"重农抑商"思想的核心和最终目的。重农实际上不仅是一个经济问题，对于历代封建统治者来说，更是一个涉及国家的长治久安的政治问题。因此，许多古代思想家都是从富国强兵的角度来谈论重农思想的："上不好本事则末产不禁，末产不禁则民缓于时事而轻地利，轻地利而求田野之辟、仓廪之实，不可得也"（管子·权修）。"凡为国之急，必先禁末作文巧，末作文巧禁则民无所游食，民无所游食则必农，民事农则田垦，田垦则多粟，粟多则国富。国富者兵强，兵强者战胜，战胜者地广。是以先王知众民、强兵、广地、富国之必生于粟也"（管子·治国）。所以，古代所谓的"农本"思想或"重农抑商"思想实际上主要是重视单一的种植业。[①]

传统农耕经济与游牧经济最大的区别在于：游牧经济重视的是草原的周而复始和物质的循环利用，而农耕经济注重的是自身生产的周而复始，这就出现了在一块土地上精雕细琢，以人的体力为主要投入去维持土地的一定产出水平，并依赖于自然条件的好坏，是一种靠天吃饭的生产方式。尽管人口数量也是增加生产投入的基本源泉，扩大垦殖面积则是弥补其低产而不稳定产出的主要手段，它按照"人口——耕地——人口"的公式运行结果，就是一方面刺激人口的迅速繁衍，另一方面不断提高农业自然资源的开发强度。[②] 所以在农耕经济日益取代游牧经济的同时，加速了北方草原的垦殖，导致草场退化，农耕北界不断北移。有学

[①] 贺卫光：《农耕与游牧：古代中国的两大经济文化类型》，《西北民族学院学报（哲学社会科学版）》，2002年第1期。

[②] 邓祥征：《华北、黄土高原农牧交错带土地利用变化驱动机制研究》，中国科学院博士学位论文，2003年。

北方农牧交错带变迁对蒙古族经济文化类型的影响

者经过大量研究认为：大量的历史考古资料和实地考察结果已证明了这一点，当游牧民族占据北方半干旱地区时，对生态环境的压力较小，而农业生产活动取而代之之后，生态环境则受到较大破坏。①

拉铁摩尔在《中国的亚洲内陆边疆》一书中指出，"移动性"是草原社会生产方式的基本特点，因为"没有一个单独的牧场是有价值的，除非使用它的人可以随时转移到另外的牧场上，因为没有一个牧场经得起长时期的放牧。"②而农耕社会生产方式的特点则是"定居性"。因而在农耕社会就会产生土地所有权，而在草原社会的"所有权"就是"循环移动的权利"。

移动的主要原因，是人类发明了"移动的财产"，这就是羊。而在农业区，人们享有"固定的财产"，庄稼和圈养牲畜，更根本的是土地。拉铁摩尔指出，羊可以供给牧民羊毛、羊皮、羊乳、羊肉和羊粪，"比其他任何牲畜更能建立食、住、衣和燃料的基本经济准则。"难怪早在殷商时期，一些游牧人群就被称为"羌"，意即"羊人"。一旦移动，就与定居有诸多不同。第一是没有必要建造牢固和永久的住房；第二是不能有体积较大的财产。这帮助了考古学家根据墓穴随葬品或居住遗址分辨农夫或牧民的身份。比如，石器或陶器的大小，房屋是否坚实牢固，等等。随葬品越大越厚重，越有可能是农夫之墓；房屋如果从牢固变为简易，就有可能出现了游牧化。③

经济是社会生活的基础，也是民族发展的决定条件，影响民族发展的其他如政治、道德、宗教、地域等等归根到底是反映经

---

① 王涛、朱震达：《中国北方沙漠化的若干问题》，《第四纪研究》，2001年第1期。
② 拉铁摩尔：《中国的亚洲内陆边疆》，江苏人民出版社2005年版，第44页。
③ 盛洪：《长城与科斯定理》，《南方周末》，2007/07/26。

第三章　北方农牧交错带变迁的动因

济发展的要求。马克思主义认为：一切观念形态"归根结底都是从他们的经济生活条件，从他们的生产方式和产品交换方式中引导出来的"。[①] 唯物史观最核心的一个思想，就是把一切社会意识形态归结于他的现实基础，即经济条件的反应。经济条件决定了农耕和游牧民族的社会意识形态，从而体现在他们社会生活的方方面面。以汉民族为例，小农经济的经济基础奠定了该民族社会意识形态的发展方向，不论是经济政策的制定还是生产方式的选择，都是以首先发展定居农业为优先考虑；而蒙古族在长时期的游牧生活中，形成了持续发展草原畜牧业为准的意识形态以及上层建筑。两个民族的经济基础决定了各自发展方向以及生产方式的不同，这在北方农牧交错带的变迁过程中起到了决定性作用。

清代以来，汉人进入蒙古草原由来已久，但对蒙古人的生活影响很少，蒙古人并没有看到汉农业的先进而起而效之，却长期地坚持游牧传统。汉人也并未因蒙地草场丰富而在畜牧业上下工夫，而是机械地照搬着传统的精耕细作农业。民国时期，到内蒙古去的美国人对汉人的农业本色感到很惊奇，"到了蒙古草原这样适宜于畜牧的地方依旧锄地播种，一家家划着小小的一方地，种植起来，真像是向土里一钻，看不到其他利用这片土地的方法了"。史禄国也指出，汉人的习性就是天生爱种地，即使在冰天雪地的西伯利亚，也要试着种地。可见，游牧特色和农耕特色已深深地印在蒙汉两族的文化中，外界的物质文化环境很难改变汉、蒙古两民族的各自文化习性，但正是人口压力和草原生态环境的变迁迫使蒙古族接受了汉族的农耕经济，尽管这一接受过程

---

① 马克思恩格斯：《马克思恩格斯选集》第 21 卷，人民出版社 1985 年版，第 548 页。

北方农牧交错带变迁对蒙古族经济文化类型的影响

历时很久。①

我国历史上的农耕文明与游牧文明虽然分布各异，并且征战不断，但是在经济上却是相互依存的：农区需要牧区的牲畜和畜产品，作为种植经济的补充；牧区的牧民缺乏农耕经验，需要从农区输入农产品和手工业品补充不足。不管是农耕文明得以北上，抑或游牧经济得以南下，都没有完全排斥彼此，都是在以自身经济类型为主导的同时，发展对方以补充自身。比如说，当游牧经济发展到一定程度，单一的经济结构不能满足社会消费的时候，将部分土地开垦成农田就成为必然。从游牧民发展农业经济的角度来看，与游牧民生活习惯的改变、农产品生活必需品的增加有一定的关系。清代以后，伴随着清廷一系列成功的民族政策的实施，这里的民族分布格局相对稳定，社会经济有所发展。这就使得游牧民族与农耕民族长期相处成为可能。另外，由于畜牧业经济产品的单一性，需要农产品作为补充，也使得游牧民开始依赖周围的农耕社会，尤其随着游牧民对粮食等农产品需求量的加大，有的游牧民便利用邻近的农耕基础而从事简单的农业种植。所以在农牧交汇处开辟草场，改牧业生态环境为农耕生态环境的主观行为渐多。经济区域变动与生态环境改变纠葛缠绕，彼此依存。②

但是农牧文明的交融有个"倾斜度"的问题，当社会发展更倾向于牧业经济的时候，北方农牧交错带是南移的，而当农业经济占据主导时，农耕北界必定北上。蒙元时期，蒙古统治者虽然身为游牧民，但是也很重视蒙古地区的农业开发，虽然当时农业

---

① 王建革：《定居与近代蒙古族农业的变迁》，《中国历史地理论丛》，2000年第2期。

② 赵珍：《清代至民国甘青宁地区农牧经济消长与生态变迁》，《史学集刊》，2005年第1期。

经济在漠南、漠北草原都有不同程度的发展，但丝毫没有动摇游牧经济的根基；而近现代农耕经济一直处于强势，虽然游牧经济与农耕经济之间仍然存在相互补充的关系，但是在实力上却相差悬殊，农耕经济经过漫长历史时期的发展演化已经将游牧经济"逼"到一个尴尬的境地。

除以上因素之外，历史上历代中央王朝基于军事考虑，在与少数民族的交界区域屯军或建立驿站，汉族以驻军或站丁的形式移入，并在驿站范围内开垦小片庄田，发展农耕。黑龙江省杜尔伯特蒙古族自治县在康熙25年（1686年）驿站建成，使农业开始发展。[1]

---

[1] 白淑英、张树文、张养贞：《农牧交错区50年来耕地开发过程及其驱动因素分析——以大庆市杜尔伯特蒙古族自治县为例》，《资源科学》，2005年第2期。

第四章　蒙古族经济文化类型的变迁

　　北方农牧交错带在多种驱动因素的交织作用下，一直处于变动之中。这一历史过程对生态环境产生了深远影响，引发了农耕经济与游牧经济的此消彼长，也对生活在农牧交错带及以北地区的世居民族——蒙古族的经济文化生活产生了深远影响，其最直接的表现形式就是定居农业的普及和草原畜牧经济的衰退，以及由此引发的蒙古族经济文化类型的多样化。虽然农牧交错带的直观表现形式是土地利用的地域综合体，但其实质却是一种经过经济、文化相互交织所促成的存在形式，是以草原畜牧业为主的少数民族与以农耕业为主的汉民族长期交融、适应环境、发展生产、共同生活而创造出来的一种特定生产方式以及在其基础上所形成的特定文化的总和。近 100 多年来，农牧交错带的变迁以及该区域现代化的发展，使蒙古族经济文化类型呈现出多元化的趋势，进而对民族人口结构、就业结构、民族关系等产生深刻的影响。对这种影响应从两个方面进行分析，一方面是积极的影响，它加强了民族间的交往和融合，有利于相互学习和交流，促进了当地经济社会的发展；另一方面是消极的影响，由于农耕经济和汉文化的传入，使蒙古族主动或被动地接受农耕经济，草原畜牧业受到冲击和影响，造成生态环境的破坏和游牧生产方式的萎缩。

4.1 北方农牧交错带农耕经济文化类型的发展

据考古证明，早在新石器时期，北方农牧交错带及以北的蒙古高原就与中原几乎同时进入了定居农业时代，经过漫长的发展过程，至青铜器时代，游牧畜牧业已经成为蒙古族主要的经济文化类型。蒙古族的经济文化类型经过原始采集、狩猎、农业、畜牧业的发展历程，最终选择游牧经济作为基本经济文化类型，可见，在与大自然漫长的斗争过程中，还是游牧更适合蒙古高原的生态环境。历史上，虽然内蒙古地区从未放弃农业生产，并且也形成过称海、哈剌和林等农业中心，农垦面积也以数万公顷计量，但农业经济的存在并没有威胁到游牧业的核心地位。作为一个长期坚持游牧生计方式的民族，到了近现代，在自然和社会因素的交织作用下，大批蒙古族逐步转向农耕生产，在内蒙古逐渐形成了半农半牧生产区域和完全农业生产区域，定居农业成为现今蒙古族主要的生计方式。与此相适应，蒙古族的生活习俗、语言文化等也都发生了巨大的变化。

4.1.1 北方农牧交错带及蒙古高原早期的农业

随着北方农牧交错带的北进西移，农耕经济也逐渐由畜牧业的补充发展到今天的主要类型，到 20 世纪中后期，在内蒙古大部分盟市，种植业产值比重超过畜牧业，成为农业经济的主体，畜牧业产值（饲养畜牧业占很大比重）则低于种植业。纵观内蒙古地区农耕经济的发展历程，是北方农牧交错带不断变迁，农业经济文化类型在草原上兴起并逐渐强盛的过程。

成吉思汗建立蒙古汗国后，非常重视农业问题，至元朝时，忽必烈也采取奖励措施鼓励蒙古牧民发展农耕生产。这个时期，

北方农牧交错带变迁对蒙古族经济文化类型的影响

蒙古族聚居区的军事屯田大为发展，漠南地区的农业逐渐扩展到北面蒙古族聚居的牧业区，有不少的蒙古族参加了农业生产，学会了耕种。[1] 这一时期虽然农业在蒙古地区得到一定的发展，但仍作为畜牧业的补充形式而存在。

明朝蒙古皇室北迁之后，蒙古地区一直从事小面积的粮食生产，以补充牧业生产的不足。16世纪中后期，阿勒坦汗在位期间，明朝政治腐败，大量汉族农民流入相对安定的蒙古漠南地区，至16世纪末仅土默特地区（今呼和浩特地区）就达十余万人。阿勒坦汗在开发土默特的过程中，充分借助这些流入的汉民的劳动，在土默特地区"开良田千顷"、"村连数百"，种植业取得快速发展。很多蒙古民众在从事畜牧业生产的同时，也受汉人影响从事种植业；移入蒙地的汉人经过数年的发展，也积累了数量众多的牲畜。

明末清初，土默特的农业已比较发达，鄂尔多斯、喀喇沁、敖汉、奈曼、翁牛特、扎鲁特、巴林及科尔沁地区也有小规模的农业定居点。从事农业的人主要是从内地迁入蒙古地区的汉族农民，这些农民一部分是蒙古贵族掳掠来的，一部分是因内地灾荒而逃来谋生的，还有一部分是随满洲公主、格格陪嫁来的庄丁、陵丁。[2]

蒙民的作物主要是糜子，另外还有黍子、莜麦等。对蒙人而言，他们之所以选择这些作物，不仅在于这些作物具备在寒冷地区的栽培条件，更在于这些作物适合蒙古人的耕作习惯。因为这些古老的作物野生性和抗逆性强，不用精耕细作便可有收成。清

---

[1] 《蒙古族简史》编写组：《蒙古族简史》，内蒙古人民出版社1985年版，第82页。

[2] 达力扎布编著：《蒙古史纲要》，中央民族大学出版社2006年版，第280—283页。

第四章 蒙古族经济文化类型的变迁

末喀喇沁蒙古人播种麻黍的时间是在七月份，这时期也是蒙古草原雨量比较集中的时期，播种时以天然的曲木做成的简单的犁耙，3—4头大牲畜牵引，在地上锄耙几次。然后是胡乱撒播种子，任种子自然生长，到秋天进行收获。收获也极为简单，只是把穗子割掉而已。[1]

但在传统时代，大多数蒙古游牧民对农业相当轻视。在喀喇沁地区，近代那些兼事农业的蒙古人更重视牧地，认为只有那些生长不出好牧草的土地，才种麻黍。在管理上也是不重视耕作，"蒙古土民不讲耕作，既播种，四处游牧，及秋乃归。听其自生自长，俗云靠天"。[2]

4.1.2 清中后期对北方农牧交错带以北的垦殖和农耕经济的蔓延

农牧交错带的北移与清中期以后的蒙地放垦密切相关。历史上，历代中央政府对边远地区的管理除设置各级地方派出机构，管理辖区事务外，戍边屯垦是重要的方式。北方农牧交错带及以北地区在大部分历史时期，都有一定规模的屯垦存在，这些屯垦大多以"屯垦戍边"为主，虽有少量民垦，但对农牧交错带及以北地区自然和人文景观的影响并不是很大，农牧交错带呈摆动式变迁，没有出现大范围土地利用格局的变动。农牧交错带及以北地区的大规模开垦，以及农牧界限的北移始于清中后期。

---

[1] 王建革：《定居与近代蒙古族农业的变迁》，《中国历史地理论丛》，2000年第2期。

[2] 徐珂：《清稗类抄》农商类，中华书局1984年10月第五册，第2272页。转引自王建革：《定居与近代蒙古族农业的变迁》，《中国历史地理论丛》，2000年第2期。

北方农牧交错带变迁对蒙古族经济文化类型的影响

1. 清前期对蒙地的开垦及农业、半农业区的形成[①]

从顺治年间开始在蒙古地区推行封禁政策，其重要内容是限制汉族农民进入蒙古地区和禁止私垦牧场。但是由于内地人口增加和土地兼并，大量的农民失去土地，破产农民被迫流落到长城口外谋生，而蒙古地区也需要农产品，因此，蒙古贵族常常违禁私自允许农民来蒙古地区垦种，被称作"私垦"。由蒙古贵族指给农民一块土地耕种，一般不计面积，收获后向蒙古贵族交一部分农产品，余下归己，剥削率较低，无其他赋役。所以，长城沿线省份的山西、直隶、山东、陕西等省的一些农民自愿出口外种地，例如山西农民出杀虎口（今山西右玉县北）到内蒙古土默特一带耕种，被称为走西口；直隶一带农民出张家口和喜峰口到东部蒙古地区，被称作走东口。由于清廷禁止农民在蒙古地区定居，出口种田的农民多为单身汉，春去秋归。清政府后来颁给票印，每年限制出口人数，但效果不大，特别是一遇灾年，大量内地流民进入蒙古地区。康熙五十一年，仅山东往来口外垦地者即多至十余万。当时蒙古地区还没有大量汉民定居，对牧业构不成威胁，因此为解决受灾流民的生计，清廷采取了"借地养民"的政策。

后来到蒙古地区耕种的农民数量不断增加，一些人甚至携家而来，或在蒙古娶妻生子长期留居口外，与蒙古贵族建立了长期的土地租典关系。随着蒙古地区商品货币关系发展，蒙古王公生活日益奢侈，对农牧民的剥削收入和清朝颁发的俸禄已不够其挥霍享受了，开始向商人借贷，在高利贷的盘剥下债台高筑，无法偿还就开始典押土地。旗地是国家的官地不能买卖，因此采用租典的形式变相买卖。商人从蒙古王公手中低价租典土地，再转手

---

① 达力扎布编著：《蒙古史纲要》，中央民族大学出版社 2006 年版，第 280—283 页。

出典，招来农民租种，剥削农民。商人的土地经营活动加速了土地的开垦和汉族农民的流入，康熙、雍正年间，口外卓索图盟、察哈尔、归化城土默特二旗、伊克昭盟、昭乌达盟、哲里木盟、乌兰察布盟境内大量土地被开垦。东部和南部是内蒙古较早开垦的区域，并由此揭开了草地放垦的序幕。

内蒙古地区随着农业发展、内地迁入人口日众，出现了农田村庄及蒙汉人民杂居的情况。清廷为继续贯彻民族隔离政策，加强对流民的管理，防止流入蒙古地区的汉民成为蒙古王公的属民，自雍正朝开始采取措施，在汉民比较集中的蒙古地区设立理事厅，任命理事同知、通判等官，由满、蒙旗人担任，专门管理流入蒙古地区的汉民事务，实行蒙汉分治。蒙古王公除继续收取地租外，不得干预汉民事务。清廷委派的地方官管理汉民的户籍、刑狱，汉民除向蒙古王公交租外，还向地方政府缴纳赋税，以后逐渐改为由地方官收租，分给蒙古贵族应得的一部分。最终由清廷发给农民执照，使他们有了土地私有权，断绝了与蒙古贵族的租典关系。乾隆初年，在蒙古地区设立的理事厅有口北三厅，即张家口厅、独石口厅、多伦诺尔厅；热河五厅，即热河厅、四旗厅、八沟厅、乌兰哈达厅、塔子沟厅、三座塔厅；归绥七厅，即归化城厅、萨拉齐厅、清水河厅、托克托厅、丰镇厅、和林格尔厅、宁远厅。以及神木、昌图和长春等厅。从这些设置看，这一时期的农垦界限主要分布长城沿线，还没有大规模深入草原腹地。

1749年（乾隆十四年），清廷颁布诏令，严禁民人出口和私垦，令出口之民回籍，撤回典地，严禁蒙古各扎萨克旗及察哈尔八旗等容留民人居住和增垦。理藩院颁布律令，凡蒙古王公、扎萨克、旗内官员私自招垦、容留民人居住者，视情节轻重处以罚俸、革职、鞭打、罚畜等惩罚。嘉庆、道光时期，又多次重申有关禁令，规定对私自招垦的王公旗员和私自出口开垦的农民都处

北方农牧交错带变迁对蒙古族经济文化类型的影响

以更加严厉处罚。但这些禁垦政策始终未能有效阻止私垦的发展。这是因为蒙古地区的经济需要农业，而内地剥削率高，土地兼并严重，破产农民愿意到关外谋生。雍正、乾隆朝在蒙古地区设立的理事厅后升格为州、县，州、县辖地内允许开垦，农民可以来这里合法垦种。此外，清廷在热河、归化城土默特二旗和八旗察哈尔牧场招民垦种。这些做法都起到了推动内地农民流入蒙古地区的作用。

内蒙古地区的农业是从靠近内地的南部逐渐向北发展的，农区主要集中在沿长城口外的内属蒙古旗和八旗驻防区内，如归化城土默特、八旗察哈尔、热河等地。在扎萨克旗内，卓索图盟各旗开垦较早，开垦土地也较多，喀喇沁旗在乾隆年间汉民的数量已超过蒙民，许多牧民放弃牧业，改营农业。1778年，清廷将设于喀喇沁境内的八沟厅改为平泉州，塔子沟厅改为建昌县。东土默特旗也几乎变成农区，设立了朝阳县。昭乌达盟南部的敖汉、奈曼等旗开垦也较多。在以上地方最早设立理事厅，后升格为府、州、县，地方政府的设立又促进了农业的发展，形成了大片的农业区。

半农半牧区多在扎萨克旗境内，王公扎萨克招民开垦后各旗境内牧区和农区相互交错，形成半农半牧区。乌兰察布、伊克昭盟和昭乌达盟北部的各旗内也有农垦区，形成半农半牧区，伊克昭盟北部和乌兰察布盟的沿黄河河套一带地区开渠灌溉，形成了一片农业区。哲里木盟也有私垦，设立了昌图厅、长春厅管理流民，其中一些旗已成为半农半牧区。但是在内蒙古的北部各旗和漠北喀尔喀境内除清军屯田之外开垦很少，或完全没有开垦，仍是纯牧区。

第四章 蒙古族经济文化类型的变迁

2. 清后期对蒙地的放垦[①]

到了清后期,由于内忧外困,清廷及各地财政日拙,要求蒙地放垦的呼声渐高,朝廷对蒙地开垦的政策逐渐松动,到了20世纪初全面放垦,开始了草地开垦的高潮,也揭开了内蒙古农业发展的高潮。如果说在此之前的蒙地放垦以民垦或私垦为主的话,此后开始了大规模的中央政府主导下的草地开垦。放垦蒙地就是彻底废弃原来禁垦蒙古地区土地的政策,以国家行政命令招垦传统上属于蒙古各盟旗所有的土地、牧场,也包括放垦和继续放垦内属蒙古各旗和其他官有牧场、台站的土地。"清理"各旗原来未纳入地方官府管辖和征赋范围的"私垦"土地。对私垦地和放荒地一律收取押荒银(地价),发给执照,熟地立即开始升科,收取地租银,荒地则垦熟后升科。放垦的程序是由蒙旗上报将要放垦的地块,垦务机构丈放招垦,有人缴价承领即完成放垦。在放垦过程中为减少阻力,让蒙古王公也享受到一些利益,凡扎萨克旗放垦收取的押荒银和地租由清政府和蒙旗譬分,并视地区不同,分为五五、四六、三七不等的分配标准,在西部一般扣去三成经费银之后,余下的七成由清政府与蒙旗对半分。

对放垦蒙地,很早就有人提出了建议,约从1880年开始,历任山西巡抚、黑龙江将军和朝廷官员相继上奏,提出放垦内蒙古各盟旗土地,以增加财政收入,充实边防。由于事关根本改变对蒙古原有政策,又遭盟旗的反对,清政府一直没有采纳。1901年《辛丑条约》签订后,清廷急于筹集巨额赔款,谕令各地官员广开财路,甚至硬性摊派赔款数额,严令各省限期筹缴。山西巡抚岑春煊因难以筹措所摊赔款,上奏清廷,要求放垦内蒙古西部各盟旗土地,受到清廷严斥。后来又另呈"筹议开垦蒙地"奏

[①] 达力扎布编著:《蒙古史纲要》,中央民族大学出版社2006年版,第307—311页。

北方农牧交错带变迁对蒙古族经济文化类型的影响

折，提出如今时局艰难，兵费赔款之巨，实历来所未有。朝野上下，"其言救贫者，则或议裁节饷费，或拟振工商。然汰兵省官，所节无几；矿路制造，效难骤求……查晋边西北乌兰察布、伊克昭二盟蒙古十三旗，地方旷野，甲于朔陲"，"以各旗幅员计之，广袤不下三四千里，若垦十之三四，当可得田四十万顷。二十五年前，黑龙江将军恩泽奏请放扎赉特旗荒地，计荒价一半，可得四五十万两，今以鄂尔多斯、近晋各旗论之，即放一半，亦可得三四倍。"1902年初，慈禧太后和光绪帝正式批准了岑春煊的奏议，任命兵部左侍郎贻谷为督办蒙旗垦务大臣，前往内蒙古西部推行垦务，从此开始了对内蒙古地区的全面放垦。

内蒙古西部的放垦是由清朝督办蒙旗垦务大臣主持进行的。1902年春，钦差督办蒙旗垦务大臣贻谷赴任后，在绥远城设立了督办蒙旗垦务总局。后来又陆续分设丰（镇）宁（远）垦务局，负责察哈尔右翼（丰镇、凉城、兴和、陶林四县）垦务；设张家口垦务总局，负责察哈尔左翼（张北、独石、多伦三县）垦务；设西盟垦务总局，主要分管乌兰察布、伊克昭二盟垦务。又设查地局丈放归化城土默特旗地亩；设台站地亩局丈放河东西十二驿站地；设牧厂局清理归化城八旗牧厂。

贻谷原计划先从乌、伊二盟开始放垦，遭到两盟盟长和各旗扎萨克的反对，因此只好先从内属旗和官牧场、台站地开始放垦。八旗察哈尔、清朝官牧场和驿站地的放垦进行得比较顺利，1902—1905年，将一些原有旗群、牧厂北移之后，察哈尔八旗及其境内官私牧场地，无论旧垦、新垦已基本清理和放垦完毕，其中右翼四旗放垦约25000顷，左翼四旗放垦20000余顷；放垦了大青山后绥远八旗牧厂地3700余顷；伊克昭盟和归化城土默特境内的驿站用地（杀虎口路站地）7900余顷；并清丈"清理"了归化城土默特、察哈尔右翼牧厂内大量已垦熟之地。

清廷为了顺利推行乌、伊两盟垦务，先后授予贻谷理藩院尚

第四章 蒙古族经济文化类型的变迁

书、绥远城将军等职,赋予他直接统辖乌、伊两盟的权力。清廷多次严令两盟王公扎萨克迅速报垦,并撤销了带头反对放垦的杭锦旗扎萨克阿尔宾巴雅尔的伊盟盟长职务,任命比较顺从的乌审旗扎萨克贝子察克都尔色楞暂署盟长。在清廷的高压下,1903年夏,伊盟七旗及王爱召寺院地先后报垦,合计约23000余顷。1905年,贻谷调兵镇压伊盟各旗"独贵龙"抗垦斗争,并于次年初捕杀了抗垦首领准噶尔旗协理台吉丹丕尔。1906年8月,乌盟各旗也开始报垦,共约7800余顷。

内蒙古东部的放垦几乎与西部同时进行,但是,清廷没有设立督办大臣统一进行,由各地将军、都统分别督办。内蒙古东部地区放垦的盟旗,主要有黑龙江将军辖下哲里木盟扎赉特旗、郭尔罗斯后旗、杜尔伯特旗的土地,吉林将军辖下郭尔罗斯前旗,盛京将军辖下的科尔沁右翼前旗、科尔沁右翼中旗、科尔沁右翼后旗、科尔沁左翼中旗,热河都统属下昭乌达盟巴林右旗、阿鲁科尔沁旗、扎鲁特左、右两旗的土地。1902—1908年间,各旗放垦的地亩数如下:科尔沁右翼中旗8.7万垧,科尔沁右翼前旗90万垧,科尔沁右翼后旗60万垧,科尔沁左翼中旗16.9万垧,扎赉特旗47万垧,杜尔伯特旗25万垧,郭尔罗斯前旗21万垧,郭尔罗斯后旗63万垧,巴林右旗8000余顷,阿鲁科尔沁和扎鲁特左右两旗8000顷。据不完全统计,在推行"新政"10年中,清廷在哲里木、昭乌达两盟共放垦蒙地330余万垧,另16000顷。截止1908年,清廷仅从哲里木盟北部七旗放垦中征收的押荒银约387万两。

在"新政"时期,总计共放垦东、西部蒙古盟旗土地约10万余顷,加330余万垧,搜刮押荒银约六七百万两。推行垦荒的地区,除了锡林郭勒盟偏远牧区和已基本农耕化的卓索图盟等地外,几乎遍及内蒙古的所有盟旗。在规模和程度上对内蒙古草原地区传统游牧业产生深刻影响的进程出现于清朝后期。光绪二十

北方农牧交错带变迁对蒙古族经济文化类型的影响

八年（1902年），清王朝废止了过去的"边禁"政策，正式开放蒙荒，并改私垦为官垦。清统治者在内蒙古实施的这一所谓"新政"，敞开了内地汉民大量涌入草原地区的门户，开始在察哈尔、乌兰察布等西部地区，尔后在昭乌达、哲里木等东部地区有大批汉民移居。在1902—1908年的所谓"移民实边"高潮中，内蒙古西部地区共放垦土地757万亩，东部地区放垦土地2450万亩。①

1910年，清廷正式宣布废除对蒙古地区的封禁政策，取消过去颁布的一切禁令，鼓励汉族农民携家眷移民蒙地垦殖，允许蒙汉民之间进行土地买卖，互相婚姻，蒙古人可以学习汉文，取汉名。开禁如同封禁一样，都是清廷在不同时期内为加强对蒙古的统治而采取的相应措施，从采取民族隔离到解禁虽然是一种进步，但清廷的主观愿望是推动移民实边，实行民族同化。至清后期，归化城、热河和卓索图盟等地完全变成了农业区，随着私垦的发展，哲里木盟、昭乌达盟南部和察哈尔地区也出现了农区和半农半牧区，伊克昭盟的后套地区以及与陕西交界处也已垦种。20世纪初推行放垦后，农业区急剧扩大，汉族移民人数迅速增加，农耕区的蒙古族也由游牧经济逐步转变为从事农耕经济。

清朝是蒙古地区农业大规模形成并发展的时期。随着汉族移民的不断涌入，农业经营面积不断扩大，已经从长城一带向草原腹地直接深入，并形成了东北、察哈尔、归化、鄂尔多斯等四个农业经济区。而在蒙古漠西、漠北地区，农耕经济也有小规模发展。至清朝中期，已经形成明显的农业区、牧业区、半农半牧区并存的现象，其中，农业区主要分布在鄂尔多斯南部、土默特、察哈尔右翼各旗、卓索图盟、科尔沁南部地区；半农半牧区主要分布在鄂尔多斯局部和科尔沁的局部地区；牧业区主要分布在乌

---

① 布赫（主编）：《内蒙古大词典》，内蒙古人民出版社1991年版。

第四章　蒙古族经济文化类型的变迁

珠穆沁、察哈尔北部、呼伦贝尔、喀尔卡地区。在之后的发展中农区、半农半牧区一直处在发展状态，牧区日渐衰落。①

　　由于移民的进入，清代的农牧交错带发生了重大的变化。分界线东北起"满洲国"的林西、经棚，向南经多伦、德化，向西经四王子府和百灵庙，较为平行地沿北纬42度线向西延伸。清代中期的农牧分界线远在此线以南。以张家口到德化这一区间为例，1872年汉人北移的村落只在张家口北方5—6公里，到1938年，扩展到德化，这中间170公里的广大地域从50多年前的纯牧区一变而为农耕区和半农半牧区。广泛种植着莜麦、马铃薯、荞麦和小麦等作物。在蒙古草原中部，作物分布以阴山山脉为分界线，莜麦、小麦、大麦、荞麦、亚麻、菜子、马铃薯等耐寒性、耐旱性的作物在阴山山脉北部占压倒多数的地位，而粟、高粱、绿豆等抗旱性强耐寒性弱的作物则分布于阴山南部地区。②

3. 推行"郡县制"，加快农耕经济发展

　　考察历史上内蒙古政区的设置和变迁，正是与历代农业垦殖带逐步向草原地区推进而同步的，而且伴随农牧业经营的交错，表现出适应游牧社会的部落集团与管理农业社会的地方行政区的相互穿插，即部落封地、王庭、营帐、盟、旗制与州、厅、县制度的结合。

　　从最初蒙地的私垦到清末的官放，建置贯穿着蒙地放荒放垦的整个过程。随着蒙旗垦殖的推进，相应的府、州、厅、县不断增多并渐次升级。只是，在蒙地开垦的初期，蒙地县厅的建置是被动的、无计划的，是由流民人数的多寡和分布聚散程度来确定

---

①　阿岩、乌恩：《蒙古族经济发展史》，远方出版社1999年版，第287页。
②　山田武彦、关谷阳一：《蒙疆农业经济论》，日光书院，昭和十九年十一月，163—164页。转引自王建革：《定居与近代蒙古族农业的变迁》，《中国历史地理论丛》，2000年第2期。

的，到"新政"时期则变成了朝廷主动地、有计划地进行官垦情况下建立的郡县网。①

今日内蒙古政区的形成与清朝的统治有直接的渊源关系，而清朝在内蒙古地区实施的行政建置或是王公封地，又受到明朝答言罕统一蒙古后诸部分布的影响。清朝对蒙古各部仿满洲八旗制分编为旗。蒙旗制度是在蒙古原有的鄂托克、爱马克的基础上，参照满洲八旗制度而设立的。对归顺的蒙古王公，或安置旧地，或重新划地，以牛录为基础，仿满洲八旗制，按放牧地编为旗。封蒙古王公与满洲宗室类似的爵位，旗长统称"扎萨克"。蒙旗制度最早建立于漠南蒙古地区，其核心是外藩札萨克旗，至乾隆元年（1736），漠南蒙古一共编为49个扎萨克旗，属六个盟管辖；另有套西二旗，不受盟的管辖；另设锡埒图库仑旗（今通辽市库仑旗），是由喇嘛担任扎萨克的政教合一的特殊建置。清廷在蒙古地区推行"新政"过程中，许多官员上奏，提出在蒙古推行"郡县制"，收回扎萨克支配蒙旗人民的传统自主权力，在蒙古设省，把对蒙古的间接统治改为直接统治。因此清廷在放垦过程中大批地设立府、厅、州、县，强化在蒙古地区的统治。在呼伦贝尔、察哈尔、归化城土默特地方，凡放牧地设立"旗"，由清廷任命的都统或总管充任旗的行政长官；凡农耕地区设置地方机构"厅"，由抚民同知或通判等官员分理蒙汉事务。如八旗察哈尔境内的口北三厅、土默特境内的归绥七厅、热河一带的热河五厅、管理鄂尔多斯地区汉蒙事务的神木厅、科尔沁境内的长春厅、昌图厅。后来将这些厅逐渐升格为府、州、县。

---

① 乌兰图雅、张雪芹：《清代科尔沁农耕北界的变迁》，《地理科学》，2001年第3期。

第四章 蒙古族经济文化类型的变迁

表 4-1　清代哲里木盟部分蒙旗放荒时间（年）及建置情况[①]

原属旗	放荒时间	建置时间	建置名称	今属省区	备　　注
科左前旗	1822	1902	彰武县	辽宁	1813年试垦，1897年开禁
科左中旗	1803 1821 1862 1907 1906	1878 1877 1902 1912 1909	奉化县 怀德县 辽源州 双山县 醴泉县	吉林 吉林 吉林 吉林 兴安盟	民国三年（1914）改为梨树县 今公主岭市 今双辽县 今属双辽县 今突泉县全部和通榆县一部分
科左后旗	1802 1802	1806 1880	昌图厅 康平县	辽宁 辽宁	1877升为府
科右前旗	1902	1904	洮南府	吉林	
科右中旗	 1902	1904 1904	靖安县 开通县	吉林 吉林	约今白城市 约今通榆县
科右后旗	1906 1904	1909 1905	镇东县 安广县	吉林 吉林	今镇赉县的一部分 今大安的一部分
扎赉特旗	1899	1904	大赉厅	吉林	大安县的一部分
郭前旗	1791 1824 1906	1800 1889 1907 1909	长春厅 农安县 长岭县 德惠县	吉林 吉林 吉林 吉林	1889年升为府 1827年设龙湾乡

表 4-2　清代卓索图盟、昭乌达盟部分蒙旗的建置情况[②]

设置时间（年）	名　　称	备　　注
乾隆五年（1740）	塔子沟厅	今辽宁省凌原县
乾隆三十七年（1742）	乌兰哈达巡检司	乾隆三十九年（1774）改为厅 乾隆四十三年（1778）改为赤峰县
乾隆三十九年（1774）	三座塔厅	乾隆四十三年（1778）改为朝阳
光绪二十九年（1903）	阜新县	今属辽宁省
光绪二十九年（1903）	建平县	今属辽宁省

---

①　乌兰图雅、张雪芹：《清代科尔沁农耕北界的变迁》，《地理科学》，2001年第3期。

②　乌兰图雅、张雪芹：《清代科尔沁农耕北界的变迁》，《地理科学》，2001年第3期。

北方农牧交错带变迁对蒙古族经济文化类型的影响

续表

设置时间（年）	名　　称	备　　注
光绪三十四年（1908）	开鲁县	今属哲里木盟（1905年放垦）
光绪三十年（1908）	林西县	今属赤峰市（1905年放垦）
光绪三十四年（1908）	绥东县	今库伦旗一带，属哲里木盟

　　盟旗制有自身的特点："旗"有固定的领地，旗地可以看做是扎萨克的封地，扎萨克对自己的封地享有一定的支配权；"盟"作为清廷与蒙古诸旗之间的一级行政管理单位，但是，盟对辖旗所属土地的关系十分松散，旗地显然不属于盟长。扎萨克原则上是世袭制，盟长则由中央理藩院任命，任期终身，但不可以世袭，盟长也无特别的俸禄和封地。这样看来，如果说扎萨克兼具有封建领主和清朝官吏双重职能的话，盟长则带有强烈的清廷官吏的性质。盟长的权力主要是召集所属诸扎萨克会盟，协议盟务，传达清廷所颁政令，也对诸旗的行政、司法事务有监察督导之责。可见，盟属于较虚一级的行政单位。

　　蒙地放垦之后，又增设和升格了许多府州县，在乌兰察布盟、伊克昭盟、归化城土默特旗和八旗察哈尔境内增设了五原厅、东胜厅、武川厅、兴和厅、陶林厅（以上归山西省管辖）；昭乌达、卓索图二盟境内增设开鲁县、林西县、阜新县、绥东县、建平县（以上归热河都统管辖）；哲里木盟及养息牧牧厂境内增设辽源州、彰武县、洮南府、靖安县、开通县、安广县、镇东县、醴泉县（以上归奉天省）；长岭县、德惠县（以上归吉林省）；大赉厅、肇州厅、安达厅（以上归黑龙江省）；呼伦贝尔地区及依克明安公署境的呼伦厅、胪滨府、拜泉县（以上归黑龙江省）。此外，还将原有的赤峰县升为州治，朝阳县升为府治，在呼伦厅设呼伦兵备道、辽源州设洮（南）昌（图）兵备道加以管辖，并且给新设的府州县更大的权利，不仅管理辖境内蒙汉民事务，还兼理与附近蒙旗、蒙民交涉事务。自放垦以后，清廷在蒙

第四章 蒙古族经济文化类型的变迁

古地区大量设置府、厅、州、县，使许多盟旗的辖境被分割缩小，有的蒙旗土地大部分已被分割，有名无实。在新设治的地区，蒙古扎萨克的行政权力被道、府、州、县官吏所取代。

1905年，清廷按照贻谷的建议，拟议在内蒙古地区分设热河、察哈尔、绥远三省，外蒙古地区暂缓设省。截止于清朝末年，内蒙古划分为6盟49旗，即：哲里木盟、卓索图盟、昭乌达盟、锡林郭勒盟、乌兰察布盟、伊克昭盟、套西二旗（阿拉善厄鲁特旗、额济纳土尔扈特旗）和锡埒图库仑旗。在今天属于内蒙古自治区或相邻省区范围内的农牧交错地区，实行了与相邻地区一致的府、州、厅、县建制。虽然在上述农耕地区历史上曾经设立过州县城，可是大多数还是清朝中后期陆续建立起来的，特别是在内蒙古南部靠近长城沿线地区，清朝设置的州、县较为普遍。州县的设置是农业文明的产物，这种现象应与农业垦殖在内蒙古地区的扩展有关。清中叶以后，中央政府对柳条边以外地区限制耕垦的法令逐渐松弛，内地大量移民内蒙古，导致新垦土地飞速扩展。农垦的发展还带动了满汉各族商民的移入，从而改变了扎萨克诸旗单一的经济和社会结构。为了便于管理内蒙古境内从事农业、商业的汉民、满民，清政府陆续增设了如同内地的府、厅、州、县建置，形成了旗县并存、各司其职的局面。此种经济方式的改变也导致了内蒙古地区多种文化的融合与扩散。①

4.1.3 近代北方农牧交错带的继续北移和农耕经济的进一步发展

自清中后期以后，北方农牧交错带处于持续北移西进之中，只在历史不同时期开发快慢不一。近代开始到1949年中华人民

---

① 李孝聪著：《中国区域历史地理》，北京大学出版社2004年版，第466—467页。

北方农牧交错带变迁对蒙古族经济文化类型的影响

共和国成立,由于国势日衰,政局动荡,民不聊生,大批内地人口被生计所迫,流向关外,加快了农牧交错带的北移和草原的开垦。同时,连年战乱,当局财政入不敷出,把蒙地放垦作为增加财政收入的主要渠道。

民国初年,北洋政府以"保全各蒙旗公众土地"为名,变私放为官垦放垦蒙荒,实行掠夺荒价的政策。1915年12月24日,北洋政府内务、农商、财政三部与蒙藏院联合制定了《禁止私放蒙荒通则》,共分七条。《通则》第二条规定:"凡蒙旗出放荒地,无论共有私有,一律应由札萨克行文该管地方行政长官,报经中央核准,照例由政府出放,否则以私放论。"第三条规定:"凡私放荒地,除系台吉壮丁所为者,应送该管扎萨克分别惩处外,其余应按情节轻重",分别给予"降爵"、"罚俸"、"罚牲"处理。第五条还规定:"凡私放荒地者,除依前条惩办外,仍应将该荒撤归政府,另行处分,并追缴荒价。"在第七条规定:"本通则未尽事宜,准由兼辖蒙旗之奉天、吉林、黑龙江、甘肃、新疆、热河、绥远、察哈尔、阿尔泰各该处巡按使、都统、办事长官,就各处情形,另订施行细则,咨部核准施行。"①

与此同时,北洋政府还颁布了《垦辟蒙荒奖励办法》。主要内容有:"凡各蒙旗愿将各该旗地亩报垦或自行招放者,及领垦蒙荒者得给予奖励。"并作了具体规定:凡"报垦一千方以上者给予勋章,五千方以上者给予翎卫处各职衔,一万方以上者晋给爵衔","凡将本旗地亩呈报自行招垦竣五千方以上者给予勋章,一万方以上者给予翎卫处各职衔"。对于那些"爵位过崇无衔可加及给过最高级勋章者,给匾额或别项荣典"。与此同时,对于领垦的汉族地主、地商则规定:"凡人民领垦蒙荒竣一百方以上

---

①②内蒙古社科院历史组:《蒙古族通史(下卷)》,民族出版社2001年版,第345页。

第四章　蒙古族经济文化类型的变迁

者给予奖章。"②以上两个法令颁布以后，大小军阀、汉族地主、地商和蒙古王公相互勾结，大肆掠夺和开垦草地牧场。以自然条件相对较好的赤峰地区为例，至民国初年，在土地肥沃、可耕可牧的西拉沐沦河流域，由于汉族移民日渐繁多，"开垦之地冠出蒙古各部之上，往昔牧场今已半为农田"。①

国民党执政期间，在加强对内蒙古地区控制的同时，继续夺占蒙旗土地、推行移民垦殖。国民党当政之初，即制定了《筹备移民殖边办法》，拟出了移植东三省的办法。1930年召开的蒙古会议，通过了《蒙古农业计划案》和《蒙古垦殖计划案》。1931年的全国内政会议通过了《移民垦殖案》，提出"东北吉、黑、辽宁，西北新疆、蒙古，西南青海、藏、康，均人少地博……为潜消匪共，安抚流亡计，尤有移民实边之必要"。同时还通过了《丈放锡林郭勒盟等处生荒以兴垦务而固边防案》。1932年的全国国难会议又通过了《移民垦殖案》，进一步提出"（一）移民地点为东北、西北，包括绥远、河套、青海、西康、西藏在内；（二）移民种类为灾民、冗兵、被裁政府官员"。②

在以上移民垦殖的总方针下，1928年，张学良以各种手段诱使哲盟科左中旗扎萨克达尔罕亲王那木济勒色楞等上层同意放垦该旗土地。到"九一八事变"，在两年多的时间里，该旗就先后丈放"东夹荒"、"西夹荒"和"辽北荒"土地合计23万余垧。同一时期，张学良还在洮安（今吉林白城市）成立兴安区屯垦公署，任命原东北军炮兵司令邹作华为屯垦督办，以大批裁汰下来的东北军官兵在科尔沁右翼三旗和扎赉特旗境内推行大规模军垦。同时在绥远等地，也开始了较大规模的军垦。在绥远省，

---

① 谭惕吾：《内蒙古之今昔》，商务印书馆1935年版，第29页。
② 内蒙古社科院历史组：《蒙古族通史（下卷）》，民族出版社2001年版，第403页。

北方农牧交错带变迁对蒙古族经济文化类型的影响

省政府成立之初即改组原垦务总局及所属各分局，先后制定《绥远省垦务计划》和《办理垦务通则》、《各盟旗征收岁租办法》等，在很短的时间里，即迫使乌、伊两盟各报垦土地一万余顷。1931年，晋军第70师师长王靖国率部进驻绥西，即开始在河套地区实行屯垦。1932年，阎锡山的晋绥绥靖公署又制定《绥区屯垦计划纲要》，在包头成立绥区屯垦督办办事处，由王靖国代理督办坐镇包头负责屯垦，将晋军四个团划为屯垦军，到1935年，河套各垦区先后划占耕地十六万八千余亩。[①]

历史进入20世纪以后，清王朝在内蒙古大兴蒙垦，无序地向内蒙古移民，大量开垦草原。继清朝之后主政中国的北洋军阀、国民党，放垦蒙地比清朝有过之而无不及，对内蒙古的草原畜牧业给予连续而致命的打击，是清末以来内蒙古草原畜牧业萎缩、衰退的根本原因。清末实行新政时期，在内蒙古放垦蒙地约10万余顷加330余万垧。察哈尔南部的草原已不复存在；位居东北大平原中部和北部的哲里木盟大草原，也只剩下兴安岭山麓的一小部分；昭乌达盟西拉沐沦河流域、伊克昭盟中部和南部、后套平原和大青山以北农耕区的扩大，使大片优良草场变成农田。北洋军阀时期，奉系军阀张作霖强行开垦东蒙牧场，1916年强垦科左中旗辽河南北草原4000余方（每方45垧），1922年又强垦辽河以西草场2800余方；其部属杨宇霆、吴俊隆强租科尔沁左翼后旗土地2000垧，强占2200多垧。从1912年到1920年，绥远四任将军、都统以清丈地亩掠夺地权552.97万亩。从清末到1928年，仅绥远地区就放垦清丈荒地198492顷。国民党当政不久，日本人侵占了内蒙古东部，在那里实行所谓"蒙地奉上"，实际上也是掠夺蒙古人的土地。日本人占领内蒙古西部大

[①] 内蒙古社科院历史组：《蒙古族通史（下卷）》，民族出版社2001年版，第403—404页。

第四章　蒙古族经济文化类型的变迁

部分地区后，国民党只统治着伊克昭盟和河套地区，它要在伊盟强垦牧场 30 万亩，结果酿成了震惊全国的"伊盟事变"。无休止的开垦引发了蒙古民族近半个世纪的反垦斗争，以保护草原畜牧业赖以生存的草原，也是保卫民族生存的斗争。到 20 世纪初，南部察哈尔、卓索图全境、土默特（呼和浩特）全境和鄂尔多斯部分地区以及哲里木盟、昭乌达盟的部分地区变成了完全的农区，蒙古语言文化进入汉语言文化的包围之中。从此，半农半牧地区又一次北退，形成当今的兴安盟、通辽市全境、赤峰市北部、锡林郭勒盟察哈尔部分等现代蒙古族半农半牧地区和农业地区。[1]

呼伦贝尔市是内蒙古主要的牧场，在清中期以前，人烟稀少，且以游牧业为主。直到 20 世纪 20 年代，人口仍很少，蒙古族人口占多数。据《呼伦贝尔志略》记载，1923 当地汉族和蒙旗人户 7049 户，人口为 43130 人。其中汉商（包括一些满族和回族）人户 2937 户，人口 15468 人，蒙旗（即原索伦和巴尔虎驻防八旗）人户 4112 户，人口 27662 人。直至 1922 年呼伦贝尔仍然没有纳税地亩的记载，可以说后来的汉族移民也没有从事农业的。这种职业选择适合当地经济状况。在单一牧业经济区，中原粮食衣布以及日常生活的许多用品，都是游牧民族所必需的，贩运和开店铺经商以及就地组织生产，正是弥补这种经济需求的中间环节，所以适宜性的职业选择，是汉族移民定居呼伦贝尔的经济基础。[2]

---

[1] 孟淑红：《草原畜牧业的兴衰与发展》，内蒙古党委宣传部与新华社内蒙古分社网站 nmg. xinhuanet.com《百年风云内蒙古》专栏。

[2] 奇文瑛：《清代呼伦贝尔地区的两次移民与得失》，《中国边疆史地研究》，2001 年第 1 期。

4.2 蒙古族经济文化类型的变化和蒙古族农民的出现

前文已经提到，历史上蒙古高原有少量农耕经济，蒙古人的早期生计方式中也有农耕生产，但不是主体，是作为畜牧业的补充形式而存在的，还没有农民群体的出现，有一部分蒙古人兼营耕作。蒙古族经济文化类型的变化和蒙古族农民群体的出现开始于19世纪后半期。随着草地放垦，农牧交错带界线的北移，加速蒙古族经济文化类型的转变，蒙古族从事的生产也从相对单一的游牧业转向游牧与农耕并存。从地域和时间顺序看，居住在蒙古高原南缘长城沿线的蒙古人最早受到农耕经济的冲击和影响，开始从事农耕业。但从游牧到农牧兼营，再到完全的农耕经济有一个过程，甚至有一部分蒙古人在农耕经济冲击下，由南向北方草原地区迁徙。之后随着汉族人口的增加和农耕范围的扩大，游牧范围和草地面积减少，越来越多的蒙古人主动或被动地从游牧转向农耕。

北方农牧交错带的产生和形成是在长期的历史发展中，自然条件和人类行为共同作用的结果。近100多年来，人类行为的影响和作用较历史任何时期都要明显，从而使这一区域的位置处于持续北移，农耕经济强势推进，游牧经济萎缩的状态之中。这一过程使得蒙古高原尤其是南缘地区的经济文化类型多元化。农耕经济与游牧经济相比较而言有诸多根本性的差异，但受到自然和历史发展进程的影响，这一区域的农耕经济有着不同于其他地区的特点。在这个独立的经济文化区域内，蒙古民众逐步形成牧民、半农半牧民、农民等三大基本人群，每一类人群所从事的经济活动大致相似，且分布具有一定的聚集性，在地理结构以及县

第四章 蒙古族经济文化类型的变迁

域分布上呈现出相应特点。北方农牧交错带地区可以分为农业区、半农半牧区和牧业区三种类型：农区基本上是汉族聚居区和蒙汉杂居区；半农半牧区是蒙汉杂居区；牧区基本上是蒙古族聚居区。产业类型自南向北依次为农业区—半农半牧区—牧区，民族分布是与之对应的汉族聚居区或汉蒙杂居区—蒙汉杂居区—蒙古族聚居区，自南向北或接近牧区，汉族人口比重下降，蒙古族人口比重上升。

据史料记载，17—18世纪，在卓索图盟、察哈尔旗南部、呼和浩特土默特的蒙古人，大多半农半牧，他们不但学习了汉人的筑房定居的习俗，而且掌握了选地、翻地、养地、选种子、换荐子、引水灌田、按气候规律播种等农耕技术和方法。半农半牧地区的蒙古人种植粟、黍、荞麦、糜子、莜麦、小麦、大米、谷子、高粱、大豆、麻等作物，并喂养家禽，种植蔬菜。张鹏翮在《奉使俄罗斯日记》中，记述了呼和浩特城情形："有城郭，土屋、屯垦之业，鸡、豚、麻、黍、豆、面、葱、韭之物"。[①]

蒙古族牧民向农民过渡，有相当一部分是自发的，他们并不拒绝学习农业生产技术，如1697年（康熙三十七年），清廷派遣官员前往敖汉、奈曼等部"教之以耕"。康熙帝还特别谕示："敖汉及奈曼诸部，田土甚佳，百谷可种。如种谷多获，则兴安岭左右无地可耕之人，就近留栞，不需入边市米矣。"[②] 学习耕作大部分是在汉族移民影响下进行的。这种过渡，大部分是自愿的，即符拉基米尔佐夫所说的"渐染汉俗，始从事种植"。归化城土默特蒙古转事农业最早。1688年（康熙二十七年）钱良择一行

[①] 内蒙古社科院历史组：《蒙古族通史（中卷）》，民族出版社2001年版，第374页。

[②] 张穆：《蒙古游牧记》，山西人民出版社1991年版。转引自闫天灵：《论汉族移民影响下的近代蒙旗经济生活变迁》，《内蒙古社会科学（汉文版）》，2004年第3期。

北方农牧交错带变迁对蒙古族经济文化类型的影响

路经土默特川，在白塔村一带"有蒙人献茶及熟黍米各一盂"，同时看到"土平而沃，有麦者，不知其何时始获也"。① 这说明土默特蒙古人已开始种麦子，炒米已是日常食品。陕北靖边县边外的乌审、鄂托克两旗南部的蒙古人，在与出塞汉农的长期交往中，也学会了种田，"男少知耕，其播种早，其谷宜穄，间有莜燕麦数种，味均逊内地"。在后套狼山湾图蜜淖地方，民国前期有乌拉特西中公旗蒙人自种。1893 年，波兹德涅夫经过地属察哈尔镶红旗的孔岱村时，看到这里的察哈尔蒙古人都"从事农业，完全不搞畜牧业"。

在内蒙古东部地区，据 1918 年前蒙藏院调查，达尔罕旗"蒙民各自垦荒谋生"。昭乌达盟敖汉左旗，农牧界限分明，老哈河把该旗从中间辟为南北两半。"河之南为蒙汉人民垦种之地，河之北均系沙漠，不能垦种，本处人民均在此牧养牲畜。"该旗"汉人所种之地共有 525 余顷，蒙人所种之地共有 600 余顷"②，蒙古族所种地亩比汉族还多 75 余顷。③

拒绝汉化的蒙古人仍坚持游牧生活方式，当他们的牧地被占垦后，他们不得不从开垦区迁向北部的游牧区。道光、同治年间，许多托克托旗和杭锦旗的蒙民就被迫逃亡。留下的蒙古人只有定居和农业才能生存。这是下层蒙古人的策略，至于上层蒙古人，多通过寄生化方式进入农业社会，他们通过土地的出租成为

---

① 钱良择：《出塞纪略》，小方壶舆地丛钞（第 2 帙）。转引自闫天灵：《论汉族移民影响下的近代蒙旗经济生活变迁》，《内蒙古社会科学（汉文版）》，2004 年第 3 期。

② 前蒙藏院总务厅统计科：《蒙藏院调查内蒙沿边统计报告书·敖汉左旗》，1919。转引自闫天灵：《论汉族移民影响下的近代蒙旗经济生活变迁》，《内蒙古社会科学（汉文版）》，2004 年第 3 期。

③ 闫天灵：《论汉族移民影响下的近代蒙旗经济生活变迁》，《内蒙古社会科学（汉文版）》，2004 年第 3 期。

第四章 蒙古族经济文化类型的变迁

地主进而成为定居者。在河套，土默特和伊克昭盟已经开发成农业地区的蒙民，很早就进入了这种改变的过程。归化城土默特蒙古人早在康熙和雍正年间，就把适合于耕种的土地出租给迁移到此的汉人。① 到民国时期，即使在纯农业区域，"蒙人对于农耕，多少还有一点蔑视的行径，有的自己不耕，专以地租为生计，有的雇佣汉人，代替耕种"。可见，只要有条件，蒙古上层的那种懒惰习性是难以改变的。② 对此，不能简单地认为是懒惰的问题，而是经济文化类型变迁和适应的过程。对世代从事游牧的蒙古人而言，改变传统的生计方式需要观念和技能的双重转变和适应。

蒙古族由牧转农，有相当一部分也是被动选择。如达拉特旗，"民国十七年后，本旗蒙民感于牧场日蹙，牲畜日减，为应生活之要求，曾先后向旗政府领地，自行耕种，自是以后，相率从风，旗府附近，直至黄河南岸，蒙人耕作者，阡陌相望。旗政府为体恤民艰，多与免纳租金之利。现全旗蒙民从事耕种者可四十余户"。很明显，"牧场日蹙"是转农的主要原因。1930年，察哈尔省颁布《奖励蒙民耕种办法十一条》，也说明该区牧地所剩无多，蒙民只得改行农业。③

蒙古族从开始进行农耕生产到今天在很多地区与汉族精耕细作的生产方式无异，经历了一个过程。即从最初的粗放生产逐渐

---

① （俄）阿·马·波兹德涅耶波夫：《蒙古与蒙古人》，张梦林等译，内蒙古人民出版社1983年版，第157页。转引自王建革：《定居与近代蒙古族农业的变迁》，《中国历史地理论丛》，2000年第2期。

② 贺扬灵：《察绥蒙民经济的解剖》，商务印书馆，中华民国二十四年一月，第17—38页。转引自王建革：《定居与近代蒙古族农业的变迁》，《中国历史地理论丛》，2000年第2期。

③ 闫天灵：《论汉族移民影响下的近代蒙旗经济生活变迁》，《内蒙古社会科学（汉文版）》，2004年第3期。

北方农牧交错带变迁对蒙古族经济文化类型的影响

向汉族学习，逐步发展到现今农业区的蒙古族完全适应了农耕生产生活方式。在最初农耕业是畜牧业的补充，不是当地牧民主要的生活来源，更不是唯一来源，耕种收获多少对牧民的生活没有根本的威胁和影响。因此，他们并不十分重视耕作的收益。

到乾隆年间，蒙古人耕作渐趋精细。在自然条件较好的地方，蒙古农民还学会了开渠灌溉技术和园艺技术。民国初年，在包头以西的三湖河北岸、孔独伦河附近的乌拉特西公旗地界，有蒙人贺级三开挖山水渠一道。1919年，达拉特旗扎萨克也倡导开渠，以资灌溉。归化城土默特的蒙古族还办起了塞外稀见的果园。蒙古人对农副产品的经营也有一定规模了。[1]

19世纪三四十年代，归化城土默特农业经济已很发达。除生产粮食外，接近城市的地方还兼营各种副业。如靠近归绥县城的哈拉不达乡，是一个纯蒙古人乡。全乡未垦地只有30多亩，仅占总面积的3%。所产高粱、糜谷、黍等杂粮，除食用外，尚可余剩20余石。该乡"地亩虽不多，而经营副业者则甚众，如开油房、做麻绳、养羊等均系农家副产，以故家给人足，生活尚不觉十分困苦"。[2] 农业的发展支援了牧业的改进。后套一带的蒙民在冬天已开始用粪堆作围墙，高约二尺余，圈护牲畜，以防风雪。

尽管蒙古族的半农半牧完全是在汉人农业的影响下形成的，但其农业却是被动的。在汉族移民的农业不断入侵的条件下，牧地被占，他们才被迫采取农业以维持生存。在这以前，因可以很方便地从汉人那里得到粮食供应，他们基本上不行农业，有时他

---

[1] 闫天灵：《论汉族移民影响下的近代蒙旗经济生活变迁》，《内蒙古社会科学（汉文版）》，2004年第3期。

[2] 前绥远省教育会：《绥远省乡村调查纪实》，1935。转引自闫天灵：《论汉族移民影响下的近代蒙旗经济生活变迁》，《内蒙古社会科学（汉文版）》，2004年第3期。

第四章 蒙古族经济文化类型的变迁

们宁愿雇佣汉人进行农业以获得粮食。牧地被侵占后，他们先是进行半农半牧，以后不得不定居下来长久进行农业。但由于近代农业区扩展速度很快，许多蒙古族半游牧半农业的时间很短。但半游牧半农业的形态一直存在，许多蒙古族的半游牧半农业现在仍然存在。

蒙古族的半牧半农主要存在于东部和中部，西部的阿拉善地区基本上没有蒙古族农业存在。东蒙的农业开始得很早，清初在喀喇沁一带就存在着许多半农半牧的蒙人。到康熙年间，蒙民仍然农牧兼营，农业粗放落后，"田土播种后，即各处游牧，谷虽熟不事刈获，时至霜损穗落，亦不收敛，反谓岁歉"（王先谦：《东华录》，康熙66，三十七年十二月丁巳）。康熙为了扶持蒙古农业，还派专人教蒙古人至敖汉、奈曼等旗，教蒙古人开凿沟渠。到后期，随着汉族移民的进入和汉人程度的加强，他们也不得不放弃游牧生活，成为像汉人一样的精耕细作者。近代，喀喇沁一带的蒙古人农业已经完全精耕细作化，由于已经人多地少，当地的蒙古人也与汉人一起成为北向移民，成为扩展精耕细作农业的力量。近代的半农半牧主要发生在东蒙的中北部地区。[①]

当时的蒙古族半农半牧，有许多满铁资料可为佐证。在札鲁特旗，外有汉人的农业内侵，但蒙古族自己的半农半牧定居村庄已经形成，游牧业占很大比重。农业是汉农业的基本技术程序，只是不除草、不施肥，耕作粗放而已。游牧路径仍依游牧业的比重不同而不同，有的业已实行了打草。从总体上看，基本上是定居游牧，村中一部分外出游牧，一部分留于村中，游牧圈往往以村庄为核心。在南花胡哨，大部分已经定居，农主牧副，放牧时朝出夕归。这个村只有3户以蒙古包形式外出长年放牧，他们放

---

① 王建革：《近代蒙古族的半农半牧及其生态文化类型》，《古今农业》，2003年第4期。

北方农牧交错带变迁对蒙古族经济文化类型的影响

　　牧时春天距村 3—10 里，冬季距村 10 里左右。夏季只在村子周围放牧，因为农活忙，人不能离村太远。秋天也经常在村四围放牧。在奴多玛，游牧成分多一些，56 户的村子有 17 户外出放牧，游牧距离远达 30 里，夏秋之季在村子周围游牧。在嘎习牙，游牧的成分更重，113 户中只有 38 户是农耕者，其他人都从事游牧，原游牧形态仍然保存着。他们 3—4 户一组地到北方或河流地带放牧，一年四季在外。只是游牧的人总是和村里的人联系，随时准备粮食和其他生活必需品，这与全家随蒙古包移动的纯游牧有所不同。与其他村庄相比，由于这个村庄农业程度小，农业需求的驴骡比重也比较小，羊和山羊却很多。①

　　阿鲁科尔沁旗的哈拉都塔恰是一个游牧为主、农业为副的村庄。定居游牧，夏季公共牧场在村庄北 50 公里处，冬季牲畜在村庄周围 20 公里的范围内游牧。牧场不是四季牧场，只分夏、冬两季。极少数没有牧地的人和一些经营农业的人长期定居于村庄内。但农业者却不是在村庄周围种地，而是到离村庄 20 公里远的一处山谷耕种。至于技术，仍行蒙古民原始的"漫撒子"农耕法。他们基本上可以随便地占地，占地时用犁拉一下即可。同一块地至多耕种 3 年，再休耕 3 年，休耕后原地主有优先权耕种。这个村 1940 年左右从游牧转向半农半牧，牧民在放牧的间隙耕种。耕种技术粗放，一个牧民一年耕种的时间往往只有 30—40 日，生产的粮食用以自给。②

　　以上的村庄大多数地靠北部牧区，南部村庄在快速的农耕化压力下，牧场会很快被侵占，成为农主牧副的村庄。村庄的农田

---

　　① 满铁调查部：《兴安西省扎鲁特旗、阿鲁科尔沁旗畜产调查报告》，昭和十四年四月，第 241—278 页。转引自王建革：《近代蒙古族的半农半牧及其生态文化类型》，《古今农业》2003 年第 4 期。

　　② 王建革：《近代蒙古族的半农半牧及其生态文化类型》，《古今农业》，2003 年第 4 期。

第四章　蒙古族经济文化类型的变迁

也逐步与一般的汉人村庄差不多，四周尽是农田。但蒙古人往往仍划出部分牧地禁耕。在札赉特旗，在牧地开放时，原放牧者不习耕作，但可以雇佣外地人耕作。开放时蒙古人迅速地占地，将村边四周开垦，但仍保留了公共牧地，将公共牧地禁耕。在茂力图屯，村庄北侧保留了丘陵地作牧地，其处放牛，禁耕作。约鲁河边的地是放牛之地，这块河边地是土壤不适合农耕的荒地。[①]

在科尔沁左翼中旗的朗布窝堡，他们将屯周围的一些质量差的草场禁耕，划作牧场。但多数牲畜是到离屯较远的新开河对岸放牧，那里的放牧地也被划作公共牧地。尽管禁耕，但时间也不会长久，随着人口的增加，剩下的牧地逐步被占，成为完全精耕细作的农庄。那些没有被占垦的地区，只要牧地充足，蒙古人尽量不进行农业，即使半农半牧，也是"漫撒子"农业形态，不思半点改进。

中部内蒙古地区的农业扩展在明末清初就已经发生，近代的半农半牧区是在察哈尔北部，这里的蒙古人在牧地减少的压力下农牧兼营。农业水平因同化程度的深浅而有不同。同化程度浅的蒙民基本上偏北，那里的蒙古族只种一些糜子和荞麦，其农田在牧地中显得较为零碎。

在镶白旗，19世纪末就有蒙古人在汉人的影响下接受农业，形成半农半牧的经济形态。到近代，这些地区仍然是固定包和移动包并存，有的定居有的放牧。由于长期不习农业，许多人更愿意将土地租给汉人。接受农业的是下层的贫牧，因他们在缺少牲畜和牧地的条件下必须接受农业。另外，旱灾也会使牧民为了自给而被迫接受农业。由于农耕扩展的加剧，放牧地逐渐狭窄，蒙

[①]（伪满机构）兴安局：《兴安西省赉特旗实态调查报告书》，第47—49页和附图，1939年。转引自王建革：《近代蒙古族的半农半牧及其生态文化类型》，《古今农业》，2003年第4期。

北方农牧交错带变迁对蒙古族经济文化类型的影响

古人不得不定牧,在各自的牧场上经营,并实施较为集约化的畜牧业方式,包括建畜舍、打草等。最后,如果牧地进一步减少,蒙古民不得不经营农业,在察哈尔半农半牧区的南部,蒙古人成为同化程度深的蒙民,不但像汉人那样农业,也像汉人那样经营畜牧业,甚至像汉人那样养猪。①

到民国初期农业产值已经超过畜牧业,农业人口占内蒙古总人口的88.8%,农业产值在工农业总产值中占91.4%,除了黄河后套和西辽河流域有灌溉条件外,大部分农耕区特别是半农耕区完全靠天种田,更没有近代新的农耕机具和农业技术。② 蒙古族的农业生产主要集中在草原中、东部,并在这一区域发展得最为迅速。以喀喇沁地区为例,由于东蒙的农业开始得很早,清初在喀喇沁一带就存在着许多半农半牧的蒙古人。农业的迅猛发展直接导致了牧业用地的减少,大量失去生计的蒙古民众被迫揭竿而起,先后掀起了"三段地之争"、"独贵龙运动"、"准噶尔抗垦暴动"等尖锐的土地纷争。这在很大程度上保护了蒙古草原的西部地区,没有像东蒙地区那样很快且很深入地受到汉族农耕文化的影响。

清末以后,蒙古族的职业构成有很大的变化,出现了大面积的农区,农民阶层正式形成,也产生了少数专业手工匠人与商人。现在内蒙古农区面积占全区总面积的13.6%,蒙古族总人口的18.6%居住在农区;内蒙古的半农半牧区面积占全区总面积的16.4%,蒙古族总人口的56.3%居住在半农半牧区;内蒙古的纯牧区占全区总面积的60.5%,但那里的蒙古族人口只占

---

① 王建革:《近代蒙古族的半农半牧及其生态文化类型》,《古今农业》,2003年第4期。

② 郝维民、阿岩:《前半个世纪经济状况回眸》,《百年风云内蒙古》,http://www.nmg.xinhuanet.com/br/fynmg/bnbr/bnbrd.htm。

第四章 蒙古族经济文化类型的变迁

全区蒙古族总人口的 16.3%。可见已有 3/4 的蒙古族人口是经营半农半牧或农业，这种格局在清末时开始形成。民国以后，蒙古族中也出现少量的产业工人，主要在矿山、铁路、森林等部门工作，又产生为数不多的知识分子阶层与文职人员。中华人民共和国成立前蒙古族的城市人口不超过其总人口的 2%，如 1952 年呼和浩特市区蒙古族人口仅 2156 人，在中华人民共和国成立前则更少。①

当然，汉族移民流入和草原的开垦在当时具有一定的积极意义，尤其是对增加收入和地区经济发展而言。蒙地开垦后，由于农业的较高产出率和相对的稳定性，有利于蒙古族的财富积累和生活改善。正因为如此，蒙地的开垦地方较未开垦地方要富庶一些。西蒙完全处于干旱区，自然条件较差，故蒙地由牧转农对东蒙的致富作用更明显一些。

汉族移民的进入及其蒙地开垦给蒙旗增加地租收入的同时，对蒙古族的社会经济也带来压力和冲击。蒙地在由牧转农的过程中，蒙古族逐渐失去了土地利用优势，游牧空间缩小。首先是农田挤占了大片优良草场，迫使蒙古牧民赶着畜群向土地硗薄的沙丘碱疤地带转移。在四子王旗，"良场无多，蒙人游牧仅在山边池隙之地"。扎鲁特左旗因连续放垦，桃黑河南岸之地已不足丈放，旋延伸至北岸。"北境多有山岭沟壑岩石之地，无宽敞地方，其在山岭沙岗之间可耕之田不过五百方，本旗台庄人倚之为生活。"随着牧场缩小，单位面积的载畜量迅速上升，由过度放牧引起草场退化和沙化，影响到牧业的持续发展。②

---

① 王龙耿、沈斌华：《蒙古族历史人口初探（17世纪中叶—20世纪中叶）》，《内蒙古大学学报（人文社会科学版）》，1997年第2期。

② 闫天灵：《论汉族移民影响下的近代蒙旗经济生活变迁》，《内蒙古社会科学（汉文版）》，2004年第3期。

北方农牧交错带变迁对蒙古族经济文化类型的影响

清末和民国年间的"移民实边"政策，使内蒙古地区人口的农耕与游牧结构发生了根本性转折。到 1911 年辛亥革命前夕，内蒙古地区的汉族人口就已超过 150 万人。此后的 38 年期间汉族人口继续增加，中华人民共和国成立时已达 515.4 万人，蒙汉民族比例已变为 1：6.2，从事纯牧业的蒙古族人口已不足 30 万人，仅占全部蒙古族人口的 1/3，种植业产值在农牧业总产值中的比重达 72%。这一时期的放垦、滥垦政策，对内蒙古草原生态环境的破坏极为严重。以鄂尔多斯地区为例，康熙亲征葛尔丹时还是"生计周全，牲畜茂盛，较他蒙古殷富。水土、食物皆甚相宜"的地方，到抗日战争爆发时已经变成"生计不周全、牲畜不茂盛、较他蒙古贫穷"的地方了。再以现已定为生态脆弱带的"阴山北麓丘陵伏沙地区"为例。该区域正是著名"敕勒歌"的诞生地，在 20 世纪初还是"草过于马脊"的优质草原，其生态恶化主要就是清末以来的滥垦及其他不合理开发活动造成的。[1]

民国时期，无论北洋军阀政府还是国民党当局，均沿袭了清朝放垦内蒙古草原的"蒙地汉化"政策，并为此制订了许多奖励开垦的办法。伴随从沿海各省通往内蒙古铁路的修筑，移民大量涌入，使草原地区开垦规模更加扩大，除经东北地区继续移入内蒙古东部，开垦昭乌达盟东部和呼伦贝尔盟大兴安岭东麓平齐铁路沿线地区外，也大批涌向河套西部、伊盟中部地区，开辟许多不适于耕作的地区为农田。根据 1912—1949 年间就绥远省境内的开垦面积约等于清朝时期在内蒙古地区全部开垦面积的 4 倍这一点推测，民国时期对内蒙古草原的开垦规模不会小于清朝。[2]

---

[1] 恩和：《草原荒漠化的历史反思：发展的文化维度》，《内蒙古大学学报（人文社会科学版）》，2003 年第 2 期。

[2] 恩和：《草原荒漠化的历史反思：发展的文化维度》，《内蒙古大学学报（人文社会科学版）》，2003 年第 2 期。

但是，这里的农业仍然沿用传统、古老、粗放的农耕方式，除了黄河后套和西辽河流域有灌溉条件外，大部分农耕区特别是半农耕区完全靠天种田，更没有近代新的农耕机具和农业技术。因此，农耕方式落后而又广种薄收是内蒙古农业的一大特点。农业产值在工农业产值中的比例虽然很高，但它靠的是耕地面积的广大，这恰恰是内蒙古农业落后的典型表现。

由以上分析可以看出，蒙古族农民的出现和生计方式的根本性变化发生在 20 世纪初，蒙古人从事农业或半农半牧的格局已基本形成，之后一直延续着这种农进牧退的发展格局，农业区和半农半牧区的面积不断扩大，草原面积减少，草地畜牧业萎缩。对生活在北方农牧交错带及以北地区的大部分蒙古族而言，20 世纪初是由牧到半农半牧和农业的过程，20 世纪中期以后是由牧和半农半牧到农和半农半牧的过程，农业的比重和从事农耕业的蒙古人越来越多。

4.3 现代北方农牧交错带的变迁和农牧业结构的变化

北方农牧交错带北移的趋势在 1949 年后没有得到扭转，在不同时期北移的速度不同，但整体继续北移，甚至深入草原腹地。农耕经济继续北进，加快了北方农牧交错带及以北地区农牧经济结构的变化。这种趋势到 21 世纪初得到一定的缓解和控制，在一些环境退化地区实施退耕还林还草，农区荒山荒坡禁牧。是严重的环境问题迫使人们认识到草地破坏开垦的代价，也意识到人类活动应该适应自然的界限，而不能过度夸大人类的力量。

4.3.1 1949 年以来北方农牧交错带的变迁

到 20 世纪初，北方农牧交错带已经从长城沿线北移到内蒙

北方农牧交错带变迁对蒙古族经济文化类型的影响

古境内的大部分区域，内蒙古东西各盟的大部分地区变成了农田和村庄。农耕界限的北移和内蒙古境内农耕经济的大发展是伴随着大批移民的进入开始的，或者说移民的进入带来了农耕生产方式，并把这种生产方式向可开垦的草原蔓延。20世纪50年代以后北方农牧交错带继续着北移西进的步伐，有的年份推进的速度还十分迅速，这一进程一直持续到90年代末西部大开发战略的实施。

1949年以后，牧区半牧区实行政府控制的计划经济，半农半牧的形态又有所变化。在中部内蒙古地区，半农半牧区范围由政府划定，牧场、农田各有界限。由于草原农田交错，农牧矛盾时有发生，草原带和农田带的人往往互相禁止外地牲畜或外地牧民的移牧，使得游牧活动受到限制。牧民只在村庄周围种地，不在游牧路径上选地种植。另外，种田也要征收农业税，只有种苜蓿才不征农业税，这在一定程度上限制了牧民的农牧兼营。在东蒙，农牧业逐步由集体统一经营，规定一部分人农业，一部分人游牧，工作分开。由于不断有"左"的影响，牧区或半农半牧区往往盲目地扩大农业，减少牧业，使游牧业成分减少。在"以粮为纲"口号的影响下，大面积开垦草地，在牧区、半农半牧区进行大规模开荒，造成"农业吃牧业，风沙吃农业"的两业俱伤局面。伊克昭盟除了黄河沿岸外，大部分地区不适宜发展农业，但长期片面强调"以粮为纲"，集中力量发展农业，一味扩大耕地面积，滥垦草地，砍伐树木，有许多"跑青牛犋"游动耕作。当时全盟74％的农业公社中，有61％的农耕地属于不适宜发展农业的水土流失区和风沙区。开荒1亩，沙化3亩。全盟沙化面积由中华人民共和国成立初期的1500万亩，扩大到20世纪80年代的5000万亩。[①]

---

① 郝维民主编：《内蒙古自治区史》，内蒙古大学出版社1991年版，第384页。

第四章 蒙古族经济文化类型的变迁

而1949年以后的游牧业呈现相对集约化态势。在克什克腾旗的白单查干公社，公社时期的打草、建圈都已经普及，定居程度也得到了加强。生产中的分工明显，有专门的牛倌和羊倌夏秋时节外出用蒙古包放牧。粮食也有专人种植，只是所种的粮食不多，多种紫花苜蓿，用以作饲草，也种玉米，当饲料。粮食由上级部门供给，但蒙古人以肉奶为食，常将每月20多斤的粮食定额送给别人。但农业仍是粗放的，阿鲁科尔沁旗几个典型村的调查表明，他们的农业几乎并没有比民国时期有什么进步。他们只重视牧业，粮食种植反倒不如饲料种植。道德苏木的阿拉善嘎查位于沙丘中。1984年左右，仍以牧业为主，农业只种植一点糜子、谷子和高粱，广种薄收，技术粗放。他们利用水肥条件好的耕地种饲料，因他们对饲料的重视过于粮食。在科尔沁右翼后旗的科尔沁沙地，蒙古民牧主农副，农业程度稍高，他们不再游牧，而是定居放牧。每家种地8—10亩，但农业技术与汉人相比仍有很大的差距。当地的汉人起垅种玉米，起垅耕作可以保护土壤。蒙古人实行无垅耕作，种地于沙坨子上，作物是糜子和大瓜等。不施肥，只是简单地锄一下地。这种传统的"漫撒子"方式使土壤进一步沙化，沙化又进一步破坏草原，使游牧业萎缩，减少游牧的牧民只好再进一步开荒，形成恶性循环。由于草场和土地承包给个人，现代的半农半牧的形态多种多样。往往是多个定居点，多处牧场，也有农业，也有牧业。草场上有定居点，苏木点上也有定居点，农田在苏木定居点附近。[①]

耕地情况的变化在一定程度上反映了农牧交错带的变迁，从农牧交错带变迁的基本规律看，基本都是由交错带边界向北扩展

---

① 王建革：《近代蒙古族的半农半牧及其生态文化类型》，《古今农业》，2003年第4期。

的过程,虽然近几十年在草原腹地垦殖的现象时有发生,但主要还是从农牧边界北上。因此我们可以通过内蒙古耕地情况的变化反映近60年农牧交错带的继续北移情况。

表 4-3　内蒙古主要年份耕地面积、农作物播种面积和粮食总产量变动情况

年 份	耕地面积 (万公顷)	作物播种面积 (万公顷)	粮食总产量 (万吨)
1947	396.7	347.9	184.5
1951	506.3	469.7	348.5(1952年)
1960	602.0	575.0	382.0(1965年)
1970	545.0	508.4	469.5
1980	525.2	479.7	396.5
1990	496.6	472.2	973.0
1995	549.1	507.9	1055.4
1997	746.3	583.8	1421.0
2000	731.7	591.4	1241.9
2005	735.5	621.6	1662.2

注:1997年耕地面积为农业普查数据,以后以此口径统计。
资料来源:《内蒙古统计年鉴2006》,中国统计出版社2007年版。

从上表可以看出,从1947到1995年,内蒙古耕地面积增加了152.4公顷,增加了38.42%,作物播种面积增加了160万公顷,增加了45.90%,粮食总产量增加870.9万吨,增加了4.72倍。截至2005年,内蒙古耕地面积居全国第三位,占全国耕地

第四章 蒙古族经济文化类型的变迁

面积的 6.02%，粮食总产量位居第 14 位，油料产量位居第 9 位。

1947 年内蒙古自治区成立时，人口只有 561.7 万人。到 1999 年人口增加到 2346 万人。人口增加并且固化在土地、草原上。在较低的生产投入和广种薄收、原始放牧等落后生产方式下，使得问题的解决过于依赖对草原、荒地的开发和对地表植被的开发。直到 20 世纪 50 年代，内蒙古的四子王旗和达茂旗的草原还是草木茂盛。当时由于人口少，粮食自给有余，还有一部分调出。以后随着大规模经济建设的展开，人口的增加，从 60 年代内蒙古变成了粮食调入省区。在当时"以粮为纲"思想的指导下，内蒙古为了解决粮食自给问题，不仅农区以发展粮食生产为主体，而且在牧区也喊出了"牧民不吃亏心粮"的口号。此后，随着兵团建设和上山下乡运动的展开，以及后来大批人口流入边境牧区和东部盟市，随着农村牧区人口增加，出现了几次开荒热。对于西部农牧业来讲，种养业仍是主体，为了增加收入，就不得不开荒种粮和对草原过度利用。其结果是，耕地和粮食、牲畜头数增加了，但生态环境却破坏了。内蒙古 1999 年的耕地面积为 752.4 万公顷，比改革开放前多增加了 219.8 万公顷，人均粮食占有量达到全国第 3 位。其实在看到内蒙古农业发展所取得成绩的同时，其代价是草原生态环境的破坏和草原畜牧业的萎缩。也就是说，在现有的条件下，农业的发展必然以牺牲畜牧业为代价，两者存在着很强的此消彼长的关系。

中华人民共和国成立初期到 60 年代末期是科尔沁沙地耕地面积连续增加的第一个高峰期，创造了科尔沁耕地面积近 50 年中的最高纪录。1960 年哲里木盟耕地面积曾达到 63.47 万公顷，比中华人民共和国成立初期增多 15.27 万公顷，增长幅度近 32%。耕地面积的另一高峰出现于 1996 年，该年哲里木盟耕地转变了 20 余年连续下滑的趋势，一跃突破 50 万公顷大关。这一

北方农牧交错带变迁对蒙古族经济文化类型的影响

规模比 1949 年的 48.2 万公顷增加了近 11%。但是，与 1960 年的规模相比仍然相差 10.07 万公顷。科尔沁第四次垦荒高潮也始于 20 世纪 80 年代末并以年均 0.75 万公顷的速度增长，耕地面积已从 80 年代末期的 47 余万公顷增加到 1996 年的近 54 万公顷。

除了科左后旗、库伦旗和奈曼旗外，其余旗县耕地面积经过近 50 年的发展都有不同幅度的增长。增幅较大的有阿鲁科尔沁旗、扎鲁特旗和科右中旗，各增长 2.06 倍、3.25 倍和 54.62%，是科尔沁近 50 年来耕地增加总量的 99.3%。不难看出，增幅最大的三个旗分布于科尔沁中北部，多以山前丘陵和坡地为主。从科尔沁土地开发过程可以知道，这些旗虽然早在清代中后期就有了垦殖，但直到中华人民共和国成立前农耕仍停留于这些旗的南部。60 年代前后大规模的"开荒"对这些地区也未带来太大的冲击，耕地的大幅度增加始于 80 年代后期。[1]

由此可以看出，到了 20 世纪 80 年代后期，随着家庭联产承包责任制的实施，微观个体的利益趋向在大片草地被开垦殆尽的情况下，一些丘陵坡地也成为开垦的目标和对象。在一些地区这些荒地属于"公地"，除了劳动和种子等投入外，几乎不需要任何投入，即使产量低也能产出大于投入，尤其在人均耕地逐渐减少的背景下，自然是有利可图的。

据内蒙古土地管理局 1996 年的土地资源变更调查和同期的遥感宏观调查，到 90 年代中期除科右中旗北部 2 个苏木、扎鲁特旗北部 2 个苏木和阿鲁科尔沁旗北部 2 个苏木外，上述科尔沁北部的几个旗县都已成为以农为主的农牧林区。垦殖推到大兴安岭岭南丘陵区，农耕北界已经到了锡林郭勒盟东南部，与科右中旗、阿鲁科尔沁和扎鲁特等旗的行政北界基本重

---

[1] 乌兰图雅：《科尔沁沙地近 50 年的垦殖与土地利用变化》，《地理科学进展》，2000 年第 3 期。

第四章　蒙古族经济文化类型的变迁

叠。由于早垦区大量耕地的沙化和退化，科尔沁现代农耕的空间分布扩展到近两个世纪以来的最大范围，垦殖覆盖了整个沙区。农耕北界推到近两个世纪以来的最高纬度地区，最高地区可达北纬 45.5 度。① 也就是说在中华人民共和国成立后不到 30 年的时间里，哲里木盟的很多地区由过去的牧区、半农半牧区变成农业区，或以农耕为主导的区域，历史上著名的科尔沁草地面目全非。

赤峰市位于内蒙古自治区东南部，是典型的北方农牧交错地区，地处科尔沁沙地和浑善达克沙地的结合部。土地总面积为 90021km^2，占内蒙古自治区总面积的 7.6%；2000 年赤峰市总人口为 451.8 万，是 1950 年的 2.8 倍，随着人口剧增，土地压力加重，过垦现象日益突出，2000 年赤峰市耕地总量为 105.43 万公顷，与 1950 年相比增加了 37.76%。50 年间，赤峰市耕地相对变化率南部偏农区较小，中部农牧交错区居中，北部偏牧区最大。各旗（县）耕地变化除具有以全市总量变化为代表的主体特征外，还具有明显的区域差异，主要表现在：同全市及中北部多数旗（县）耕地变化相比，50 年来，以敖汉旗为代表的南部三旗 1961—1990 年耕地减幅较大。② 也就是说，赤峰市增加的耕地主要在北部旗县，而历史上这些地区是传统牧区，降水条件等已不适于农耕业的发展，这些旗县耕地的增加推进了农牧交错带的北界。据研究，近 50 年来内蒙古的耕地重心已逐渐移至克什克腾旗中北部（1996 年）。③ 克什克腾旗虽然是赤峰市的主要

---

①　乌兰图雅：《科尔沁沙地近 50 年的垦殖与土地利用变化》，《地理科学进展》，2000 年第 3 期。

②　张永民、赵士洞、钟林生：《近 50 年赤峰市耕地变化动态的研究》，《资源科学》，2002 年第 5 期。

③　包玉海、乌兰图雅、香宝、赵晓丽：《内蒙古耕地重心移动及其驱动因子分析》，《地理科学进展》，1998 年第 4 期。

牧区，但农耕业在全旗经济中占有重要地位，南部乡镇基本变成了纯农耕区。

4.3.2 北方农牧交错带变迁与内蒙古农牧业经济结构的变化

通过内蒙古农牧业经济结构的分析，可以发现北方农牧交错带变迁对内蒙古传统产业——畜牧业的影响，而在大部分牧业和农牧交错带旗县，农业产值很高，有些甚至超过畜牧业。而且这些地区畜牧业产值中包含着家畜、家禽养殖等饲养畜牧业，如果去除这部分产值，畜牧业产值比现有比重要低。尤其是在农耕经济思维主导下的草原畜牧业，在很多方面受到农耕思想的影响，进而违背畜牧业发展的规律。

随着农业经济文化类型在蒙古族经济社会中的影响日益深入，地域经济以大农业生产为主，蒙古族的经济生活也发生了很大变化，这主要表现在农业产值（以种植业为主）在国民经济比重中的居高不下，蒙古族人口从业方式多样化等方面。

在内蒙古及农牧交错带地区，农业总产值一直在国民经济总产值中占有很大比例，其中种植业产值在农业总产值中所占比例最大，高于畜牧业产值。同时在我们考察内蒙古的农牧业产值变化时，统计数据中含有一部分家庭养殖业及工厂化的现代养殖业，这部分产值提高了内蒙古畜牧业的总量和比重，如果剔出这部分，内蒙古及农牧交错带地区的畜牧业实际产值要大大低于统计数据。以赤峰市为例，赤峰市是内蒙古东部最早开垦的地区之一，除北部的克什克腾旗和阿鲁科尔沁旗的部分苏木外，其他旗县有少量传统畜牧业，大多变成了农耕区，草原畜牧业比重远远达不到46.68%的水平，主体是农区饲养畜牧业。

表4-4 2005年内蒙古各盟市农林牧渔业总产值及其构成（单位：亿元；%）

地区	总产值	农业产值	农业比重	林业产值	林业比重	牧业产值	牧业比重	渔业产值	渔业比重
呼和浩特市	82.2	26.0	31.63	1.1	1.34	54.0	65.69	0.7	0.85
包头市	53.6	20.2	37.67	0.4	0.75	31.7	59.14	0.6	1.12
呼伦贝尔市	142.2	76.1	53.52	15.4	10.83	46.2	32.50	2.3	1.62
兴安盟	66.3	36.4	54.90	3.0	4.52	25.6	38.61	0.4	0.60
通辽市	145.2	86.4	59.50	3.3	2.27	53.3	36.71	0.5	0.34
赤峰市	153.8	71.5	46.48	7.3	4.75	71.8	46.68	0.5	0.52
锡林郭勒盟	57.5	19.5	33.80	1.3	2.26	35.6	61.91	0.2	0.35
乌兰察布盟	94.9	35.4	37.30	3.0	3.16	54.5	57.43	0.2	0.21
鄂尔多斯市	67.9	31.7	46.69	2.6	3.83	31.8	46.83	0.5	0.74
巴彦淖尔市	106.3	65.5	61.61	2.5	2.35	35.9	33.77	1.0	0.94
乌海市	3.2	1.6	50.00	—	—	1.4	43.75	—	—
阿拉善盟	6.9	3.7	53.62	0.1	1.45	2.9	42.03	—	—
全区	980.21	473.89	48.35	39.79	4.06	444.58	45.36	7.2	0.73

注：本表不包括农林牧渔服务业部分，所以总比重低于100%。

资料来源：《内蒙古统计年鉴2006》，中国统计出版社2007年版。

从上表可以看出，内蒙古大部分盟市农林牧渔业产值中牧业产值低于种植业产值，牧业产值超过50%的4个盟市中，呼和浩特和包头市主要是饲养业和畜产品加工业比重高，由于近10多年以蒙牛和伊利为龙头的乳制品业的快速发展带动了两市养殖业的发展，其贡献率远远高于草地畜牧业；锡林郭勒盟和乌兰察布盟应该是两者均有贡献，但养殖业也占有一定的比重；而号称内蒙古最大草原之一的呼伦贝尔市畜牧业产值低于农业21.02个百分点，一方面说明该市农耕经济发展速度快，另一方面是畜牧

北方农牧交错带变迁对蒙古族经济文化类型的影响

业产业化水平低,没有大的龙头企业带动,工厂化畜牧业和养殖业还没有规模化,畜牧业以传统畜牧业为主。

表 4-5　2005 年内蒙古 33 个牧业旗县市耕地面积及粮食产量

地区	耕地（公顷）	粮食产量（吨）	粮食产量在全区的位次
达茂旗	75017	60314	59
鄂温克自治旗	13666	55931	60
新巴尔虎右旗	320	1200	90
新巴尔虎左旗	30000	47304	62
陈巴尔虎旗	87914	107198	47
科尔沁右翼中旗	99419	227621	27
科尔沁左翼中旗	196999	840500	2
科尔沁左翼后旗	188400	737500	6
鄂托克前旗	23300	87032	54
扎鲁特旗	126050	352102	23
阿鲁科尔沁旗	89499	192747	30
巴林左旗	105770	281491	25
巴林右旗	39534	125544	41
克什克腾旗	55965	124054	42
翁牛特旗	145505	650503	12
锡林浩特市	15600	13805	80
阿巴嘎旗	1310	—	94
苏尼特左旗	2000	—	96
苏尼特右旗	2830	—	97
东乌珠穆沁旗	28140	32244	66
西乌珠穆沁旗	1980	79	92

第四章 蒙古族经济文化类型的变迁

续表

地区	耕地（公顷）	粮食产量（吨）	粮食产量在全区的位次
镶黄旗	2250	33	93
正镶白旗	14350	3774	87
正蓝旗	17550	17669	77
四子王旗	109720	55015	61
鄂托克旗	13850	45231	63
杭锦旗	58688	115061	43
乌审旗	34704	111359	45
乌拉特中旗	68364	145357	37
乌拉特后旗	5741	22534	74
阿拉善左旗	22632	88938	52
阿拉善右旗	3140	14459	79
额济纳旗	3257	1445	89
合　计	1683464	4558074	—

资料来源：《内蒙古统计年鉴2006》，中国统计出版社2007年版。

从内蒙古33个牧业旗县市耕地面积及粮食产量看，除少数旗县外，大部分旗县农业都有一定的发展，甚至发展水平很高。从耕地面积看，随着西部大开发退耕还草工程的实施，大部分旗县的耕地面积较20世纪末有较大幅度的减少。从在全区的位次看，有13个旗县进入全区101个旗县市的前50名。33个旗县市耕地面积1683464公顷，占当年全自治区耕地总面积735.5万公顷的22.89%，粮食产量占当年全区粮食总产量1662.2万吨的27.42%。说明这些地区虽然是牧业旗县，但农业发展水平也很高，在全区农业中占有举足轻重的地位。

内蒙古通辽市是比较典型的半农半牧区，虽然历史上这里是

北方农牧交错带变迁对蒙古族经济文化类型的影响

水草丰美的著名的科尔沁草原，但随着清朝放垦政策的实行、中原移民的涌入，昔日的茫茫草原已经变成农耕经济主导之地。虽然近年来政府十分注重当地特色畜牧业的发展，培育与畜牧业有关的新型产业，"科尔沁"等畜产品已有一定的知名度。但现在畜牧业的发展已经不是传统意义上的草原畜牧业，而是集约化的现代畜牧业，主要是以规模化养殖场为依托。这本身是历史的进步，也是现代畜牧业发展的主要途径。但不能因为产值变化就认为内蒙古的传统畜牧业得到恢复和发展，更不能简单代替草原环境的恢复。通辽市农业总产值中牧业比重在不断提高，从1990年的26.22%上升到2000年的31.81%，2003年已经达到34.14%，在13年里比重提高了将近8个百分点；农业产值（主要来自于种植业）在1990年所占比重为68.01%，2000年下降至64.21%，2003年为56.34%，13年里农业产值比重下降了近14个百分点。尽管畜牧经济一直处于比重上升阶段，种植业经济也在进行相应的调整，但种植业产值一直占当地农业总产值的2/3左右，畜牧经济只能在1/3左右徘徊。虽然这与历史上存在的畜牧经济占主导时期截然不同，但也只能选择这种产业结构，因为长期的土地掠夺和不合理的经济行为，已经使得很多像通辽市这样的地方没有承载更大比例游牧畜牧业发展的能力了。

自从蒙古族地区农耕经济得以迅速发展开始，种植业结构也发生了很大的变化，除了各种杂粮外，玉米在蒙古族的种植业中所占比例迅速提高，这种变化开始于20世纪70年代。尤其是20世纪80年代实行家庭联产承包责任制以来，北方农牧交错带种植业结构进一步调整，除一些经济作物外，玉米的种植面积不断扩大，这是由种植玉米带来的经济利益决定的。在市场化程度日益提高的背景下，农民很自然地去选择投入少、产量高、经济效益好的农作物，玉米的产量连年剧增就是最好的例证。但从我们调研的情况看，玉米种植的高产出除产业自身的特点外，化肥施用量的增加是增产的主要原因,而化肥施用量的增加对土壤环境的影响是很大的。

通过前面的分析可以看出,内蒙古自治区的粮食总产量除"大帮哄"阶段处于低迷状态之外,一直都是保持持续增长态势。其中,玉米产量在1947年仅为19万吨,1970年超过100万吨,1990年已经达到393.1万吨,至2003年,达到888.7万吨,增长速度惊人;而荞麦、糜子这些蒙古族传统经济作物,在1970年以前,产量还维持在50万吨左右,1990年已经分别下降到25.3万吨和13.6万吨,2003年仅为5.9万吨和5.5万吨。出现这种情况是经济利益驱使的结果,从事农业的蒙古族民众的主要经济来源就是种植业,为了生存他们学会了先进的生产技术,并迎合市场去选择种植品种,否则难以养家糊口。于是出现了经济效益好的玉米种植愈加普遍,传统种植物荞麦和糜子产量下降的情况。这与历史上农牧业的地位有关,过去以牧业为主,种植荞麦、糜黍等只是畜牧业的补充,满足家庭消费的需要,牧民一般不是十分关注和依赖这些食物;而现在在以农业为主和农业商品化程度不断提高的情况下,必然会选择产量高收益大的品种,玉米更适合这一地区的自然条件,产量高于其他农作物。

随着草原农区的扩大和商品经济的发展,日益影响到蒙古人原有的经济生活。草原上出现了牧区、半农半牧区和农区的划分。相应的,蒙古族内部的社会分工也趋细化和多元化,从单一牧民分化出农民、商人、车夫等多种职业,蒙古人的商业意识得到了强化。如今,工业经济发展迅速,城市化进程也影响到了蒙古民众,他们的从业方式更加多样化,在全国各地的各个行业中都可以找到蒙古族从业者,较以前以游牧业为主的从业方式发生了很大变化。

近几十年来,由于乱垦乱伐和过度放牧等,导致了草原大面积的沙化和盐渍化,牧业生产正在严重退化。而农业生产由于不断引进灌溉、施肥等先进的生产技术,正呈现出稳步发展的势头。越来越多的蒙古民众正逐渐从半农半牧向纯粹的农耕转化,定居农业村庄明显增多,农业生产技术也日益精细,种植种类也在增多,很多蒙古人的经济生活和汉人已经全无两样。虽然在北方农牧交错带不同地区,蒙古民众受农耕经济影响程度略显不同,以东、北部农业化较为完全,但是农耕经济对蒙古族经济社会发展产生重大影响却是不争的事实。而经济类型的变化对民族文化等将产生多方面的影响。

4.4 北方农牧交错带变迁与畜牧经济文化类型的衰落

自古以来蒙古族以游牧经济文化类型为主,流动性很大的游牧业在很大程度上促进了蒙古族与外界以及其他民族之间广泛的接触与来往,作为一个开放的民族,蒙古族很善于学习先进的经济文化。农业经济文化类型在蒙古族经济社会中存在并逐渐居于主导地位,实际上也经历了蒙古民众从被动接受到主动接受的一个发展历程。在早期蒙古高原,为了补充畜牧生产的不足,有少部分蒙古人兼营农业,可以看做是主动接受的过程;而随着移民涌入、农耕经济蔓延,蒙古民众失去了畜牧业得以存在的草场而被迫从事农业经济,就是被动接受的过程。北方农牧交错带的历史变迁,同时也是农耕经济与游牧经济此消彼长的过程,农耕经济的发展促使蒙古族畜牧经济文化类型在蒙古高原的衰落,原始的畜牧经济结构已经不复存在,水草丰美的草原也已变得满目疮痍。北方农牧交错带地区引起高度重视就是源于生态环境的恶化,而农业经济取代畜牧经济的历史无疑就是造成今天这种景象的主要原因。

第四章 蒙古族经济文化类型的变迁

4.4.1 草原畜牧业是北方农牧交错带以北地区自然与历史的必然选择

一定的地域空间是民族经济产生和存在的基础和载体,民族的经济活动寓于一定的生态系统之中。在绝大多数生物所集中生活的大气、水体和陆地相邻的自然区域中,由植物、动物、微生物等各种生命有机体集合而成的具有一定结构和调节功能的生命单元,成为生命系统;由光、热、水、气、土以及各种无机和有机元素相互作用所共同构成的空间,称为环境系统;在一定的空间和时间由上述生命系统和环境系统组成并通过二者之间不断的物质循环和能量流动与转换的相互作用而形成的具有一定结构和功能的有机整体,称为生态系统。地球表层适合生物生存的每一部分都是一个生态系统,如一片森林或草地、沼泽,一片湖泊或池塘,一条河流,一片海洋等,都是一个生态系统。[①] 生态系统是民族经济文化类型的决定因素,一定的生态环境系统决定了繁衍和居住于此的人们共同体的经济类型和文化特点。在人类社会的早期阶段,对自然和环境的认识极为有限,自然界的气候、降水、风雪等的变化和出现直接影响着人类的生存和繁衍,人类的生产生活直接取之于自然环境,因此,这个时期的宗教信仰是自然崇拜的原始宗教。由此也可以说明一些在1949年前社会发育程度较低的少数民族的宗教信仰大多为原始宗教。

在民族共同体产生、发展的进程中,自然地理环境起着主要的作用,地域不同,地形、地势、气候、自然资源等自然生态环境不同,对民族经济产生直接的影响。首先,民族经济的产生大多与一定的自然环境密切相关,自然地理环境决定了早期的经济

[①] 施正一主编:《民族经济学教程》(修订本),中央民族大学出版社2001年版,第83页。

或产业类型、生计方式。其次,在一定的技术条件下,生态环境对经济活动和人口的承载力是有限的。而随着技术进步和产业结构的变化,生态系统对经济结构和类型的约束逐渐减弱。

农牧交错带作为一个特殊的生态环境系统,具有自身的循环发展特点,它不同于其他生态环境系统,其农牧交错带是作为两种生产方式的交错地带,是由降水、气温、气候、风力、土壤类型等多种因素共同决定的,这些条件是农耕经济的边界,交错带及以北地区发展种植业的边际收益递减。虽然从短期看,农耕的收益高于畜牧,但由于受到自然条件的限制,一段时间后,随着植被的破坏和土壤肥力的下降,农耕的收益逐年减少。以至于在农牧交错带出现连片贫困区,基本属于生态贫困区。

400 毫米等降雨线的边界大体在内蒙古自治区的南部边界上,并呈向下(南)弯曲状,与长城的走向大致一致,向下弯时因为越向内陆,同一纬度地区的降雨越少。不仅降雨量不同,400 毫米降雨线南北土质也存在着差别。[1]

中国季风区与内陆干旱区的分界线是大兴安岭—阴山—贺兰山—祁连山—横断山—冈底斯山,成为内蒙古气候的分界线,西部地区大陆性特征显著。内蒙古的土壤类型以半干旱草原栗钙土、棕钙土为主,地表土层瘠薄,生态环境脆弱,大陆性气候造成内蒙古地区没有粮食作物赖以生长的充足积温和降水,却非常适合草本植物生长,适宜发展牧业。自汉代以来,在内蒙古一些本不适宜发展农业的半干旱草原地区进行大规模的农业垦耕,破坏了地表的草被,表层土壤被裸露,在风力吹扬作用下,使土地严重沙化。有史以来,内蒙古地区真正适合农业良性发展的地

---

[1] 盛洪:《长城与科斯定理》,《南方周末》2007/07/26。

第四章 蒙古族经济文化类型的变迁

方,应该是阴山以南的河套地区。①

草地与农牧交错带是指以种植业和舍饲畜牧业为主过渡到以放牧业为主的地带,涉及黑、吉、辽、京、冀、内蒙、晋、秦、陇、宁、青、新共 12 个省(市、区),全区土地面积 147.8 万 km², 占全国土地总面积的 15.4%,其中耕地为 1742.7 万 hm²(旱地占 95%)。受气候与地形地貌等因素的影响,该地区历史上为纯牧区,土地利用以牧草地为主,只是到了近代,由于人口的大量增加才逐步演变为半农、半牧区,耕地面积不断扩大。②

在草原游牧民族还没有统一成较大政治实体之前,游牧部落也经常由于干旱,羊群数量减少,无法持续生活而到农耕地区的边境上侵扰掠夺;自从形成匈奴以后,经鲜卑、柔然、突厥、契丹、女真、蒙古和满洲等北方民族政权,都对农耕社会整体形成巨大的威胁。轻则深入富庶地区、城市甚至是都城掠夺,在条件成熟的情况下,甚至取中原王朝而代之。只是当他们坐稳了北京的皇位后,也无法改变 400 毫米降雨线以南地区的农耕性质,以及由此产生的典章制度和诗书礼乐,变成一个农夫社会的守护者。那些有雄才伟略的中原帝王,也经常或者模仿草原民族蓄养战马和训练骑兵,或者直接借助于部分游牧民族军队,向北方进行长距离的战略性出击,如汉代名将卫青、霍去病深入漠北追杀匈奴;在唐代也有李靖、李勣等著名将领平定东突厥汗国和薛延陀汗国。但不能在草原深处长久立足。如果不把自己变为牧民,就只能用中原财力支撑嵌入草原的军事飞地,还是不能持续。汉武帝在河套地区建立朔方是个例外,虽然此地年降雨量只有 200

---

① 李孝聪著:《中国区域历史地理》,北京大学出版社 2004 年版,第 465—466 页。

② 韩建国、孙启忠、马春晖:《农牧交错带可持续发展战略与对策》,化学工业出版社 2004 年版,第 10 页。

· 155 ·

北方农牧交错带变迁对蒙古族经济文化类型的影响

毫米左右,却可靠黄河水灌溉,形成农业区域。到了唐代,就主要靠游牧的少数民族统治草原地带,建立了安北都护府和单于都护府。

因此,不管具体的历史人物是谁,尽管存在着农夫与牧民的争斗,最有意思的是,他们只能在 400 毫米等降雨线的附近拉锯;一旦过多地越过这条线就要改变角色。当农夫强大时越过这条线到草原深处,或者不能持久,或者就变成牧民,反过来与南方的农夫继续争斗;当牧民强大时越过这条线"入主"农业地区,也很快变成农夫,反过来与还呆在草原上的牧民亲戚对抗。400 毫米等降雨线恰巧就是科斯的牧民与农夫故事中农田与草地的边界,也很自然形成了农夫社会与牧民社会之间的边界。为了防止游牧骑兵越界掠夺或入主,农夫社会就在这里建立了一个军事屏障——长城。这就是许多学者(如拉铁摩尔和王明珂等)对长城起源的解释,也是在历史现实中对农夫与牧民冲突的解释。[1]

游牧盛行的地区不只是缺乏农业资源,更重要的是这些资源不稳定,譬如:不稳定的雨量,突来的高温和低温,无法测知的大风雪等。在这样的地区,游牧的移动性使得牧民得以在适当的时候,以适当的人群组合来利用自然资源或逃避灾难。为了随时以适当的人群组合来适应环境的变化,游牧社会的结构需要有弹性,而且每一基本游牧单位对于本身的游牧事宜须有相当的决定权。[2]

北方农牧交错带自然条件的时空波动为可农可牧,甚至时农时牧提供了可能。加之,这一地区处在从事农业和从事游牧业的民族之间,这两个民族的进退、争夺,必然产生相应的农牧交

---

[1] 盛洪:《长域与科斯定理》,《南方周末》,2007/07/26。
[2] 王明珂著:《华夏边缘》,社会科学文献出版社 2006 年版,第 187 页。

第四章 蒙古族经济文化类型的变迁

替。此外，随着人口的增加，人们对农牧产品的需求必然增多，其结果，必然导致农牧交错带的北移。据统计，从元代至今，北方农牧交错带向北约有 6 次明显的推进，总推进幅度最小处也有上百公里，最大处可达 300 公里左右。

草原区的农田绝大部分没有灌溉条件，很少施肥，作物单一，耕作粗放，每年取走大量物质与能量不得归还，结果使土壤肥力逐渐枯竭。在条件较好的森林草原地区，这一过程进行得较慢，可维持 30—50 年；而在典型草原区，多则四五年就使地力枯竭。东北松嫩平原北侧的克拜地区，在原始状态下黑土层厚度达 50—70 厘米以上，有机质含量可达 6%—15%，而且雨量多，旱作稳产，但这里从 20 世纪 80 年代开垦之后，开荒 4—5 年内，每公顷产量可达 2250 公斤左右，至 14—15 年后降至 1500 公斤上下，20 年以后只有 750 公斤多。开垦后的农田，平均每年麦地侵蚀厚度达 0.3—1 厘米；3 度以上的坡耕地，每年每公顷流失表土 90—120 吨，种植 40 年后肥力基本耗竭，如克山县已弃耕衰退的农田达 23300 平方公里。典型草原地区情况更为严重，例如，鄂尔多斯由于气候干旱，基质较粗，垦殖后土壤肥力迅速耗完，所以种植几年之后就开始撂荒，另开新田种植，形成一种撂荒耕作制度，至今这种耕作制还在延续着。由于人口的增长，对粮食的需求日益增加，撂荒周期越来越短，土地所承受的压力越来越大，在这种情况下，生产力极低，每公顷产量不过 270 公斤。而且由于基质较粗，地表裸露加速了风积、风蚀过程，使沙漠化面积不断扩大。流沙四起，埋没了大面积草场。20 世纪 50 年代这里沙化面积达 $1.333 \times 10^6 hm^2$，80 年代初扩大到 $4.0 \times 10 hm^2$ 以上，水土流失面积达 $2.667 \times 10^6 hm^2$ 多，二者合计约占该地区总面积的 80%。在此情况下，牲畜质量也不断降低。据鄂托克旗统计，1964 年每只羊平均产净肉 12 公斤，至 80 年

北方农牧交错带变迁对蒙古族经济文化类型的影响

代初只有8公斤。①

仍以鄂尔多斯为例，它的地表组成物质以古生代、中生代砂岩和第四纪松散沉积物为主，极易风化，加之不利的气候因素，使土壤质地轻而且粗疏，以沙土类和壤土类居多，其结构多以单粒、片状、块状存在，真正的团粒结构很罕见。目前的耕地中沙土类占48.0%，多以无结构和单粒结构存在；壤质类土壤占到44.2%，以碎块状居多。土壤养分按照"全国土壤养分含量分级表"，土壤中有机质含量普遍较低，多属5、6缺乏和极缺乏类型；全氮含量更贫乏，耕地的99.27%都低于0.075%，是5、6级水平；速效磷含量小于10.0PPM的耕地面积占96.71%，是5、6缺乏和极缺乏类型。这些特点决定了该地区不适宜发展农业，而如今这些地区大部分为农业。②

鄂尔多斯高原在六七百年前还是一片丰美的草原，明修长城之后，开始往这里移民种田，后经清朝的几次移民，开垦面积迅速扩大，至今高原面上几乎已耕翻一遍；东北松嫩平原北侧的克拜地区，是草原区水分、土壤条件最好的地区之一，这里从1890年开始垦殖，目前天然草原已全部开光，垦殖率在30%以上。20世纪60年代，草原区又掀起了几次开垦浪潮，全国新垦土地达 $6.67 \times 10^7 hm^2$。

100多年开垦的历史教训说明，历史上形成的北方农牧交错带是自然环境对人类经济活动方式的规定，人类行为违背自然规律，虽然能获得短期的经济利益，但最终不能逃脱自然的惩罚。

---

① 孟庆涛、张文海、常学礼：《我国北方农牧交错区形成的原因》，《内蒙古环境保护》，2003年第1期。

② 孟庆涛、张文海、常学礼：《我国北方农牧交错区形成的原因》，《内蒙古环境保护》，2003年第1期。

4.4.2 畜牧经济文化类型衰落的表现

蒙古族草原畜牧经济文化类型在历史上曾经一度繁盛发展，到近、现代却步入衰退期，这既有自然原因也有人为原因，是多种因素交织在一起相互作用的结果。内蒙古的畜牧业从19世纪中叶随着农业的发展而开始衰退、萎缩，以后随着一次又一次大规模放垦蒙地，优良的牧场大量被垦种，牧民赶着牲畜由南向北节节移退，退到丘陵荒漠地带，甚至退到深山大漠之中，这种趋势愈演愈烈。蒙古族人口从清中叶的100余万减到民国初期的83万人，直到中华人民共和国成立前夕才增长到93万人，这种人口发展趋势与上述农业发展的趋势不无关系。这两种反正趋势自然对畜牧业的发展有着极大的影响，仅据1936年和1947年的对比，内蒙古的大小牲畜从937万头（只）减少到828万头（只），减少了11.6%。这时的畜牧业经营方式同样是原始、粗放，靠天养畜，而且比农业要脆弱得多。[①]

蒙古族草原畜牧经济的衰落主要表现在草场的退化、可牧范围的减少、畜牧业经济结构的转变以及草畜矛盾尖锐、畜牧效益降低等方面。这里讨论的畜牧经济的衰落，不是简单从产值、从业人员等角度来看的。因为我们知道，从人类经济发展的进程看，工业化和城市化是必然趋势，是现代化的结果，也是迄今为止人类社会进步成果的物质表现。因此，在世界各国的经济产出中，农牧业产值比重下降、就业人口减少是必然，但这种下降和减少是相对量，而不是绝对量。而草原畜牧业的衰落主要表现在其赖以存在的环境基础的破坏，即草原面积的减少、沙化、退化，农耕经济对畜牧经济的吞噬，进而造成生产生活条件的恶

---

① 郝维民、阿岩：《前半个世纪经济状况回眸》，《百年风云内蒙古》，http：//www.nmg.xinhuanet.com/bnfynmg/bnbr/bnbrd.htm。

北方农牧交错带变迁对蒙古族经济文化类型的影响

化。在游牧经济基础上产生的民族文化，两者是相互依存的关系，正所谓"皮之不存，毛将焉附"，畜牧经济文化类型及蒙古族的传统文化与草原和游牧经济是分不开的。草原是畜牧业发展的载体，是其基本生产资料，草原也是蒙古族文化的载体。因此，草原畜牧经济文化的衰落首先表现在草地的退化和萎缩。到了20世纪末期，内蒙古仅有的两片草地——锡林郭勒和呼伦贝尔草原，也难免被开发的噩运。从1991年到1997年之间呼伦贝尔盟新巴尔虎左旗近70万亩草原变成耕地，失去了原有的草地植被。[①]

1. 草地面积减少及草原畜牧业的萎缩

草地畜牧经济文化类型的衰落与农耕经济的发展是一个问题的两个方面，在大部分历史时期也是此起彼落的过程。畜牧经济文化类型的衰落可以从两个方面去看，一是随着农牧交错带的北移西进，使畜牧经济的界限向北收缩，畜牧的范围缩小，过去水草丰美的优质牧场减少。草原作为畜牧业发展的载体，是其发展的基础，草地资源的萎缩直接导致畜牧业发展基础的动摇，或者被迫转变畜牧业发展模式。目前在内蒙古牧区饲养畜牧业的比重不断增加，这既是现代化的必然，也是草地畜牧业萎缩的结果。二是使世代以游牧为生的蒙古族的生计方式发生分化，在农耕经济向草原深处推进的同时，使越来越多的蒙古族转变生计方式，从游牧转向农耕。经济活动的主体是人，由于草地面积减少而引起的第二个方面的转变对蒙古族经济文化类型的影响和衰落起着决定性的作用，它引起文化、语言、生活习俗等一系列民族特点的变化，这不是民族自愿的过程，而是被迫或不由自主的过程，但对民族发展的影响却是长远的。当我们批评一些蒙古族越来越失去民族原有特色的同时，应该看到生计方式或经济文化类型转

---

① 内蒙古电视台：《70万亩草原为何被开垦》，2006/08/07。

变对民族文化及民族特征的影响。正如我们在本书中多次谈到的,民族经济文化类型的形成基于相应的自然环境和生计方式,当生计方式发生变化时,必然带来民族特点和民族文化的变化。更何况农牧交错带是一个多民族聚居的地区,民族间的相互影响不可避免地带来生活方式及价值观念等的变化。

随着人口迁移,农牧交错带乃至整个内蒙古除少数牧业旗县外,蒙古族人口的比例下降,绝大部分是蒙古族为主体、汉族人口占多数的地区。在锡林郭勒这样的典型牧区,据2007年人口抽样调查资料显示,2006年年末总人口100.90万人。其中蒙古族29.11万人,占总人口的比重为28.9%;汉族67.54万人,占总人口的比重为66.94%。

2. 草原的退化和沙化

优良的草场是蒙古族畜牧经济文化类型得以延续的空间、物质基础,早期蒙古人十分重视草原环境的保护,并一直延续良好的游牧传统,真正达到了人与自然的和谐统一。但是在一系列经济文化因素的影响下,北方农牧交错带的北进,使得蒙古族原有的游牧生产生活方式产生了根本性转变。农耕经济的广泛发展,畜群数量和规模的扩大,人们掠夺性的生产方式,都加剧了草原生态系统的恶化,天然草原以惊人的速度退化和减少,荒漠化严重,畜牧业出现了前所未有的生态危机,严重制约了草原畜牧业的可持续发展。虽然说草原的退化、沙化受到降水、气温等一系列因素的影响,但综观内蒙古草原的退化、沙化情况,除了近20多年的超载过牧外,一些主要的沙化地带和严重退化区域的生态危机都与过度垦殖有关,并不断吞噬周边草地。草地退化、沙化已经成为内蒙古草原畜牧业发展的主要障碍。

贺兰山以东的半干旱北方农牧交错带地区及其周边地区是我国沙漠化土地集中分布区,沙漠化总面积 $33\times 10^4 km^2$,占全国沙漠化总面积的82.9%,年均增长率为1.39%。其中河北坝上

北方农牧交错带变迁对蒙古族经济文化类型的影响

草原 6 县土地沙漠化面积从 20 世纪 70 年代的 2524km² 增加到 4609km²，内蒙古乌兰察布盟从 10476km² 增加到 18221km²，锡林郭勒盟 5 县从 2848km² 增加到 5993km²，通辽和赤峰从 28971km² 增加到 32851km²。河北坝上退化和沙化草地已分别占可利用草地的 50% 和 11%，晋西北地区退化和沙化草地已分别占可利用草地的 80% 和 10%。①

北方农牧交错带沙漠化面积基数大，且蔓延速度惊人，沙漠化土地面积在迅速增加，这直接导致了我国近年来沙尘暴的频繁发生。所以说，北方农牧交错带的生态环境问题不仅是蒙古族畜牧业经济发展中的一件大事，也是影响我国乃至世界生态建设的一个重要组成部分。

3. 传统畜牧经济结构的转变

历史上，蒙古族畜牧经济采取的是游牧方式，逐水草而居，定期转换牧场，减少草场压力，体现了一种尊重自然规律的可持续发展理念。随着半农半牧区的出现，由于草场的减少和农业对定期劳动投入的要求，游牧业的移动次数也减少了，定居逐步加强。定居农业村庄发展速度空前加快，很多地方的蒙古族已经放弃畜牧业生产，成为与汉族农民一样的定居农业生产者。与此同时，游牧业本身也逐步走向集约化，新型的一家一户小牧经济代替了原始的畜牧业经济结构，伴随着经济体制以及草场质量的变化，逐渐实施了打草、建圈等技术措施。蒙古族由于牧地的减少而逐步转向农业，在转向农业的同时，畜牧业也减少了移动。无论从农业还是从畜牧业方面看，蒙古人都在逐步地汉化。他们不但采用了精耕细作，还采用了舍饲和干草饲料。在生产、生活形态上逐步与汉人趋同，草原畜牧业发生了根本性的变革。在自治

---

① 韩建国、孙启忠、马春晖：《农牧交错带农牧业可持续发展技术》，化学工业出版社 2004 年版，第 64—65 页。

区的整个畜牧业中，真正的民族特色经济——草原畜牧业只占 30%，其余 70% 为农区畜牧业，而且就是这 30% 的比例还将通过由草原畜牧业向农区畜牧业转化以及草原畜牧业包括半农半牧区由过去的传统放牧向现在的舍饲圈养过渡两个途径继续减少。也就是说，传统的畜牧业即将消失，真正的民族特色经济将受到严重威胁。① 根据内蒙古统计部门数据，2006 年，内蒙古牧业年度牲畜存栏头数达 11051.47 万头（只），比上年同期增长 4.1%；农区牲畜存栏头数比例已由 5 年前的 21% 提升到现在的 70% 左右，牧区牲畜存栏头数比例则由 5 年前的 79% 下降到现在的 30% 左右。②

根据自然环境、社会资源、经营方式和生产水平等条件的差异，内蒙古畜牧业经济大体可分为以下三种类型。③（1）草原地带放牧畜牧业经济类型。该类型包括全部典型草原带及东部的森林草原带，是以牧为主的放牧畜牧业经济区。在从事牧业的人口中，蒙古族占 90%。（2）荒漠草原及荒漠带放牧畜牧业经济类型。该类型包括锡林郭勒盟苏尼特左旗以西，阴山、贺兰山以北和鄂尔多斯高原等广大荒漠、荒漠化草原的牧业旗。（3）农区舍饲兼放牧畜牧业经济类型。该类型包括黄河河套平原、土默特平原、西辽河平原、嫩江西岸、乌兰察布盟前山及赤峰市南部地区。

内蒙古畜牧业生产的资源条件，决定了上述牧业经济类型具有鲜明的地域性。它反映在畜牧业地区的畜种布局上有以下几个

---

① 葛根高娃：《工业化浪潮下的蒙古民族及其草原游牧文化》，《中央民族大学学报（哲社版）》，2008 年第 6 期。
② 辛阳：《牲畜少了，草原绿了，牧民富了——内蒙古经济转型》，《人民日报》，2007/08/27。
③ 张明华、王琪瑞、拾方坚等：《我区牧业经济的特点、存在问题及战略对策》，《内蒙古统战理论研究》，2001 年第 5 期。

北方农牧交错带变迁对蒙古族经济文化类型的影响

特点：第一，家畜以草食动物为主，大小牲畜头数居全国首位。第二，在植被较好的东部地区，大牲畜占有明显的优势；在植被稀疏的中西部地区则以羊和骆驼为主。第三，草原畜牧业经济虽是内蒙古畜牧业的优势，但农区和半农半牧区畜牧业经济占有很大比重。内蒙古自治区畜牧业生产实践证明，虽然草地畜牧业为主体，但生产潜力在农区和半农半牧区。牲畜头数占全区牲畜总头数多数的农区畜牧业的地位日显重要。

4. 草畜矛盾尖锐，畜牧业生产不稳定

在游牧经济几千年的历史上，存在过牲畜头数多达数以万计甚至数以十万计的大规模游牧生产。《元史译文证补》说：莫伦之"畜群富饶，每登山以观，牲畜遍野，顾而乐之。"《史集》中也写道："每隔几天，她就要吩咐将畜群赶到一起，她的马和牲畜，多到无法计算，当她坐在山头上，看到从她所坐的山顶直到山麓大河边满是牲畜，遍地畜蹄"。从游牧民族的历史上看，畜群构成了其生产和生活的核心内容。游牧民族拥有的畜群越大，则其承载的人口也就越多，也就能够组织更多的骑兵对外实施扩张侵略。[①] 可发展至今天，在经济利益的驱使下，庞大的牲畜数量却成了草原持续发展的一大障碍，原因就在于草场面积处于持续缩小状态，没有历史上那么优良丰富的草场供给畜牧生产。而牲畜数量却一直保持激增状态，草原严重超载，草畜矛盾尖锐化。

畜牧业是农牧交错带内的主要产业之一，传统的放牧方式效益低下，且公共草地不必因破坏植被而付出补偿，牧民自然以增加养畜量来增加收入。农牧交错带的赤峰市、哲里木盟、乌兰察布盟、伊克昭盟（现鄂尔多斯市）4个盟（市）草场理论载畜量

---

① 任洪生：《游牧经济的机动性分析——以古代蒙古族的游牧经济为例》，《西北民族研究》，2005年第2期。

为 1255×104 只羊单位,实际载畜量为 3010×104 只羊单位,过载量为 140%,其中赤峰市和乌兰察布盟草场过载量分别为 200%和 220%,结果是草场退化。在黄土高原等地区,草山草坡过牧导致的草场退化,已成为引发坡地水土流失的重要因素之一。①

从 20 世纪 60 年代以来的草原面积变化可以发现,天然草原拥有面积从 60 年代的 8666.7 万公顷,下降到 80 年代中期的 7880 万公顷,到 90 年代末就剩下 7370 万公顷,在 30 多年中净减少 996.7 万公顷,共减少 11.50%,如按可利用面积计算,在 30 多年中净减少 1697 万公顷,共下降了 24.7%。②

表 4-6　北方农牧交错带 6 个地区 1949—1998 年家畜量变化情况

年份	通辽	赤峰	承德	张家口	乌兰察布盟	榆林	总头数/万头
1949	84.29	118	36.59	76.03	111.7	56.22	482.83
1957	179.15	334.4	133.16	136.51	220.6	172.38	1176.20
1965	295.83	549.8	186.57	204.91	329.1	190.9	1757.11
1973	368.47	632.5	193.27	181.65	329.4	—	—
1981	406.26	675.91	197.69	161.80	347.5	—	—
1989	464.4	652.09	225.06	—	335	338.9	—
1998	547.7	625.48	246.39	290.82	419.49	311.95	2434.51

资料来源:霍成君:《我国北方农牧交错带草地退化和荒漠化成因的研究》,中国农业大学博士学位论文,2002 年。

从表 4-6 看出,北方农牧交错带这 6 个地区从 1949 年到 1998 年的 50 年间,家畜数量从 482.83 万头增加到 2434.51 万头,增加了 1951.68 万头,增加了 4 倍多。而北方农牧交错带的

---

①　刘学敏、赵辉、李波、史培军:《试论北方农牧交错带新产业带——"生态产业带"的建立》,《生态经济(学术版)》,2006 年第 2 期。
②　恩和:《草原荒漠化的历史反思:发展的文化维度》,《内蒙古大学学报(人文社会科学版)》,2003 年第 2 期。

北方农牧交错带变迁对蒙古族经济文化类型的影响

草地总面积一直都在减少，超载放牧加剧了草畜矛盾，直接影响到该地区的畜牧业生产经营情况。从 1980 年开始，内蒙古自治区农林牧渔业总产值一直处于持续快速上升阶段，其中农业和畜牧业是增长幅度最大的两大部门，但畜牧业总产值一直明显低于农业总产值。1980 年，内蒙古自治区农业总产值为 197304 万元，是畜牧业总产值 95199 万元的 2.07 倍；2000 年，该区农业总产值达到 3083645 万元，比畜牧业总产值 2054581 万元多出 1029064 万元；2003 年，全区农业总产值高出畜牧业总产值 688539 万元。虽然近年来农业结构的调整使得农业总产值与畜牧业总产值之间的差距在逐渐缩小，但是畜牧业产值还是偏低。尤其是北方农牧交错带多为中国贫困旗县，人民生活贫苦，为了发展经济，人们只能加快发展畜牧业，这就必然进一步激化草畜矛盾。

草畜矛盾的加剧是由几个方面的问题相互强化而形成的。一方面草场面积萎缩，草原畜牧业发展空间日益缩小；另一方面随着草原生态环境的恶化和各种自然灾害的频发，草原退化，产草量下降，承载的牲畜数量减少。以上两个因素决定了草场的承载力在下降，但在利益驱动下牲畜数量却不断增加。20 世纪 50 年代到 90 年代末，草地面积减少和牲畜数量增加同时加剧。根据有关资料，20 世纪 80 年代以来，随着家庭联产承包责任制的推行，一方面游牧的范围缩小，另一方面牲畜数量增加，两方面共同作用的结果加剧了草原的退化。因此一些学者和实际工作者认为家庭联产承包责任制不适宜在牧区实施和推广，草地畜牧业的特点是移动，通过移动轮牧使草场休养生息，承包制的实施使一家一户在自己承包的草地上放牧，草场被分割成相互隔离的小块牧地，影响牲畜的移动，不利于草场的休养生息和合理利用。

同时，牲畜对季节性气候选择性强。如冬季要求背风、草

第四章 蒙古族经济文化类型的变迁

高、雪软，最好是山地和沙带。夏天要求凉爽、有风、蚊虫少，最好是近水源的高地。秋季要求草好。春季选择有风向阳，地形多样，有一定面积的冷篙草原。草场承包到户，只能满足一个季节，失去了选择的余地。牲畜对草场的要求是多方面的。既是饲草基地，又是运动场所。如山地、平原、沙地、河滩和盐碱地都不能少。定居只能得到一两样，只有游牧才能全面满足。草原上的牲畜有挑食的习惯，一年四季，就是在一天之内的上下午都吃不同的草，只有游牧才能满足牲畜对多种牧草的选择。

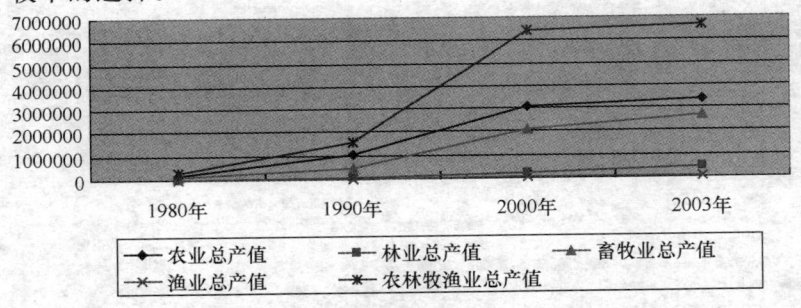

注：数据来源于内蒙古统计局网。

图 4-1 内蒙古自治区农林牧渔业产值变化走势图（单位：万元）

蒙古族作为著名的草原游牧民族，也是我国历史上一直以畜牧经济文化类型为主的游牧文明的继承者和代表，"马背民族"一直是世人送给蒙古族的美誉。但是在近几个世纪以来的发展历程中，由于自然、经济以及政治等各方面原因，蒙古族的草原畜牧经济文化类型已经失去了本应保持的主导地位，取而代之的却是农业经济文化类型和半农半牧类型，这不仅是对蒙古游牧民族经济基础的颠覆，也是对北方草原生态环境地一次劫掠，对整个北方地区乃至全国经济社会都产生了深远影响。可以说，北方农

北方农牧交错带变迁对蒙古族经济文化类型的影响

牧交错带的北移是历史的错误选择，它违背自然规律，在当时的条件下，虽然对缓解内地人口压力，增加内蒙古的粮食供给发挥了重要作用。当这种活动超越了自然的界限，无止境地用人类意志代替自然规律时，就会受到自然的惩罚，进而影响到当地社会经济的可持续发展。

第五章 北方农牧交错带变迁对生态环境的影响

历史上北方农牧交错带的变迁主要是土地利用方式的变化，进而引起经济文化类型的变化，20世纪50年代之前的土地利用方式主要是农耕与游牧。随着现代化进程，这一地区的土地利用方式更加多元化，工矿业的发展也占用一定规模的土地。土地利用方式是由土地的区位、要素禀赋、自然条件以及社会生产力水平决定的。农耕业的发展主要受制于气温、降水、土壤肥力、风力等因素，这些因素的不同决定农业生产的丰歉以及是否可持续。降水量是划分北方农牧交错带农牧界限的主要依据。农耕与游牧两种生产方式的土地利用方式不同，与环境的物质能量交换形式不同，进而对环境的影响也不同。实践证明，在农牧交错带以北地区发展农耕经济，改变土地利用方式在短期内可以获得高于畜牧业的收益，但其结果是草地环境的破坏，农耕经济也无以为继。随着北方农牧交错带的不断北移西进，农耕经济向草原腹地的深入，曾经是水草丰美、林木茂盛的内蒙古高原，生态环境日益恶化，沙漠吞噬草地、农田，形成了20世纪末严重的沙进人退的局面。沙尘暴等自然灾害不仅使内蒙古经济受到严重影响和损失，还威胁到国内其他地区的发展，成为影响全局的环境问题。

北方农牧交错带变迁对蒙古族经济文化类型的影响

5.1 北方农牧交错带的生态功能

　　北方农牧交错带作为两种生态环境和生产方式的过渡地带，不仅具有独特的自然和人文景观，还是我国重要的生态功能区和生态屏障。作为主要的生态功能区，它阻隔了沙漠化的继续南下，保护着内地主要农业区的上亿亩良田，是华北及东北农业生产可持续发展的屏障。对于草原而言，这里是农耕的边界，如果农耕界限突破这一界限，人类活动就超越了自然的界限，使草地环境受到破坏，进而使农耕生产难以为继。这一地区的环境状况直接或间接影响到草原及内地的社会经济发展。对这一地区的认识，不能只看到局部的短期经济利益，而忽视了全局利益和长远利益，尤其是其特殊的环境效应和功能。因此，对这一地区环境保护的利益远远大于本地区的范围。

　　在中国西部（大陆腹地），形成了大面积的以戈壁、沙漠为中心的干旱区。由内蒙古西部往东有巴丹吉林沙漠、腾格里沙漠、乌兰布和沙漠、库布齐沙漠、毛乌素沙漠、浑善达克沙漠、科尔沁沙地等荒漠沙地系列，一字排开，紧连农牧交错地带，有的已深入农牧交错带的内部。每到冬春季节，在西北干冷季风作用下，大风吹起，飞沙走石，尘土蔽日，一起飞向农牧交错带。由于农牧交错带的地势起伏，雨量增加，植被加强，使风力受阻，沙土沉积，形成了许多固定半固定沙丘和黄土堆积。因此农牧交错带是南部和东部农区防风固沙的天然屏障，是重要的生态功能区。

　　由于内蒙古横跨中国的东北、华北与西北地区，其生态环境的恶化不但制约着内蒙古农牧业自身的持续发展，还严重影响着京、津、唐及其他地区生态环境，是近年来京津地区沙尘暴的主

第五章 北方农牧交错带变迁对生态环境的影响

要发源地。随着农牧交错带的不断北移以及草原生态环境的退化，致使荒漠化面积不断扩大，加之20世纪末北方连续几年降水减少，沙漠化土地向南延伸，在世纪之交沙尘暴频繁袭击西北、东北及华北地区，造成巨大的经济损失。为此不得不投入巨额资金用于上述地区的环境治理。从某种程度上说，这些地区对国民经济全局的环境利益大于生产和经济利益，也就是说，保护这一地区的生态环境，从而为下游及内地的经济发展提供良好的环境条件，减少各种灾害的利益大于对这些地区不合理开发利用而带来的暂时经济利益。

  农牧交错带生态环境恶化是众多因子共同作用的结果。干旱气候是生态环境退化的背景条件，产业结构单一、生产经营方式落后、人类不合理利用资源及过度的经济活动对资源的破坏是生态环境退化的重要动因。农牧交错带土层比较薄，本不宜耕种，但随着移民的增多，农耕经济广泛传播和蔓延。加之粗放式经营，造成"农业吃牧业，风沙吃农业"的严重局面。粮食问题没有得到根本解决，草地植被却遭到严重破坏。虽是我国农业生产条件较严酷、生产力水平较低的区域，但地处我国北方主要江河源地及上游地段，具有极其重要的防风固沙、涵养水源、防止水土流失等生态服务功能，是东中部地区生态安全的屏障。目前，农牧交错带沙漠化急剧发展，生态环境明显恶化，给当地人民生产、生活带来了极大危害，也威胁到中东部地区乃至整个中国的可持续发展。有关专家提出，必须恢复交错带畜牧业的主产业地位，中长期目标要使该区畜牧业产值达到农业总产值的七成以上。专家同时建议，将农牧交错带1/3至1/2的耕地实行草田轮作，通过农作物和豆科牧草的轮作，提高土壤肥力，减缓草畜矛盾，以保护该地区的自然植被和生态平衡。[①]

---

 ① 《我国农牧交错带自然植被破坏严重》，《人民网》，2000/07/20。

北方农牧交错带变迁对蒙古族经济文化类型的影响

草原地区南部的农牧交错带就是贫困带,内蒙古的贫困县大多位于此范围。这里本来属于最好的草原,随着定居到来,逐渐步入贫困县之列。随着定居北扩,此线也往北推移。贫困不是因为国家投资不足,不是基础设施差,也不是因为人懒惰,贫困是由于这里只能依靠土地的人口多,他们从事的生产和生活方式与自然规律背道而驰,因此造成荒漠化。

农牧界限的推移与水土流失强度有密切的关系,二者相较,农业的影响要大于牧业,这不仅仅是因为农区的人口密度要大于牧区,而且除了人为因素外,植被、地表等多种多样的自然因素也起着重要的作用。其中植被的变化主要是山地林木面积的缩小,由于人口的增加和农业区域的扩展,一部分草地和林地被开垦,自然环境受到人为的破坏和干扰,保持植被原貌的土地越来越少。

同样,忽略西北地区土壤的自然属性和生态条件,而不是因地制宜地实施相宜的经济形式,也会造成生态失衡。所以史念海先生在研究了黄土高原农牧业经济变迁后,所做出的结论是"黄土高原在作为畜牧地区时,侵蚀就不甚显著,在作为农业地区时,侵蚀就较为严重。"[①] 这一观点同样适用于内蒙古大部分地区,尤其是中南部地区。

人类活动对西北生态环境的损害,恐怕抵得上此前历史时期的总和,最重要的原因就在于,在生态脆弱的半农半牧民族地区,人类不适当的传统粗放的农业生产活动对生态环境的损害远不是采集狩猎和畜牧业所能比拟的。费孝通先生指出:"靠天种地的粗放农业对牧场草地来说是一种破坏力量。而且凡是丢荒之地在天旱地区植被破坏后,很快就会沙化,农耕所及,草场荒废。加上农业社区人口增殖一定要扩大耕地面积,即使在较高的

---

① 史念海:《河山集(三集)》,人民出版社1988年版,第72页。

第五章 北方农牧交错带变迁对生态环境的影响

农作和施肥的农业水平上,也会和牧民争夺土地。所以在这种技术条件下农区和牧区既相互依存,需要互通有无,而又互相排斥,难于长期和平共存。这种关系在传统生产技术没有突破以前,决定了我国边区农牧接触界限上长期发生的你去我来,我来你去拉锯局面。"所以今天西部开发中退耕还草还林等举措,应用科学和科技手段对半农半牧地区生态环境因地制宜的调适,就是对以往教训的吸取。[①]

进入20世纪末期,在全球环境问题日益凸现的背景下,随着发展观的变化,中国政府开始认识到环境和经济发展的紧密关系,提出可持续发展和环境友好型社会建设的新发展观。发展观的转变有利于重新认识北方农牧交错带的土地利用方式以及其特殊的环境意义。根据《全国生态环境建设规划》(1999年1月国务院颁布)、《全国生态环境保护纲要》(2000年11月国务院颁布)和实施西部大开发战略的要求,内蒙古农牧交错带包含着天然林保护工程、草原保育建设工程、"三北"地区等重点防护林建设工程、退耕还林工程、环北京及北方风沙区防沙治沙工程、自然灾害的防治与减灾工程、水资源合理调配利用与节水工程、生态移民工程等。这些工程都是内蒙古建设我国北方生态防线的重要措施。农牧交错带在这一重要防线的建设中应为重点地区,这些建设工程的实施是优化资源配置,改善生态环境和区域经济社会可持续发展的根本保障。但由于北方农牧交错带生态环境的脆弱性,以及降水等因素的影响,这一地区环境的根本改善需要一个长期的过程,需要从根本上改变以农耕思想为主导的地区发展的模式,合理利用土地资源,真正实现"宜农则农,宜牧则牧"。

[①] 赵珍:《清代至民国甘青宁地区农牧经济消长与生态变迁》,《史学集刊》,2005年第1期。

北方农牧交错带变迁对蒙古族经济文化类型的影响

这一地区的生态环境状况,对于农牧交错带以外相邻的一些特定的重要经济政治类型区,如环京津地区,有着相当大的影响,京津地区的环境整治、食品供应、劳动力流动等问题的解决,相当程度上要综合考虑京津以北的部分农牧交错带的现状与发展趋势。① 因此,对北方农牧交错带及蒙古高原自然环境的恢复和保护的意义,不能只从本区域角度来理解,要把它放在中国乃至人类发展的高度认识。处理好短期利益、局部利益与长远利益、整体利益的关系。

5.2 北方农牧交错带农耕经济的特点

除了气候变化等自然因素外,农耕经济的快速发展和蔓延是北方农牧交错带及以北地区生态环境恶化的主要原因。发展到今天,在北方农牧交错带以北的内蒙古各旗县,都有规模不等的农耕经济存在,而在农牧交错带区域范围内,农耕经济的比重大多高于畜牧业。根据《中国县(市)社会经济统计年鉴——2003》(国家统计局农村社会经济调查纵队,2003)的资料,我国农牧交错带拥有农业县、半农半牧、牧业县共计226个,其中,半农半牧县土地面积最大,其次为牧业县、农业县;人口以半农半牧县最多,农业县居中,牧业县最少;农业县人口密度最大,其次为半农半牧县,最后是牧业县;半农半牧县、农业县和牧业县的粮食总产量分别占农牧交错带粮食总产量的55.64%、23.73%和20.62%;肉类总产量半农半牧县最多,其次是农业县,牧业县最少。虽然北方农牧交错带地域跨度大,不同地段的

---

① 周涌、汪德水:《中国农牧交错带现状分析》,《农业科研经济管理》,1999年第1期。

农耕经济各有特点,但也有很多相似之处,主要体现在以下几个方面:

表 5-1 农牧交错带土地面积、人口及生产情况

类 型	数量/个	土地面积/($\times 10^4 km^2$)	总人口/万人	农村人口/万人	粮食总产量/万吨	肉类总产量/万吨
农业县	76	24.09	2445.71	1458.04	857.36	107.91
半农半牧县	119	73.31	2927.70	2170.04	2009.89	213.33
农业县	31	32.28	556.90	414.70	744.61	41.95
合 计	226	129.68	5930.31	4042.78	3611.87	363.74

资料来源:韩建国、孙启忠、马春晖:《农牧交错带农牧业可持续发展技术》,化学工业出版社 2004 年版,第 11 页。

5.2.1 种植业结构单一,以粮食生产为主

北方农牧交错带农耕经济种植结构单一,以粮食生产为主,经济作物为辅,人均农业产值低,低投入、低产出,大部分地区农业经济效益不高。在与牧区连接地带,亩产不到 100 公斤,广种薄收,沙化面积不断扩大。北方农牧交错带粮食作物分为禾谷类(主要有春小麦、冬小麦、黑麦、燕麦、谷子、糜子、玉米、高粱、荞麦、莜麦等)、豆类作物(有黑豆、黄豆、扁豆、小豆、绿豆等)、块根作物(红薯等)、块茎作物(马铃薯等)、经济作物(有小麻、油菜、烟草、瓜类、蔬菜等)以及药用作物等。

赤峰和通辽市现今已变成了内蒙古重要的农业区和粮食主产区,2005 年粮食总产量分别为 411.97 万吨和 335.20 万吨,占全区粮食总产量 1662.2 万吨的 44.95%。而两市的耕地面积为全区耕地总面积的 26.83%,粮食播种面积为全区总面积的 23.7%。这两个市是内蒙古历史上开垦最早、发展农业自然条件相对较好的地区,但仍以旱作农业为主,由于长期开采利用,地下水资源趋于枯竭,农业生产受到水资源不足的影响。同时,

即使在这两个市，不同的旗县区单位面积粮食产量仍有很大差异，并且基本是由南向北递减。赤峰市单位面积产量较高的4个旗县区均位于南部自然条件较好的与河北、辽宁接壤区域。通辽市单位面积产量较高的地区有较便利的灌溉条件，如开鲁县是国家商品粮基地，位于西辽河冲积平原上。

从两市的种植结构看，赤峰市除元宝山区外，其他旗县粮食播种面积占农作物播种面积的比重都很高，宁城县、松山区、喀喇沁旗、翁牛特旗、林西县分别达到81%、74%、74%、79%和62%，作为牧业旗的克什克腾旗、阿鲁科尔沁旗为72%和84%。通辽市除霍林郭勒市粮食播种面积占农作物播种面积的比重（45%）较低外，其他旗县区均高于60%以上。霍林郭勒市是因资源开发而新建的县级市，辖区以矿区为主，耕地面积少，有限的耕作以满足矿区对蔬菜等的需求为主，因而粮食播种面积少。见表5-2和表5-3：

表5-2 赤峰市各旗县区粮食生产情况（2005）

旗县区	农作物播种面积（公顷）	粮食播种面积（公顷）	粮食总产量（吨）	单位面积产量（公斤/亩）
元宝山区	21194	10664	100544	628.67
宁城县	93940	76421	520500	454.00
松山区	157857	117335	572733	325.33
喀喇沁旗	44861	33029	160350	323.33
翁牛特旗	156284	122831	560503	304.00
林西县	66199	41149	169056	273.00
巴林右旗	45377	32863	125544	254.67
巴林左旗	106274	80903	281491	232.00
敖汉旗	194332	162189	553000	227.33
克什克腾旗	56659	40719	124054	203.33
阿鲁科尔沁旗	107927	90846	192747	141.33

资料来源：《内蒙古统计年鉴2006》，中国统计出版社2007年版。

第五章 北方农牧交错带变迁对生态环境的影响

表 5-3 通辽市各旗县区粮食生产情况（2005）

旗县区	农作物播种面积（公顷）	粮食播种面积（公顷）	粮食总产量（吨）	单位面积产量（公斤/亩）
开鲁县	116436	74353	761500	682.67
科尔沁区	138405	105353	860552	544.67
科尔沁左翼中旗	190998	125487	840500	446.67
奈曼旗	122590	94279	489500	346.00
科尔沁左翼后旗	180437	159435	737500	308.67
库伦旗	77588	62780	267036	283.33
扎鲁特旗	113191	87801	352102	267.33
霍林郭勒市	7321	3257	11047	226.00

资料来源：《内蒙古统计年鉴 2006》，中国统计出版社 2007 年版。

表 5-4 赤峰市和通辽市粮食播种面积占
农作物播种面积的比重（%）

赤峰市		通辽市	
旗县区	比重	旗县区	比重
元宝山区	50	开鲁县	64
宁城县	81	科尔沁区	76
松山区	74	科尔沁左翼中旗	66
喀喇沁旗	74	奈曼旗	77
翁牛特旗	79	科尔沁左翼后旗	88
林西县	62	库伦旗	81
巴林右旗	72	扎鲁特旗	78
巴林左旗	76	霍林郭勒市	45
敖汉旗	84		
克什克腾旗	72	合计	75
阿鲁科尔沁旗	84		
合计	77		

资料来源：根据《内蒙古统计年鉴 2006》有关资料计算，中国统计出版社 2007 年版。

北方农牧交错带变迁对蒙古族经济文化类型的影响

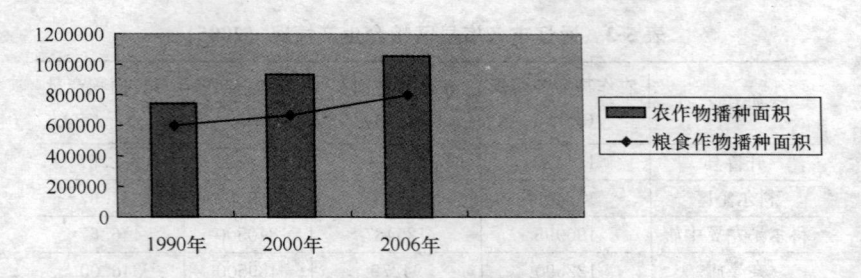

图 5-1 通辽市农作物播种面积图示（单位：公顷）
数据来源：内蒙古通辽市统计局网。

1990年，通辽市农作物播种面积为745407公顷，其中粮食作物播种面积为596620公顷，比例达80%；2000年，粮食种植面积为668590公顷，占农作物播种总面积935759公顷的71.44%；2006年，该市粮食种植面积达到农作物播种面积的76%。长期以来，北方农牧交错带的农业种植一直是以粮食作物为主，这与当地的气候以及生产习惯是分不开的，虽然这种传统种植业也为当地经济发展起到了一定的基础性作用，但也直接导致了种植种类单一化、经济作物种植以及牧业生产比重偏小和经济效益低下的事实。

5.2.2 生产环境恶劣，影响农业可持续发展

长期以来的人口快速增长，使得北方农牧交错带的粮食供给压力加大，促使毁林开荒、滥垦草原的现象愈演愈烈，粮食种植面积的扩大，加速了生态环境的恶化。北方农牧交错区内共有耕地5.19万 km^2，以旱作雨养为主，多年来一直沿用落后的弃耕制。近10年来，这个地带开垦出来的草原，目前已有半数弃耕、撂荒。因过度放牧，交错带57.47万 km^2 的草地中，80%以上出现不同程度的退化。据有关部门统计，农牧交错带的荒漠化土地面积已占全国荒漠化土地总量的45%。而且一字排开的科尔

第五章　北方农牧交错带变迁对生态环境的影响

沁、浑善达克、毛乌素、腾格里及巴丹吉林几大沙漠，仍以每年数千公顷的速度吞蚀良田。由于土地沙化、盐碱化和草地退化现象严重，农牧交错带的生产、生活条件十分恶劣，农业生产水平低而不稳。[①] 随着草原退化和土地沙化，干旱和风沙灾害越来越严重，直接影响到当地的社会经济发展，这一地区共有60个国家级贫困县。

按照国家统计局农调队划定的半农半牧县，内蒙古有21个半农半牧县，其中9个是国定贫困县，占总数的42.86%；按陈建华、魏百刚、苏大学等人对农牧交错带范围的界定[②]，内蒙古几乎所有贫困县都位于农牧交错带上，且以农业为主的县贫困面最大。在内蒙古31个国定贫困县中，有10个是牧区旗县，占牧区旗县33个的30.3%。与内蒙古接壤的河北、辽宁、吉林和黑龙江4省没有灌溉农业的地区，贫困情况也很突出。河北省位于农牧交错带的丰宁、康保、沽源、尚义、张北、围场6个县全部为国定贫困县，辽宁的建平、康平、喀左县也是国定贫困县。

经过100多年的垦殖，到20世纪末期，历史上的牧业区域变成了今天的农业区或农牧交错区，农业生产条件随着降水等自然条件的变化而波动。从总体看，在现有农业生产技术条件下，农牧交错带无力承载日益增长的人口和经济活动，农牧业生产条件日趋恶化，成为中国集中连片贫困区之一，并呈现出以下特点：(1) 内蒙古农牧交错带是内蒙古贫困问题非常集中的一个区域，表现在：一是交错带的旗县数占全区旗县总数的61.4%，但在交错带中，69.4%的旗县为贫困旗县；二是交错带的总土地

---

① 申让平、孙兆敏、海江波：《北方农牧交错区农业可持续发展模式初探》，《山西农业科学》，2005年第6期。
② 陈建华、魏百刚、苏大学：《农牧交错带可持续发展战略与对策》，化学工业出版社2004年版，第10页。

面积占全区总面积的 52.2%，其中贫困旗县土地面积占交错带总面积的 62.7%；三是交错带人口占全区人口总数的 64.1%，其中贫困人口占 68.6%。(2) 在农牧交错带的五个分区中，依据分布、面积和人口分析，阴山北区是交错带中最为贫困的区域，在该区中，90.9% 的旗县、99.8% 的土地和 89.7% 的人口处于贫困状态；科尔沁区也是贫困问题较为严重的区域，在该区中，85.7% 的旗县、85.3% 的土地和 85.7% 的人口处于贫困状态；其余三个分区贫困状况没有明显的差异。①

根据有关资料，截止 2001 年，内蒙古自治区共有 50 个贫困旗县，占全区 101 个旗县的 49.5%。其中，国家级贫困旗县 31 个，占全区旗县总数的 30.7%；自治区级贫困县 19 个，占全区旗县总数的 18.8%。这 50 个贫困旗县中，有 43 个旗县分布在农牧交错带上，占贫困旗县总数的 86%，占农牧交错带旗县总数的 69.4%。其中，国定贫困县有 28 个，占全部国定贫困县的 90.3%；区定贫困县 15 个，占全部区定贫困县的 78.9%。也就是说，在农牧交错带，超过 2/3 的旗县都是贫困旗县，说明这一地带是内蒙古贫困最为集中的地区。

位于农牧交错带的 43 个国定贫困县和区定贫困旗县总土地面积为 38.6 万 km²，占交错带总土地面积的 62.7%。其中，比例最高的是阴山北麓风蚀沙化农林牧交错区（以下简称"阴北区"），在这个区中，10 个贫困旗县土地面积占该区总土地面积的 99.8%；科尔沁区是第二个贫困旗县土地面积比较集中的地区，贫困旗县土地面积占该区总土地面积的 85.3%；其他依次为：黄河区，占 75.4%；嫩江区，占 43.1%；浑善达克区，占 32.3%。

---

① 修长柏、薛河儒、刘秀梅：《内蒙古农牧交错带的农村贫困问题》，《研究农业技术经济》，2003 年第 5 期。

第五章 北方农牧交错带变迁对生态环境的影响

在交错带生活的 1522.9 万人口中，贫困人口为 1044.1 万人，占总人口比例为 68.6%。在交错带的五个分区中，阴北区仍然是贫困人口比例最高的区域，2001 年贫困旗县人口总数为 271.4 万人，占该区人口总数的 89.7%；其他依次为：科尔沁区占 85.7%；嫩江区占 62.7%；浑善达克区占 62.9%；黄河区占 43.6%。

2001 年，内蒙古农牧交错带农牧民人均纯收入为 1741.3 元，相当于内蒙古当年平均水平 1973.37 元的 88.2%。在交错带的五个区域中，人均收入最高的是黄河区，为 2331.8 元，相当于交错带平均值的 133.9%；浑善达克区为 1861.7 元，相当于交错带平均值的 106.9%；其余三个区的水平低于交错带平均值，依次为：嫩江区 1533.2 元，相当于交错带平均值的 88%；科尔沁区 1468.3 元，相当于交错带平均值的 84.3%；阴山区 1365.4 元，相当于交错带平均值的 78.4%。在交错带中，有四个旗县的人均收入低于 1000 元，他们是：敖汉旗（835 元）、扎赉特旗（874 元）、科右前旗（911 元）和苏尼特左旗（975 元），它们是交错带最为贫困的旗县。收入水平最高的前四个旗县分别是：乌审旗（4771 元）、西乌旗（3109 元）、锡林浩特市（2990 元）和土左旗（2860 元），最高的乌审旗是最低的敖汉旗人均收入的 5.71 倍。[①]

2005 年，内蒙古农牧民纯收入为 2989 元，农民纯收入为 2813.35 元，牧民 4341.18 元。同年 21 个半农半牧旗县有 12 个低于全区平均水平，也低于其所在盟市的平均水平，其中 10 个旗县位于东部，分别是科尔沁右翼前旗 2087 元、库伦旗 2520 元、林西县 2616 元、扎兰屯市 2760 元、太仆寺旗 2117 元、敖

[①] 修长柏、薛河儒、刘秀梅：《内蒙古农牧交错带的农村贫困问题》，《研究农业技术经济》，2003 年第 5 期。

汉旗 2626 元、奈曼旗 2619 元、扎赉特旗 1886 元、察哈尔右翼中旗 2434 元、莫力达瓦达斡尔族自治旗 2185 元、突泉县 2155 元、察哈尔右翼后旗 2488 元。而高于全区平均水平的 9 个旗县除通辽市的开鲁县和科尔沁区外，均位于西部，尤其是鄂尔多斯市的 4 个旗区，农牧民人均收入水平均高于全区及全市的水平，伊金霍洛旗和准格尔旗曾经是国定贫困县，这与近 10 多年鄂尔多斯市经济快速发展和新型产业的兴起有关。

5.2.3 广种薄收，农业效益低下

由于受到气温、降水、土壤肥力及技术条件的限制，北方农牧交错带地区的农业生产一直延续着传统的生产方式，农业的丰歉直接受制于上述因素，尤其是降水，根据不同年份降水量的变化可以较精确地看出农业的丰歉，两者存在着很高的相关度。在北方农牧交错带的大部分地区，主要依靠耕地的增加养活不断增长的人口，而耕地增加的过程就是吞噬草地的过程。受到自然条件的限制，北方农牧交错带单位面积产出低，农业效益不高。

北方农牧交错带地区属于半干旱气候，降雨量主要集中在 6—8 月，且每年降水量分布不等，有的年份可达 600mm，干旱年份却连 200mm 都不到，旱灾频繁发生，农业生产很不稳定。20 世纪后半期以来，该地区平均年降水量有逐年下降态势，干旱年份增多，给农业生产带来不利影响。随着降水减少以及过度利用，地下水位下降，直接影响到这一区域的农牧业生产和居民生活。与国内其他地区相比该地区人均耕地较多，但耕地质量较差，水浇地少，旱耕地多，仍处于靠天吃饭的状态。

5.3 北方农牧交错带北移造成的生态环境问题

北方农牧交错带作为一个特殊的自然地理单元,其环境状况受到不同年份降水、气温、风力等因素的影响,历史上也曾出现过干旱、大风和沙尘等天气,但其影响范围和频次与最近20多年不同。作为生态脆弱区域,北方农牧交错带的环境问题是自然因素和人为因素共同作用的结果,也就是说,对于北方农牧交错带这样的特殊区域,人类行为对生态环境的影响十分明显。经过近100年的过度粗放开发,致使北方农牧交错带及以北地区生态环境恶化,到了20世纪末期严重威胁到当地的生产生活,并危及内地的发展,沙源地逼近北京,沙尘暴出现的次数逐年增加。这一区域最初的开发由于人口压力不大,只在水土条件较好的地区,而不是全面转化为农用,因此最初的生态环境问题并不突出。农牧交错带的北移,农耕经济的广泛传播,大片草地被开垦为农田,破坏了草原生态系统,引起生态环境的恶化。

草地在开发的初期,农耕的收入明显高于畜牧。在广种薄收的情况下,即使其产出要低于宜农地区,由于地广人稀,仍能维持基本的生存。而在内地随着人口激增和土地兼并,很多无地可耕濒于饥饿的人群,大批涌入广袤的草地。但受到前述气候、降水、土质等因素的影响,草地植被的破坏和土壤肥力的下降,产出也随之下降,需要开垦更多的草地才能维持人口的生存,从而加速了农耕对草原的吞噬。尤其到了20世纪中后期,在农耕经济思想主导下,草原开垦速度加快,过度利用的现象越来越普遍,从而累积并引发了严重的生态环境危机。这一区域的环境问

北方农牧交错带变迁对蒙古族经济文化类型的影响

题主要表现在以下几个方面:[①]

5.3.1 草地退化

草地作为一个具有自身循环特点和规律的生态系统,是一个投入产出的综合体,其产出的过程同时是能量输出和消耗的过程,因而需要相应的投入和能量补充。如果输入大于输出,物质和能量通过生物得以积聚,草原生态系统就会良性循环;若输入小于输出,持续一段时间后,草原生态系统就会衰竭,形成恶性循环。历史上,草原人口密度低,生产以自给自足的自然经济为主,对畜产品的需求数量少,物质和能量的输入输出处于均衡状态,草原生态系统依靠自身的调节实现良性循环,即处于自然再生产状态。这种自然循环状态的破坏始于人口的增加和市场化的冲击。北方农牧交错带变迁的过程主要是对草地的开垦过程,是农田对草地的吞噬,引起内蒙古高原草地面积减少。在草地面积减少的同时,随着农耕向草地的深入,天然草场退化萎缩,产草量下降,直接威胁到草原畜牧业的发展,并引发其他环境问题。

根据有关资料,草地与农牧交错带草地退化面积达 38.9 万 km²,占可利用草地面积的 58.1%,其中轻度退化占 44.7%,中度占 32.1%,重度占 24.1%,整体农牧交错区草地退化面积占其总面积的 40% 以上,高于全国草地退化面积的平均水平。吉林西部草场面积 1986 年为 172.56 万 hm²,到 1996 年为 127.51 万 hm²,减少了 26%,平均每年减少 4.5 万 hm²,自 1986 年以来的 10 年间,草场退化面积增加了 47.8 万 hm²,中、重度达 9.6% 和 28.3%,产草量明显下降,中华人民共和国成立初期产草量为 1500kg/hm²—3000kg/hm²,其中羊草比例占

[①] 彭珂珊:《我国草地与农牧交错带生态—生产模式》,《广西经济管理干部学院学报》,2005 年第 1 期。

第五章 北方农牧交错带变迁对生态环境的影响

90%。而目前产草量为：采草场 600kg/hm² — 900kg/hm²，放牧场 300kg/hm² — 450kg/hm²，羊草比例仅占 30% — 70%，有许多草场基本失去利用价值。[①]

内蒙古自治区目前全区退化草地面积达 23.1 万平方公里，占全区可利用草地面积的 35.6%，其中退化最严重的鄂尔多斯市，退化草地面积已占该市面积的 68.6%，呼伦贝尔盟近 20 年来草地退化面积达 200 万公顷，占该盟草地总面积的 25%。[②] 虽然从 2000 年开始，退耕还草建设取得了积极的成效，但要扭转草原整体环境恶化的状况，仍需要一个较长的历史过程，同时需要政策的连续性。在目前微观个体乃至地方政府利益取向以利润和 GDP 为目标的发展格局下，草原生态环境的保护是逆市场行为，政府在加大环境保护投入的同时，更需要制定相应的法律，并具有可操作性。

北方农牧交错带由于不合理的开发利用，草原植被覆盖度降低，土壤沙化，盐渍化严重，产草量较 20 世纪 60 年代下降了 1/3 至 2/3，草的覆盖度下降了 10% 到 50%，裸露面积不断扩大，草群高度降低 6 到 20 厘米。全国农业区划办经过调查，在 1986 年到 1996 年 10 年期间开垦 2912 万亩，49.2% 开垦的土地被撂荒了。撂荒地意味着也成为沙地。作为主要风沙源的内蒙古、新疆、甘肃，退化是最为严重的。内蒙古产草量下降了 30% 到 50%，新疆下降了 53%，甘肃下降了 20% 到 30%。产草量在下降，牲畜、人口都在增加，天然草原的承载压力越来越大，说到底是养活不了那么多人。草原上不长草，就成了沙化土

[①] 彭珂珊：《我国草地与农牧交错带生态—生产模式》，《广西经济管理干部学院学报》，2005 年第 1 期。

[②] 国家环境保护局自然保护司编著：《中国生态问题报告》，中国环境科学出版社 2000 年版，第 44 页。

地，甚至戈壁荒漠。在过去的治沙思路中，人们过多地依靠种树、飞播造林，取得了一定成效，沙化土地的减少，也大多是这一块。但在草原地区，超载过牧、过度开垦造成的影响却越来越大。甚至，沙尘源主要就是退化的草地、裸露的耕地以及干枯的湖泊等。[1]

草原一旦被开垦，土壤中的营养成分会迅速流失，被开垦的草原会逐渐沙化、退化。要想恢复，至少需要30年的时间，而原始生态系统、植被种群和植物多样性的恢复则几乎是不可能的。另一方面，开垦草原进一步加剧了当地草畜失衡的局面。超载放牧导致的直接后果就是加快了草原退化的速度。

表5-5 中国部分省区草地退化情况[2]

省区	退化草地/兆公顷	退化草地比例/%	全国退化草地比例/%
西藏	21.00	25.59	15.75
内蒙古	45.92	58.27	34.44
新疆	26.58	46.42	19.93
青海	10.90	29.97	8.17
四川	6.12	29.15	4.59
甘肃	8.57	47.87	6.43
云南	0.52	3.40	0.39
其他省区	13.73	16.32	10.30
合计	133.34	33.94	100.00

注：为1997年的数字。

上述7省区的退化草地占全国退化草地总面积的90%，其中内蒙古自治区占了全国退化草地面积的34%。从1989年到

---

[1] 董峻：《沙尘暴频发敲响草原生态警钟》，《新华网》，2006/06/21。
[2] 孙鸿烈、Bernard Sonntag主编：《中国关键地区的农业发展与环境》，科学出版社2003年版，第42页。

第五章 北方农牧交错带变迁对生态环境的影响

1999年的10年间，草地退化面积增加100%，1992到1997年草地退化速度最快，5700万公顷草地发生退化。

中国有75%的草地分布在北方和西部干旱牧区。[①] 长期以来，中国农业政策的核心是粮食自给自足，在这一总政策下，各省区也都不顾自身的区域及环境特点，追求区域性自足，使一些不适宜粮食种植的土地也用来发展粮食生产。没有真正发挥比较优势，也忽略了区域分工。

5.3.2 水土流失

北方农牧交错区土壤侵蚀严重，土地保水能力减弱，水土流失的面积达70%以上，土壤侵蚀模数为4400t/km²·a，黄河流域面积64万km²（流域涉及农牧交错区5省区），流域平均侵蚀模数2.5万t/km²·a，其中黄土高原最为严重，侵蚀模数为0.5—1万t/km²·a，最大达3万t/km²·a，是黄河的粗沙区，生态环境恶劣，近几年黄河断流，年输入黄河干流泥沙量达16亿吨，致使绝大部分泥沙淤积在下游河道，每年淤高0.06—0.1m。[②]

全国荒漠化土地每年以26.2万公顷的速度扩展，其中绝大部分发生在干旱与半干旱草原区。每年来自草原的泥沙占到长江泥沙量的35%。自20世纪50年代以来，全国累计约2000万公顷草原被开垦，其中近50%已被撂荒成为裸地或沙地。我国草原生态环境"局部改善、总体恶化"的趋势尚未得到有效遏制。[③]

---

① 孙鸿烈、Bernard Sonntag主编：《中国关键地区的农业发展与环境》，科学出版社2003年版，第17页。

② 彭珂珊：《我国草地与农牧交错带生态—生产模式》，《广西经济管理干部学院学报》，2005年第1期。

③ 《中国草业可持续发展战略研究取得重要成果》，《人民网》，2006/05/17。

干旱周期缩短，旱情加重。内蒙古500年旱涝资料表明，干旱发生规律为三年有两年干旱，七年出现两次全区性大旱。而近40年（1947—1987）牧区干旱发生规律变为十年九旱，四年三中旱，三年一大旱。风沙天气增多，20世纪50—60年代，全区性风沙灾害3—5年一遇，70年代2年一遇，80年代几乎年年发生。沙尘暴自1993年以来几乎年年袭击内蒙古地区，仅2000年就造成直接经济损失3000多万元。首都北京也遭到沙尘暴威胁，华东地区也因沙尘暴下起泥雨，甚至影响到南京、上海。1998年东部地区特大洪灾直接损失高达150亿元，1999年冬锡林郭勒盟的雪灾也使大量牲畜死亡。[①]

5.3.3 荒漠化

北方农牧交错带是中国荒漠化最严重的地区之一，到20世纪末期，荒漠化使这一地区农牧业生产难以为继，农牧民陷入生态和生存困境。关于沙漠化概念，现在国际社会公认的是："包括气候变异和人类活动在内的种种因素造成的干旱、半干旱和亚湿润干旱地区的土地退化"。联合国曾对荒漠化地区45个点进行了调查，结果表明：由于自然变化（如气候变干）引起的占13%，其余87%均属人为因素所致。中国科学院原沙漠研究所对风蚀荒漠化成因类型做过详细的调查，结果表明：在我国北方地区现代风蚀荒漠化土地中94.5%是人为因素所致，其中水资源不合理利用所造成的荒漠化土地占北方地区荒漠化土地的32.4%，过度放牧占23.4%，过度农垦占23.3%。[②]

---

① 郝维民、阿岩：《前半个世纪经济状况回眸》，《百年风云内蒙古》，http://www.nmg.xinhuanet.com/bnfynmg/bnbr/bnbrd.htm.

② 刘富铀、吴育华：《中国北方农牧交错带经济发展模式探讨——多伦县防治沙漠化和发展农牧区经济调查》，《西北农林科技大学学报（社会科学版）》，2003年第2期。

第五章 北方农牧交错带变迁对生态环境的影响

北方农牧交错带农业区农田风蚀沙化严重，气候条件恶劣，风沙日在 3 个月以上，农田沙化面积占到农田总面积的 20%。从 20 世纪 70 年代中期到 80 年代中期，该区沙漠化土地面积由 10.9 万 km² 增至 12.7 万 km²，年均增加 1479km²，沙漠化土地占土地总面积 52.7%。①

到 20 世纪末，内蒙古自治区荒漠化的土地已占全区总面积的 60%，也就是说总面积达到 70 万平方公里以上，每年风蚀的土层有 0.5 厘米左右，50 年来，内蒙古高原的土层已被剥蚀 25 厘米以上。从乌兰察布盟已经退耕还草的土地来看，属于中等沙化或潜在沙漠化地区，其草下的表面土层基本已是沙石土。牧草只有 10 公分左右高，实际只能算是草皮，其中一片一片裸露的沙地随处可见。从内蒙古自治区西部的巴丹吉林沙漠到通辽市的科尔沁沙地，东西长达 3000 多公里，宽约几百公里不等，横跨我国的西北、华北和东北，大小分布有九大片沙漠和沙地大面积的荒漠化，不仅会造成风蚀和远距离扬尘，而且会造成地表温度的大面积升高，从而导致干旱的进一步加剧。内蒙古地区的降水与 20 世纪 60 年代相比，平均已减少 50 毫米，干旱反过来又进一步加剧荒漠化，由此形成恶性循环。目前，荒漠化仍呈快速发展之势，全国每年荒漠化净扩展面积已超过 1000 万亩，仅沙化土地每年就净增 369 万亩。荒漠化加剧了整个生态环境的恶化。近几年来，我国西北、东北西南部、华北北部等地区出现的大风扬沙和沙尘暴天气，都与西北地区土地沙漠化有直接的关系。而且沙尘波及的范围在不断扩大，2000 年的沙尘天气使上海、南京等南方城市都受到不同程度的影响，甚至漂洋过海到了日本和韩国。

农牧交错带作为生态敏感区域，沙化面积不断扩大，同时威

---

① 彭珂珊：《我国草地与农牧交错带生态—生产模式》，《广西经济管理干部学院学报》，2005 年第 1 期。

北方农牧交错带变迁对蒙古族经济文化类型的影响

胁到其他地区的发展。有研究显示,贺兰山以东的半干旱北方农牧交错带地区及其周边地区是我国沙漠化土地集中分布区,沙漠化总面积 $33\times10^4km^2$,占全国沙漠化总面积的 82.9%,年均增长率为 1.39%。其中河北坝上草原 6 县土地沙漠化面积从 20 世纪 70 年代的 $2524km^2$ 增加到 $4609km^2$,内蒙古乌兰察布盟从 $10476km^2$ 增加到 $18221km^2$,锡林郭勒盟 5 县从 $2848km^2$ 增加到 $5993km^2$,通辽和赤峰从 $28971km^2$ 增加到 $32851km^2$。河北坝上退化和沙化草地已分别占可利用草地的 50% 和 11%,晋西北地区退化和沙化草地已分别占可利用草地的 80% 和 10%。[1]

到 20 世纪初,内蒙古沙漠化土地最多,达 $80560km^2$,土地荒漠化率为 59.27%。中华人民共和国成立后各地建设步伐加快,土地荒漠化的情况有增无减。如毛乌素沙地近 40 年面积增加了 47%,林地面积减少了 76.4%,草地减少了 17%。浑善达克沙地的扩展更为惊人,9 年间流沙增加了 98.3%,草地面积减少了 28.6%。[2]

据记载,鄂尔多斯地区 20 世纪 50—70 年代出现过 3 次较大范围的开荒;鄂尔多斯市供开垦草地 $4.0\times10^3km^2$,导致约 $1.2\times10^4km^2$ 土地沙化。今鄂托克前旗地区于 1956—1958 年在三段地、二道川、城川等地开荒 $1.53\times10^2km^2$;1960—1962 年在三到泉子、毛盖图等地又开荒 $3.67\times10^2km^2$;1969—1971 年在布拉格、毛盖图等地开荒 $1.8\times10^2km^2$。三次大开荒中,乌审旗共开垦草场 $3.73\times10^2km^2$。80 年代以后,滥开荒现象大大减少。[3]

---

[1] 韩建国、孙启忠、马春晖:《农牧交错带可持续发展战略与对策》,化学工业出版社 2004 年版,第 10 页。

[2] 王双怀:《中国西部土地荒漠化问题探索》,《西北大学学报(哲学社会科学版)》,2005 年第 4 期。

[3] 吴波、慈龙骏:《毛乌素沙地荒漠化的发展阶段和成因》,《科学通报》,1998 年第 22 期。

第五章　北方农牧交错带变迁对生态环境的影响

史培军等人利用美国地球资源观测系统数据中心 NOAA/AVHRR 的 NDVI 数字影像，绘制了 1983 年、1990 年和 1999 年 3 期中国北方 13 省区的土地利用动态变化图。分析表明，近 20 年来北方农牧交错带的荒漠化面积由 1983 年的 5400km^2 增加到 1999 年的 2.16×10^4km^2，增加了近 3 倍，年扩展速度达到 9.05%，其中主要表现为荒漠化土地面积增加。而同期这 13 个省区的全部荒漠化从 167.3×10^4km^2 增加到 183.0×10^4km^2，扩大了近 9.36%，这表明 20 年来，我国荒漠化土地面积扩展主要发生在北方农牧交错带。[①]

5.3.4　沙尘暴频发

作为土地沙化的主要标志和突发性事件——沙尘暴的频率越来越严重，辖区沙尘暴在 20 世纪 50 年代发生 5 次，60 年代为 8 次，70 年代 13 次，80 年代为 14 次，90 年代 23 次，2000—2002 年为 41 次。沙尘暴的频发与沙化扩展步伐一致。1998 年 4 月，辖区 12 个地（市、州）遭受沙尘暴袭击，3.08 万 hm^2 农作物受灾，11.09 万头（只）牲畜死亡，156 万人受害，直接经济损失达 8 亿元。此外，此次沙尘暴通过沙埋、吹刮等，对本区的植被生态环境造成了严重破坏，大大加快了该地区土地荒漠化进程，其间接损失难以估量。[②]

我国北方地区 20 世纪 50 年代沙尘暴共发生 5 次，即平均两年一次，90 年代则为 23 次已发展到平均每年 2.3 次，2000 年入春以来连续出现了 12 次，这说明我国北方干旱、半干旱的生态

[①] 陈建华、魏百刚、苏大学主编：《农牧交错带可持续发展战略与对策》，化学工业出版社 2004 年版，第 31 页。

[②] 彭珂珊：《我国草地与农牧交错带生态—生产模式》，《广西经济管理干部学院学报》，2005 年第 1 期。

北方农牧交错带变迁对蒙古族经济文化类型的影响

环境日趋恶化的进程十分迅速。由于过度垦殖、广种薄收的耕作方式，导致地表风蚀沙化强烈，耕地表面的风蚀深度平均每年1—2厘米，一般耕地开垦后30—50年，地表即完全砾质化，不得不弃耕。强烈的风蚀使耕地地表形成沙质、砾质景观。[①]

草原具有防风固沙、涵养水源、保持水土、净化空气以及维护生物多样性等重要的生态功能，对减少地表水土冲刷和江河泥沙淤积，降低水灾隐患具有不可替代的作用。研究表明：25—50平方米的草地可以吸收掉一个人一天呼出的二氧化碳；当植被覆盖度为30%—50%时，近地面风速可降低50%，地面输沙量仅相当于流沙地段的1%；在相同条件下，草地土壤含水量较裸地高出90%以上，长草的坡地与裸露坡地相比，地表径流量可减少47%，冲刷量减少77%。[②]

2006年6月17日，世界防治荒漠化和干旱日，在由农业部草原监理中心、中国草学会举办的"草原与沙尘暴高层论坛"上，研究草原、生态、气象、地理等多方面的专家学者深入探讨了沙尘暴频发的源头、路径、原因等。专家们大多认为，草原退化与沙尘暴的发生有密切关系。概括起来有以下几方面因素：

——过度的农垦和撂荒，导致沙尘源面积扩大。全国农业区划办经过调查，在1986年到1996年10年期间开垦2912万亩，49.2%开垦的土地被撂荒了。撂荒地意味着也成为沙地。

——水资源过度利用导致土地干旱化、沙化。在内陆河流域，上游拦截水资源，中下游就断流，两侧的草地基本枯死，罗布泊、居延海和民勤绿洲都是典型例子。

——超载过牧，结果无疑就是草原的过度沙化。还有就是对

---

① 《内蒙古自治区2001—2010年环北京地区防沙治沙工程规划》，《内蒙古新闻网》，2005/05/11。

② 《中国草业可持续发展战略研究取得重要成果》，《人民网》，2006/05/17。

第五章 北方农牧交错带变迁对生态环境的影响

于植被的过度利用,如挖发菜、麻黄、甘草以及开矿,人为造成新的沙尘源地。

——不恰当的生态建设模式,如在不适宜的地区种树,甚至清除原先的天然植被种杨树。

根据前面的分析可以发现,农牧交错带是自然选择的结果,是自然环境对农牧两种生产活动的规定和约束。农牧业生产不同于其他生产活动,它们对自然环境(气候、降水、温度、土壤)等的依赖性强,在一定的技术和投入条件下,很难违背自然的限制。如果违背这一限制,将会带来事与愿违的结果。农牧交错带不断北移,在带来可观经济效应的同时,也带来了严重的环境问题,而环境治理的成本有些是有形的,有些是无形的。

不遵循自然规律,掠夺性地利用资源,农业生产结构、方式单一,使得北方农牧交错带的植被大量破坏,沙漠化不断加剧,耕地面积日益减少,农牧业生产急剧下降。北方农牧交错带已经成为一条典型的生态脆弱带,生态环境问题十分突出,主要表现在它随气候变化以及人类活动影响而不断发生空间地带的摆动,湖泊萎缩,草场退化,荒漠扩大,林带几近消失,自然灾害频繁。北方农牧交错带的生态环境问题不仅影响到其自身的变迁问题,并且也牵涉到相邻的农、牧业区域乃至整个黄河流域。

第六章 北方农牧交错带变迁对内蒙古民族人口结构和文化的影响

北方农牧交错带的变迁过程同时也是长城以北民族人口结构变化的过程。历史上长城以北主要是游牧民族的活动场所，自13世纪到清代中期，蒙古族人口一直是蒙古高原及其大部分边缘地区人口的主体，长城以北汉族及其他民族人口虽然处于增长之中，但所占比重低于蒙古族人口。现在北方农牧交错带的其他民族人口大部分是在清代中后期以后逐渐迁移进入的。人口的大规模流动是近代以来中外经济社会发展中的普遍现象，对加强民族间的经济文化交流起到了积极的作用。随着北方农牧交错带的变迁以及现代经济的发展和人口流动，北方农牧交错带及以北地区的民族人口结构越来越多元化，逐步形成了今天北方农牧交错带及内蒙古自治区以蒙古族为主体、汉族占多数的多民族共同生活的格局。民族人口结构的变化加快了民族之间的交流和融合，进而对民族语言文化、生活方式等产生多方面的影响。

6.1 民族人口结构的变化

我们知道，北方农牧交错带及以北地区经历了气候由暖变冷、由湿润变干旱的过程，随之经济文化类型也跟着发生变化，由早期的农耕经济到后来的游牧经济为主。同时自秦汉以来，这里一直是北方各少数民族活动的场所，其间不断发生着民族间的融合。不同时期民族人口结构也不同，但在很长历史时期以少数

第六章 北方农牧交错带变迁对内蒙古民族人口结构和文化的影响

民族部落或族群为主体。受到自然条件的影响和制约,这些少数民族基本都是游牧民族,以从事草地游牧业为生,并长期与中原农耕民族时战时和,相伴而生。清中后期以后,结束了中原王朝与草原游牧民族的长期对立,随着中原人口向长城以北的流动以及农牧交错带的北移,其民族人口结构发生了巨大变化。

6.1.1 历史上北方农牧交错带及以北地区民族人口结构的变迁

自蒙古族形成后,不断有其他民族和部落融入,同时也加大了和其他民族的交往,尤其是元朝建立后,作为第一个少数民族政权入主中原,必然会加速民族融和。在长期的征伐过程和元朝建立之后,又有大量外族人并入蒙古族,13世纪蒙古族人口发展到100万人。在元代,大量的契丹人、女真人和西域人陆续融入蒙古族,加上蒙古族自身的繁衍,鼎盛时期蒙古族人口曾达到400多万人,其中居住在内蒙古的有近100万人。据史料测算,直到1570—1582年,居住在内蒙古的总人口大约有180万人左右,其中蒙古族大约为100万人。① 但这一时期蒙古高原的人口仍以蒙古族为多数,其他民族人口主要分布在长城沿线地区,从事少量农耕经济,但比重不高。明朝蒙古政权退回草原,这一时期虽有人口的流动,但对蒙古高原民族人口结构的影响不大。

蒙古高原民族人口结构的根本变化始于明末清初,尤其是清中后期,随着对长城以北地区的放垦,大批内地人口来到这里,改变了中国民族人口分布格局,同时也改变了长城以北的生产格局。之前这里虽然也有农业生产,但不普遍,是畜牧业的补充。清朝初期,曾一度禁止汉族人到蒙满地区,但这一禁令不久便被华北和山东破产农民、小手工业者的"走西口"、"闯关东"突破

---

① 布仁:《蒙古族的演进与繁荣》,《北方经济》,2005年第8期。

北方农牧交错带变迁对蒙古族经济文化类型的影响

了。到清中期,索性实行"借地养民"政策,以缓解内地矛盾。到19世纪初,内蒙古地区的总人口已达215万人以上,蒙汉民族人口数量大致相等。自此以后,由于清朝政府大量征兵、鼓励发展喇嘛教、王公贵族对民众的盘剥以及恶性疾病蔓延等原因,蒙古族人口呈下降趋势。与此同时,清政府实行"移民实边"、"拨兵屯田"、"开放蒙荒"的新政策,鼓励汉族人到边远地区开发农业以增加税收,使得内蒙古地区汉族移民迅速增加,满族和回族人口也迅速增长起来。内地移民(农民)很快把河套、土默特、辽河、嫩江等几条大河流域变成了农田,而且不断向草原深处延伸。从而使相对单一的民族人口结构发生变化,逐渐形成了今天内蒙古民族人口结构分布的格局:汉族人口由农区—农牧交错区—牧区递减,蒙古族人口分布则相反。同时在内蒙古的大部分地区,都是蒙古族和汉族杂居,在农业区和半农半牧区汉族人口占多数。因此,内蒙古蒙汉杂居格局是历史形成的。

汉族人口的不断增加和汉族分布区的不断扩大,是进入清代以后塞外民族格局最为显著的变化。有学者统计,清初内蒙古各盟旗蒙古族人口约为1043470人。到19世纪初,内蒙古(不包括呼伦贝尔八旗)总人口约215万,其中汉族与蒙古族大体各为100万左右。随着汉族移民的持续增长,到民国初期,内蒙古地区的汉族人口已达到250万左右,而据修正民国元年内务部汇造宣统年间民政部调查户口统计,包括呼伦贝尔八旗在内,1912年内蒙古各盟旗蒙古族总人口为877946人,汉族人口相当于蒙古族人口的2.84倍。到民国中期,内蒙古各地蒙汉人口比例进一步拉大,20世纪30年代,热、察、绥三省蒙古族占总人口的比重均下降到10%以下。根据黄奋生《蒙藏新志》统计,1935年汉族人口已占到热、察、绥三省总人口的93%,蒙古族只占7%,蒙汉人口的差额非常悬殊。从民国时期各盟的情况看,除锡林郭勒盟、额济纳特别旗汉族移民稀少,未划设县治外,其余

第六章 北方农牧交错带变迁对内蒙古民族人口结构和文化的影响

各盟及特别旗都设有县治。哲里木、昭乌达、卓索图、伊克昭、乌兰察布五个盟中，除乌兰察布盟外，另外四盟均表现为县治数多于蒙旗数，汉族人口数超过蒙古族人口数。蒙汉人口结构的改变除受汉族移民人口迅速上升的作用外，蒙古族人口的绝对减少也是一个十分重要的原因。清初内蒙古蒙古族人口在 100 万以上，到 20 世纪 30 年代为 946068 人，300 年当中下降了五六万人，其中最主要的原因是喇嘛教的负面影响。

最初汉族移民零星出塞时，一般都是随机进入各牧区，没有形成大的定居点与蒙古牧民杂居在一起。随着移民的增加和汇集，汉族开始有了独立的居住点，但由于人口少，尚不能连片分布，形成一个个孤立的"汉族岛"。清末及民国初集中放垦时期，汉族垦区大幅延伸，大批蒙古牧民北迁，留下来的蒙古台壮一般都划有留界地，"又于段内蒙民村屯四围一律各留地一百八十亩，籍资牧养"。这样，又形成了汉族农区对于蒙古牧区的"反包围"，出现了"蒙古岛"现象，即周围是汉族农垦区，中间夹着一块蒙人牧场。农田与草地相间分布，农耕与游牧并存。根据 19 世纪末俄国考察家阿·马·波兹德涅耶夫的旅行记录，从归化城（今呼和浩特市）—张家口—丰宁县这一行程中有明确族属记载的蒙汉村落看，在归化土默特、察哈尔左右翼八旗，蒙汉村落分布是相当零乱的，每经过几个蒙人村庄，就会碰到一个汉人村子，且有蒙汉杂居村。[①]

民国时期，卓索图盟、伊克昭盟改"属人主义"为"属地主义"，设立新式的屯达、牌头，一方面是由于旗民由牧转农，走向定居，更重要的一个原因是由于蒙汉混居，已拆散了原来的佐

---

① 闫天灵：《塞外蒙汉杂居格局的形成与蒙汉双向文化吸收》，《中南民族大学学报（人文社会科学版）》，2004 年第 1 期。

北方农牧交错带变迁对蒙古族经济文化类型的影响

领体制而推动的。[①]

表 6-1　1934—1936 乌兰察布、伊克昭两盟 13 旗所属汉族人口数量表[②]

伊克昭盟			乌兰察布盟		
旗别	汉族人口	蒙古族人口	旗别	汉族人口	蒙古族人口
准噶尔旗	64000	37000	达尔罕旗	500	30000
郡王旗	6300	4700	四子王旗	600	10000
达拉特旗	60000	13000	茂明安旗	200	1000
札萨克旗	2000	2500	西公旗	300	5000
乌审旗	900	8400	中公旗	500	20000
鄂托克旗	9000	18300	东公旗	200	5000
杭锦旗	20000	9000			
总计	162200	92900	总计	2300	71000
	255100			73300	

注：1. 伊克昭盟蒙汉人口数以《伊盟左翼三旗调查报告书》、《伊盟右翼四旗调查报告书》为准，乌兰察布盟汉人口数取自前绥远省政府编印《绥远概况》（1933 年），蒙古族人口数取自窦震寰《乌伊两盟汉人状况》(《开发西北》，1934 年，第 1 卷，第 4 期)。
　　2. 前国民政府蒙藏委员会伊盟两翼调查报告印行年代为 1941 年，但调查年代在 1936 年。

从表 6-1 可以看出，当时位于内蒙古西部的两个盟，蒙古族人口所占比例仍较高，伊克昭盟为 36.42%，乌兰察布盟为 96.86%，远远高于现在 11.38% 和 2.63% 的水平。说明上述两个盟民族人口结构的巨大变化是近几十年的事情。

根据有关资料，1912 年时，内蒙古地区的汉族人口已达 150 万人，到 1937 年增加到 370 万人，1947 年自治区成立时增加到

[①②] 闫天灵：《塞外蒙汉杂居格局的形成与蒙汉双向文化吸收》，《中南民族大学学报（人文社会科学版）》，2004 年第 1 期。

第六章　北方农牧交错带变迁对内蒙古民族人口结构和文化的影响

469.6万人，比19世纪初的107万增加3倍多，而1947年全内蒙古蒙古族人口则由19世纪初的108万减少到83.2万人，减幅为23%。

又据民国时期资料，1939—1940年间，内蒙古蒙古族人口出生率为30‰，死亡率却高达44‰，人口平均寿命只有19.6岁。1934年时，绥远省有蒙古族人口23万人，其中有喇嘛近3万人，占总人口的13%，占男性人口的25%左右。鄂尔多斯市在清朝初期总人口为21万人，到1937年下降到9万余人。几乎全部是蒙古族的锡林郭勒盟，清朝初期有8万余人，到1937年下降到4万人，这与清政府从当地大量征集骑兵有直接关系。[①] 清朝蒙古族人口的停滞乃至减少，除受到疾病等自然因素的影响外，与藏传佛教的传播和信仰有关。有关资料记载，到了清末，内蒙古的喇嘛教寺庙约有千所，"殿宇雄伟，比拟佛国"，清政府给蒙古族的喇嘛教制定了严格、完善的制度。当时蒙古族男子的半数以上当了喇嘛，致使蒙古族社会生产力发展缓慢，人口下降，生活贫困。

内蒙古的汉族人口在19世纪初约为百余万，到1912年民国建立时汉族人口发展到155万多人，这50多万汉族人口当然不都是自然增长的结果，主要是清末蒙古王公私垦招民，特别是20世纪初清朝大兴"蒙垦"时大批涌入的内地汉族农民。在民国时期，内蒙古的汉族人口增长速度有增无减，至1937年的25年间又增长到317.9万余人，到1949年的12年中猛增到515.4万余人。这种增长势头，显然也不都是自然增长的结果，它与北洋军阀和国民党政府向内蒙古移民"垦殖"不无关系。内蒙古的汉族人口在不到50年时间增长了360万余人，除了自然增长之外，主要是陆续来自山东、河南、河北、山西、陕西、甘肃、宁

---

① 布仁：《蒙古族的演进与繁荣》，《北方经济》，2005年第8期。

北方农牧交错带变迁对蒙古族经济文化类型的影响

夏等省区的移民。他们从内地带来农业、手工业及其农耕文明的生产技术，无疑对内蒙古的经济、政治、文化的发展起了积极的促进作用。内蒙古地区城镇、工商业的发展，农业、牧业、半农半牧业这三种不同类型经济区域的形成，对于内蒙古从单一牧业经济向多种经济的过渡，都发挥了历史性的作用。同样，汉族农民也从蒙古族及其他少数民族中学到了他们不曾有过的特殊的生产技能。这种有益的互补，增加了蒙汉族人民之间的交流，增强了内蒙古与内地的联系。①

6.1.2 20 世纪 50 年代以来内蒙古民族人口结构的变化

到中华人民共和国成立时，内蒙古的民族人口结构就已以汉族人口为绝对多数，蒙古族人口所占比重不高。1953 年汉族人口占全区总人口的 83.93%，蒙古族占 14.56%。2000 第五次人口普查蒙古族和汉族占内蒙古自治区总人口的 96.30%，其中汉族占 79.17%，蒙古族占 17.13%。也就是说，虽然内蒙古是一个以蒙古族为主体、汉族人口占多数的多民族省区，除蒙古族和汉族外，其他民族人口所占比重只有 3.7%。

20 世纪 50 年代以来，内蒙古人口增长很快，2000 年内蒙古总人口是 1953 年的 3.89 倍，汉族人口是 3.67 倍，蒙古族人口是 4.54 倍。蒙古族人口增长速度快于汉族，其中 1982 年第三次人口普查时蒙古族人口增长较快，比第二次普查时增加了 110.49 万人，是 1964 年的 1.80 倍，1982 到 1990 年的 8 年间又增长了 89 万人。这一阶段除了蒙古族人口的自然增长外，一些过去由于各种原因没有登记蒙古族的人口，在这期间改变民族成分，这一部分人口占一定的比重。如 1981 年，喀喇沁旗的蒙古

---

① 郝维民、阿岩：《前半个世纪经济状况回眸》，《百年风云内蒙古》，http://www.nmg.xinhuanet.com/bnfynmg/bnbr/bnbrd.htm。

第六章　北方农牧交错带变迁对内蒙古民族人口结构和文化的影响

族仅为 29469 人,到 1982 年猛增至 8 万人,多出的 5 万人是因修改民族成分而来的。[①] 同时虽然汉族人口的增长率低于蒙古族,但由于人口基数大,人口总数增长也很快,由 1953 年的 512 万人增加到 2000 年的 1882.39 万人,增加了 1370.39 万人,蒙古族增加了 314.1 万人。

表 6-2　历次人口普查内蒙古人口情况

年　份	1953	1964	1982	1990	2000
总人口（万人）	610.02	1233.41	1927.43	2145.65	2375.54
汉族人口（万人）	512.00	1072.94	1627.76	1729.00	1882.39
蒙古族人口（万人）	88.82	138.45	248.94	337.94	402.92

资料来源:《内蒙古统计年鉴 2006》,中国统计出版社 2007 年版。

内蒙古人口的增长除了自然增长外,在历史不同时期机械增长一直占有重要地位。即使在中华人民共和国成立后,一些时期的机械增长率高于自然增长率,在 20 世纪 50 年代到 60 年代一直较高。见表 6-3:

表 6-3　20 世纪 50 年代内蒙古人口增长情况

年　份	自然增长率（‰）	机械增长率（‰）
1954	37.9	17.4
1955	26.1	24.4
1956	21.6	40.0
1957	26.7	16.3
1958	20.5	31.7
1959	19.8	54.8
1960	20.0	94.1

资料来源:《内蒙古统计年鉴 2006》,中国统计出版社 2007 年版。

---

① 宝玉柱:《对内蒙古喀喇沁旗蒙古族语言文字使用情况的调查研究》,《民族教育研究》,2007 年第 5 期。

北方农牧交错带变迁对蒙古族经济文化类型的影响

表 6-4 2005 年内蒙古自治区各盟市的人口密度

地 区	面 积 （万平方公里）	人 口 （万人）	人口密度 （人/平方公里）
呼和浩特市	1.72	258.00	150.00
包头市	2.77	243.00	87.73
呼伦贝尔市	25.30	270.20	10.68
兴安盟	5.98	160.00	26.76
通辽市	5.95	309.50	52.02
赤峰市	9.00	439.30	48.81
锡林郭勒盟	20.26	100.60	4.97
乌兰察布盟	5.50	215.40	39.16
鄂尔多斯市	8.68	149.50	17.22
巴彦淖尔市	6.44	173.20	26.89
乌海市	0.17	46.50	273.53
阿拉善盟	27.02	21.20	0.78
全区	118.30	2386.40	20.17

资料来源：《内蒙古统计年鉴 2006》，中国统计出版社 2007 年版。

表 6-5 2005 年内蒙古 21 个半农半牧区人口密度

地 区	面 积 （平方公里）	人 口 （人）	人口密度 （人/平方公里）
扎兰屯市	16800	431013	25.66
阿荣旗	12063	319054	26.45
莫力达瓦	10500	325790	31.04
科尔沁右翼前旗	19375	356591	18.40
扎赉特旗	11837	391831	33.10
突泉县	4800	307153	63.99
科尔沁区	3212	805208	250.69

第六章 北方农牧交错带变迁对内蒙古民族人口结构和文化的影响

续表

地 区	面积（平方公里）	人口（人）	人口密度（人/平方公里）
开鲁县	4488	389799	86.85
库伦旗	4650	175266	37.69
奈曼旗	8120	433573	53.40
林西县	3933	235690	59.93
敖汉旗	8294	583742	70.38
太仆寺旗	3479	202987	58.45
察哈尔右翼中旗	4200	212719	50.65
察哈尔右翼后旗	3803	209355	55.05
东胜区	2530	230579	91.14
达拉特旗	8192	336455	41.07
准格尔旗	7535	271623	36.05
伊金霍洛旗	5565	143718	25.83
磴口县	4167	122676	29.44
乌拉特前旗	7476	334004	44.68

资料来源：《内蒙古统计年鉴 2006》，中国统计出版社 2007 年版。

从表 6-5 可以看出，内蒙古半农半牧区人口密度除科尔沁右翼前旗（18.40 人/平方公里）外，其他旗县市均高于全区（20.17 人/平方公里）水平。

表 6-6 2000 年第五次人口普查内蒙古各盟市蒙古族人口及其比重

地 区	总人口（人）	蒙古族人口（人）	比重（%）
全区	23323374	3995349	17.13
呼和浩特市	2392895	204846	8.56
包头市	2254439	67209	2.98

北方农牧交错带变迁对蒙古族经济文化类型的影响

续表

地 区	总人口（人）	蒙古族人口（人）	比重（%）
乌海市	427553	13904	3.25
赤峰市	4435737	830357	18.72
通辽市	3028419	1373470	45.35
呼伦贝尔市	2687228	231276	8.61
兴安盟	1588787	652385	41.06
锡林郭勒盟	975168	284995	29.23
乌兰察布盟	2284414	60064	2.63
鄂尔多斯市	1369766	155845	11.38
巴彦淖尔盟	1682662	76368	4.54
阿拉善盟	196279	44630	22.74

资料来源：根据《2000年人口普查中国民族人口资料》整理，民族出版社2003年版。

从地区看，农业开发较早的河套地区蒙古族人口比重低，科尔沁地区和锡林郭勒盟蒙古族人口比重较高，呼伦贝尔民族人口结构在20世纪50年代随着大兴安岭森林资源的开发以及能源企业的发展而发生了很大的变化，有很大一部分人口是这一时期移入的。

即使在农业开发较早的赤峰市，虽然早已是蒙汉杂居的地区，但民族人口结构的大规模变化仍是近百年的事情。根据费孝通、马戎等人20世纪80—90年代的调查，赤峰市翁牛特旗巴嘎塔拉苏木黑塔子嘎查三爷府村，在民国初年到1947年，这里的经济活动仍以牧业为主，蒙汉人口比例为7∶1，农业活动微乎其微。中华人民共和国成立初期的50—60年代，由于不断有汉族移民进入，农田面积大量扩展，草场萎缩，农业比重上升，但牧业仍是该村村民主要收入来源。汉族移民的进入使得蒙古族成

第六章 北方农牧交错带变迁对内蒙古民族人口结构和文化的影响

为当地的少数民族,1983 年嘎查 345 户、1705 人中,蒙古族为 88 户、448 人,仅占总数的 1/4。①

就整个自治区的情况看,1800—1949 年间,内蒙古的人口增加了 183%,而同期全国人口增长了 50%,汉族移民构成了增长的主体。汉族移民的大量进入,改变了这里传统的土地利用方式,至少在近两个世纪里,开垦的土地大规模扩展,大跃进和人民公社时期更是变本加厉。1949—1979 年间,原来曾经是草场的大约 300 万亩土地被开垦为农田。②

农耕经济的快速推进最显著的影响,是使蒙古高原的经济文化类型发生了根本性的变化,使大批原来以游牧为生的蒙古人主动或被动放弃游牧生活,转向农耕经济,发展到今天,从事农耕的蒙古人已超过游牧蒙古人。虽然在今天的内蒙古高原,农耕与游牧并存,但农耕一直处于强势推进之中,游牧经济则处于相对弱势。

表 6-7　2000 年第五次人口普查内蒙古 21 个半农半牧区蒙古族人口情况

地　区	总人口（人）	蒙古族（人）	比　重（%）
扎兰屯市	409051	20375	4.98
阿荣旗	304210	7828	2.57
莫力达瓦	294501	7919	2.69
科尔沁右翼前旗	341574	158294	46.34
扎赉特旗	392979	161046	40.98

---

① 费孝通:《边区开发:赤峰篇》,载斯平主编:《开发边区与三力支边》,内蒙古人民出版社 1986 年版,第 62 页。

② 潘乃谷、马戎主编:《中国西部边区发展模式研究》,民族出版社 2000 年版,第 137 页。

北方农牧交错带变迁对蒙古族经济文化类型的影响

续表

地 区	总人口(人)	蒙古族(人)	比 重(%)
突泉县	292852	52622	17.97
科尔沁区	793913	250484	31.55
开鲁县	382836	48203	12.59
库伦旗	172419	101040	58.60
奈曼旗	421049	153913	36.55
林西县	235947	7913	3.35
敖汉旗	580842	28744	4.95
太仆寺旗	170261	5084	2.99
察哈尔右翼中旗	167203	3284	1.96
察哈尔右翼后旗	164980	8614	5.22
东胜区	252566	17431	6.90
达拉特旗	311608	10691	3.43
准格尔旗	271298	21718	8.01
伊金霍洛旗	147739	9459	6.40
磴口县	117561	4342	3.69
乌拉特前旗	319376	11582	3.63
合计	5195429	1090686	20.99

资料来源：根据《2000年人口普查中国民族人口资料》有关数据计算，民族出版社2003年版。

表6-8　2000年第五次人口普查33个牧业旗县市蒙古族人口情况

地区	总人口(人)	蒙古族(人)	比重(%)
达茂旗	98325	15071	15.33
鄂温克自治旗	146808	27515	18.74

第六章 北方农牧交错带变迁对内蒙古民族人口结构和文化的影响

续表

地区	总人口（人）	蒙古族（人）	比重（%）
新巴尔虎右旗	36764	29023	78.94
新巴尔虎左旗	41647	29682	71.27
陈巴尔虎旗	67882	27224	40.10
科尔沁右翼中旗	247031	205624	83.24
科尔沁左翼中旗	511196	372966	72.96
科尔沁左翼后旗	387577	282304	72.84
扎鲁特旗	292484	141122	48.23
阿鲁科尔沁旗	297090	115453	38.86
巴林左旗	332550	113977	34.27
巴林右旗	174275	80546	46.22
克什克腾旗	242957	27581	11.35
翁牛特旗	464211	65100	14.02
锡林浩特市	173796	43271	24.90
阿巴嘎旗	46975	23114	49.20
苏尼特左旗	37612	21097	56.09
苏尼特右旗	76880	23796	30.95
东乌珠穆沁旗	85909	49688	57.84
西乌珠穆沁旗	72163	47125	65.30
镶黄旗	26843	16275	60.63
正镶白旗	63639	18980	29.82
正蓝旗	71186	26661	37.45
四子王旗	180568	16196	8.97
鄂托克前旗	66866	21021	31.44
鄂托克旗	100072	23788	23.77

续表

地区	总人口（人）	蒙古族（人）	比重（%）
杭锦旗	122744	22878	18.64
乌审旗	96873	28858	29.79
乌拉特中旗	133309	23182	17.39
乌拉特后旗	48090	13818	28.73
阿拉善左旗	148672	31990	21.52
阿拉善右旗	25281	7571	29.95
额济纳旗	22326	5061	22.67
合计	4940601	1997566	40.43

资料来源：根据《2000年人口普查中国民族人口资料》有关数据计算，民族出版社2003年版。

从表6-8可以看出，内蒙古西部牧区蒙古族人口比重低于东部牧区，除鄂托克前旗外，均低于30%；内蒙古高原传统牧区锡林郭勒、科尔沁和呼伦贝尔草原蒙古族人口比重较高；距离农牧交错带越近，蒙古族人口比重越低，越向草原腹地，蒙古族人口比重越高。

内蒙古33个牧业旗县市总人口为4940601人，蒙古族人口为1997566人，占总人口的40.43%，占全区蒙古族人口3995349人的近50%。[①] 这说明即使在牧业旗县市，蒙古族人口也不到总人口的一半，而其他民族人口基本都是后来迁入的；近一半的蒙古族生活在牧区，但不是全部从事畜牧业，他们分布在各行业。同时说明蒙古族人口的大部分已转向农业或其他产业，赤峰市5个牧业旗蒙古族人口为402657人，占全市蒙古族总人

---

① 根据《2000年人口普查中国民族人口资料》有关数据计算，民族出版社2003年版。

第六章　北方农牧交错带变迁对内蒙古民族人口结构和文化的影响

口的48.49%，通辽市3个牧业旗县蒙古族总人口为796392人，占全市蒙古族总人口的57.98%，兴安盟科尔沁右翼中旗蒙古族人口为205624人，占全市蒙古族总人口的31.52%，呼伦贝尔市4个牧业旗蒙古族人口为113444人，占全市蒙古族总人口的49.05%，锡林郭勒盟9个旗市蒙古族人口为270007人，占全盟蒙古族总人口的94.74%，鄂尔多斯市4个旗蒙古族人口为96545人，占全市蒙古族总人口的61.95%，巴彦淖尔市2个旗蒙古族人口为37000人，占全市蒙古族总人口的61.60%，包头市达茂旗蒙古族人口为15071人，占全市蒙古族总人口的22.42%，乌兰察布盟四子王旗蒙古族人口占全市蒙古族人口的21.21%。虽然蒙古族人口占所在盟市及旗县人口的比重不高，但相对集中，大部分仍集中在牧业旗县，除了在其他行业就业外，主要从事畜牧业生产。这说明蒙古族的就业呈现出多元化的趋势，大体行业分布是畜牧业—种植业—政府部门—其他产业。这是经济发展和结构演进的必然趋势，尤其是从农牧业向工业和服务业的转移是经济现代化的基本规律。但由于农牧交错带的北移，使内蒙古由一个传统的牧业区转变为农牧混合的区域，而且在历史相当长的时期，农业比重超过牧业，从而成为"牧业为主体，农业比重更高"的经济区。

从表6-5可以看出，内蒙古半农半牧区或称农牧交错带蒙古族人口占总人口的20.99%，占全区蒙古族总人口的27.30%。其中兴安盟和通辽市蒙古族人口比重较高，其他区域均低于10%，尤其是开发较早的河套地区，蒙古族人口所占比重更低。与牧区相比，无论是在本区域还是在全自治区，蒙古族人口所占比重都大幅度下降，充分说明内蒙古自治区蒙古族人口的分布呈现出明显的农区—半农半牧区—牧区逐渐增加的趋势，两个区域加起来蒙古族人口占总人口的约77.30%。其他分布在农业区或城市。

6.2 对蒙古族语言文化的影响

农牧交错带的北移引起民族人口结构的变化，加快了民族间的交往和融合，并对蒙古族的语言文化产生了不同程度的影响，蒙古族文化不断受到中原汉文化的影响。一些较早从事农耕并与汉族杂居的蒙古族在语言、生活习惯等方面逐渐受到汉文化的影响，失去本民族特色。当然，文化的影响是双向的，蒙古族文化在受到汉文化影响的同时，也在影响着生活在这一区域的汉民族。但在文化的双向影响中，一般强势文化的影响更大，它在吸收其他文化因子的同时，逐步同化其他文化。汉文化就是在华夏文化基础上，不断吸纳周边各少数民族的文化而发展起来的。内蒙古农耕经济不断扩展，民族人口结构变化的过程中，蒙汉文化也相互影响。但由于蒙古族经济文化类型的变化，尤其是农区和半农半牧区民族人口结构的变化，这一区域的蒙古族文化的影响逐渐弱化，汉文化对蒙古族的影响越来越强，使现今生活在农区和半农半牧区的蒙古族在语言、行为习惯和生活习俗等方面与汉族已没有大的区别，民族传统文化的影响和印记越来越少。尤其近20多年来，随着现代信息传播渠道的多元化和人员的流动，主流文化或强势文化的影响遍及各地。

6.2.1 草原及草原畜牧业是蒙古族文化产生的基础

前面已经谈到，自然环境决定着人类社会最初的生计方式，不同的生计方式孕育了不同的文化。在长期的草原游牧生活中，蒙古族创造了独特的草原游牧文化，成为中华民族多元文化的重要组成部分。蒙古族文化丰富多彩，既包括语言、文学艺术、历法等，也包括生产方式、生活习俗、饮食起居等与日常生产生活

第六章 北方农牧交错带变迁对内蒙古民族人口结构和文化的影响

密切相关的文化,这些文化的形成和发展是以草地环境和草原畜牧业为基础的。也就是说是草原孕育了蒙古民族和游牧文化,离开草原和畜牧业,蒙古族文化就失去了赖以存在的载体。蒙古族文化的特征也与草原密切相关,我们今天保护草原畜牧业,同时也就是在保护蒙古族文化。虽然文化具有时代性,但文化同样具有传承性和民族性。经过几个世纪的传承和发展,蒙古族文化以其鲜明的民族特性吸引着世人的目光,在中国乃至世界文化中居于重要地位。游牧业已不仅仅是一种生产方式,更是一种生存方式,一种文化载体,一种文化符号,是游牧民族独特的文化价值体系,其重要性不能仅仅以经济尺度来衡量,它所承载的文化价值更应受到关注。对于这个国家来说,游牧业的民族与文化象征意义要大于其经济意义。[①]

语言文化同经济文化类型之间的关系十分密切,尤其是对大自然的依赖性较强的远古时代尤为如此。繁衍生息在北亚森林和草原的蒙古族在对自然环境的漫长的适应过程中,形成了草原游牧生计体系。蒙古族文化的物质、制度、精神三个方面,都是蒙古族人民适应北部草原的能力和适应的成果。蒙古族语言的语音、语法、词汇诸方面,除了人类语言共同点,还包含着草原游牧人独特的成分,而且仅仅是这些独特的成分,构成了有别于其他民族的语言文化系统。

随着汉族人口增多及在数量上超过蒙古族,塞外语言的流向发生了转折,学汉语行汉俗趋于流行。"随着村民中汉族的比例越来越大,随着整个地区汉族文化的影响越来越强,学习语言的趋势从汉族学蒙古语逐渐转变为蒙古族学汉语。"汉族移入早的蒙旗,汉语流传速度最快。到民国中期,汉族移居最早的归化城

---

① 葛根高娃:《工业化浪潮下的蒙古民族及其草原游牧文化》,《中央民族大学学报(哲社版)》,2008 年第 6 期。

北方农牧交错带变迁对蒙古族经济文化类型的影响

土默特，蒙古族已纯操汉语，对于蒙古语，"今五六十岁老人，蒙语尚皆熟练，在四十岁以下者，即能免作蒙，亦多简单而不纯熟。一般青年，则全操汉语矣"。汉族人口较多的准噶尔旗，"蒙人几乎皆通汉语，年少者作蒙，反不若汉语之纯熟矣。"塞外移民有分区对应特征，蒙古族对汉语的吸收也表现出分区结合特点，接触的汉族群体不同，习得的汉语方言也不同。[①]

6.2.2 北方农牧交错带变迁对蒙古族语言的影响

共同语言是民族区分的重要依据之一，是民族内部信息交流的工具。但使用同一种语言的人不一定是同一个民族，而不使用同一种语言的人可能是同一民族。语言文字还是民族文化传承的信息和符号，一些没有文字的民族就是依靠语言代代相传着本民族的历史和文化，有文字的民族则可以通过书卷传承和记录本民族的历史文化。蒙古语是蒙古族文化传承和发展的重要载体，也是民族内部信息交流的工具和符号。语言的变迁反映着文化的变迁，使用人数的变化则反映着文化影响力的变化，在当今经济文化交流范围和频率急剧扩大的背景下，强势语言的影响范围和影响力越来越大，其他语言尤其是使用人口少、经济不发达的一些民族的语言使用受到影响。语言文字的失传或消失使民族文化遗产保护、民族传统的延续都面临着挑战。20世纪末开始的信息化进程，极大地缩小了时空距离，在给人类社会带来巨大信息共享利益、便捷获取利益的同时，更强化了主体文化或强势文化的影响力，而对少数民族文化和非主体文化带来挑战。

随着北方农牧交错带及以北地区农耕经济的发展，民族人口结构的变化，蒙汉民族经济文化交流和相互影响越来越广泛和普

---

① 闫天灵：《塞外蒙汉杂居格局的形成与蒙汉双向文化吸收》，《中南民族大学学报（人文社会科学版）》，2004年第1期。

第六章 北方农牧交错带变迁对内蒙古民族人口结构和文化的影响

遍。经过一个多世纪的变迁，蒙古语在蒙古族中的使用也发生着变化，越来越多的蒙古人使用汉语，蒙古语的使用人口和范围逐渐萎缩。这种变迁基本与人口分布一致，而人口分布的这种变化是由中原人口的进入和农耕界限北移引起的，生计方式本身的影响并不显著。汉语的影响从内地向草原逐渐弱化，在内蒙古大致形成三种逐渐过渡的语言文化类型区：即内蒙古南部农区汉蒙混合，基本汉化语言文化类型区；中部半农半牧，蒙汉混合，以蒙古族为主的语言文化类型区；北部牧区纯正蒙古语，使用汉语借词的语言文化类型区。

表 6-9 蒙古人三大文化类型分布表[①]

分布区域		语言文化类型	语言文化特点
漠北草原		蒙古国传统游牧语言文化类型区	纯正蒙古语
漠南草原	北部	中国蒙古族牧区语言文化类型区	语言较纯正，有汉语借词
	中部	中国蒙古族半农半牧语言文化类型区	蒙汉混合趋势，以蒙为主
	南部	中国蒙古族农区语言文化类型区	汉蒙混合残留型，已汉化
长城以内地区		中原传统农耕语言文化类型区	汉语

民族并非是完全封闭的系统，民族之间的交往能够改变民族的发展方向。早在匈奴时代，北方民族就受到汉族的影响，同时也影响了汉族，尤其是入主中原的鲜卑、契丹、女真、满族等北方民族，接受汉族影响十分深刻。蒙古族在元代曾深受汉族语言文化的影响，同时也影响了北方汉族语言文化。随着元朝的灭亡，蒙汉语言文化接触曾一度沉寂。但到了清代中后期，又恢复了汉蒙之间的语言文化接触。与以往不同的是，首次打破以长城为政治、经济、文化分界线的古老状态，清代汉民族第一次走出

[①] 曹道巴特尔：《蒙汉历史接触与蒙古族语言文化变迁》，中央民族大学博士学位论文，2005年，第5页。

北方农牧交错带变迁对蒙古族经济文化类型的影响

长城,以积极的、主动的身份影响了蒙古族。汉民族带来了中原地区历史悠久的农业经济文化,逐步影响蒙古族的语言文化。[①]

汉语对蒙古语强烈而直接的影响,始于 200 多年前清朝康熙、雍正、乾隆年间。当时的屯垦和私垦等官方和民间行为导致了汉族民众的到来和蒙古地区的农业化以及蒙古人的汉化。到清朝中后期,漠南蒙古沿长城一带的广大地区几乎都变成了以汉族为主体的呈东西方向的带状农业地区。自西部河套平原、土默川到东部的辽河流域以及松嫩平原等主要江河流域区,在短短的一个多世纪,随着农业人口的迁来、定居,很快变成了半农半牧区,进而变成了农区。牧民变成了农民,学会了汉语,使用了汉族的礼仪,说起了汉族演义。蒙古人陆续创办儒学学堂,修建京剧台和关帝庙。[②]

南开大学的郝亚明博士在"乡村蒙古族语言使用现状与变迁——以内蒙古 T 市村落调查为例"一文中,根据居住类型等指标选取了四个村落(见表 6-10),研究不同村落语言使用和变迁情况,并与 10 年前进行了对比研究,他得出如下结论:汉语能力普遍提高,但杂居村落的汉语水平明显高于聚居村落的汉语水平;蒙汉杂居村落蒙语能力进一步衰退,衰退程度与村落蒙古族人口比例呈现负相关关系,在未来一段时间内汉语可能会彻底取代本族群语言成为通用语言;蒙古族聚居村落的蒙语能力水平与 10 年前大致相当,蒙语在村落生活中的优势地位和作用并没有因汉语能力整体提高而受到显著影响。[③] 这是内蒙古乡村蒙古语

[①] 曹道巴特尔:《蒙汉历史接触与蒙古族语言文化变迁》,中央民族大学博士学位论文,2005 年,第 4 页。

[②] 曹道巴特尔:《蒙汉历史接触与蒙古族语言文化变迁》,中央民族大学博士学位论文,2005 年,第 5 页。

[③] 郝亚明:《乡村蒙古族语言使用现状与变迁——以内蒙古 T 市村落调查为例》,《西北第二民族学院学报(哲学社会科学版)》,2008 年第 4 期。

第六章 北方农牧交错带变迁对内蒙古民族人口结构和文化的影响

使用和变迁的基本规律,也是中国乃至世界范围内语言使用和变迁的基本规律,即民族人口结构与语言使用之间存在着正相关关系,在一定地域范围内,人口居多数的民族的语言往往容易被其他民族所接受,成为当地通用语言,而人口居少数的民族的语言在杂居环境下,面临着使用越来越少、乃至失传的可能。其实在一些少数民族聚居地区,人口居少数的汉族也普遍学会了当地的民族语言。因此,语言作为交流的工具,主要受到使用人数和使用频率的影响,一般使用人数多,频率高的语言容易得到流传和保持,而其他语言面临着危机。

表6-10 4个村落基本情况（2005年）

特征 村落	户数 (户)	人口数 (人)	居住类型	蒙古族比例 (%)	日常语言	生计方式
白村	204	838	蒙古族聚居	98.4	蒙古语	农业为主牧业补充
德村	88	360	蒙古族聚居	97.5	蒙古语	农牧兼营牧业较高
西村	204	861	蒙汉杂居	82.3	蒙汉双语	农业为主牧业补充
东村	189	725	蒙汉杂居	45.9	汉语为主	农业村落

在4个调查点中,德村是地处偏僻地带的牧业村落,与汉族接触较少,汉语语言环境最弱;白村本身虽汉族极少,但由于与汉族居民较多的西村相邻,且地处苏木（乡）政府所在地附近,汉语语言环境比德村稍强;西村的日常语言是蒙汉双语,但仍有很大一部分居民能够熟练地使用蒙古语,因此还远不是纯粹的汉语语言环境;东村汉族众多,只有极少数的人能够熟练地使用蒙古语,可以说东村的语言环境接近纯粹的汉语语言环境。不同的语言环境,汉语能力与文化程度的相关强弱是不同的。蒙古语语言环境越强,汉语语言环境越弱,汉语能力与文化程度的相关关

系就越强，也就是说汉语的学习和提高更加依赖于学校教育。①

民族居住类型、民族人口比例、村落地理位置等村落类型因素都会对教育语言的选择产生影响。村落类型对教育语言选择的影响体现在三个方面：一是村落类型决定了学校的教育语言设置，如聚居村落附近的学校往往都是以蒙古语授课，学生只能选择蒙古语作为教育语言；杂居村落学生则可能有更多选择。二是村落类型决定了个人的语言基础，如蒙古族聚居村落学生在入学前都具备较好的蒙古语水平，因此大多都顺其自然选择以蒙古语作为教育语言；杂居村落学生则具备蒙汉双语语言基础。其三是村落类型决定村落文化氛围，不同村落有不同文化氛围，从而导致村民在教育语言选择上具有某种偏向。②通过实地调查研究，郝亚明博士得出以下三点关系：

（1）村落民族居住类型与语言能力

聚居型村落更有利于对本民族语言的传承，杂居型村落则有利于对族际通用语的学习。民族居住类型之所以能够对村落的整体语言能力造成影响在于它形成了一种文化场域，在一定程度上规定或制约着整个村落语言、习俗以及生产生活方式等方面的选择。民族聚居型村落创造了一个本族群文化、语言、传统的循环圈子，使得村落居民得以在本族群文化氛围内成长，接受潜移默化的影响。在村落生活过程中，学习和使用蒙古语成为村民理所当然并且是必需的选择。在语言习得方面，聚居型村落既创造了一个纯洁的文化环境，也创造了一个纯洁的使用环境。聚居型村落客观上对本族群语言的保存有着积极的作用。相反，民族杂居型村落则由于内部文化、习俗和传统的多元性，形成一个较为开放竞争的系统。语言文化在这样的场域之中相互融会贯通，语言

---

①② 郝亚明：《乡村蒙古族语言使用现状与变迁——以内蒙古 T 市村落调查为例》，《西北第二民族学院学报（哲学社会科学版）》，2008 年第 4 期。

第六章　北方农牧交错带变迁对内蒙古民族人口结构和文化的影响

的交流和竞争由此形成。在多元竞争的环境中，语言选择受多种因素的影响，如村落内部文化力量对比、语言应用范围以及人们对语言优越性的认识等。就杂居村落蒙古族而言，语言环境的多元、文化氛围的下降和应用范围的减小都使得其蒙古语能力明显差于聚居村落。

(2) 村落民族成分比例与语言能力

相对于聚居村落人口民族成分的单一，杂居村落则存在村落人口的民族比例对比问题。村落中民族比例成分会影响到村落的政治生态，也会对村落的文化氛围乃至语言使用产生影响。在聚居村落中，其他民族成员人数极少，蒙古语在村落生活中的主导地位不可动摇。而对于杂居村落西村和东村而言，汉语是村落生活用语的重要组成部分。鉴于汉语的外向交流优势非常明显，西村和东村蒙古族居民也倾向于学习和使用汉语，这直接导致杂居村落蒙古族人口蒙古语能力持续下降。但由于两个村落人口民族构成比例上的差异，在蒙汉语言能力的现状和变迁上还是存在着不同。东村蒙古族人口占全村人口的比例为 45.9%，以汉语作为日常交流语言，蒙古语很少被应用，因此东村蒙古族蒙古语水平下降最快，接近衰亡的局面。而西村蒙古族人口占全村人口比例超过 80%，有条件在村落内部形成蒙古语使用的圈子与环境，蒙古语与汉语并列成为村落日常用语。因此尽管蒙古语熟练者大幅下降，但能够使用蒙古语进行交流的蒙古族依然接近 70%。可见，杂居村落中少数族群人口比例越低，在语言上越容易被同化。

(3) 村落日常生活用语与语言能力

应用是语言生命力所在，在日常生活中得到广泛使用的语言生命力才会旺盛，而那些在日常生活中很少被应用的语言必然呈现衰退局面。因此在村落日常生活中使用何种语言对村民的语言能力有着决定性的影响。表 6-10 展示的是 4 个调查点蒙古族人口日常生活语言，其与各村落蒙汉语言能力现状有着高度的一致性。白村超过98%的蒙古族人口以蒙古语作为日常生活用语，德村这一比例也接近97%。而西村使用蒙古语作为日常生活用语的蒙古族人口比例只有14.5%，东村更低至2.3%。与这一比例相对应，白村和德村的蒙古语水平最高，全体蒙古族都保持了很高的蒙古语水平；西村次之，有一定的蒙古族人口保持较好蒙古语水平；由于在日常生活中已基本不再使用蒙古语，东村蒙古族的蒙古语能力最低。同样，汉语使用能力也与各村落汉语作为日常用语的比例相一致。东村蒙古族汉语能力最强，西村次之，而白村和德村蒙古族汉语能力相对较弱。

以上情况在笔者的家乡内蒙古赤峰市宁城县的一些村落也表现得十分明显，直到20世纪80年代初期，两个相隔不到5公里的村落，由于民族人口结构的不同，蒙古语的使用和汉语的普及相差悬殊。在蒙古族聚居的村落，大部分年长者尤其是女性蒙古族基本不会讲汉语，但能听懂一些；年轻人能讲少量汉语，但不流利；村内通用语言是蒙古语，少数居住在该村的汉族也能听懂或使用蒙古语交流；而在学校教学语言选择方面，他们更倾向于选择蒙古语教学。而在蒙汉杂居的村落，依据蒙古族人口和居住方式的不同而不同，如若有一定比例的蒙古族居民，且集中居住，蒙古语仍是聚居圈内交流的主要语言，走出小的聚居圈，就使用汉语；如若居住分散，与汉族交错居住，则基本使用汉语，只有在年长者间使用蒙古语。随着20世纪80年代以来经济开放、人员流动和民族间通婚比例的提高，即使在蒙古族聚居村落，现在40岁以下的蒙古族都能讲流利的汉语，同时在民族间使用蒙古语，青少年大多选择汉语或双语教学的学校。在蒙汉杂居村落，蒙古语使用人群越来越少，大部分蒙古族青少年基本听不懂蒙古语。也就是说，经过20多年的变迁，在宁城这样的蒙汉交错分布但以汉族人口为多数的农业区，蒙古语使用人数锐

第六章 北方农牧交错带变迁对内蒙古民族人口结构和文化的影响

减,面临着语言失传的危机。这其中的主要原因是在现今市场经济的环境下,人们的生产生活都与市场发生各种各样的关系,而市场是统一的、没有民族界限的,参与市场经济活动必然受到主流文化(主要交际语言和市场经济的价值观等)的影响,这是一个不由自主的过程,也是民族生存发展的必然结果。随着人均耕地面积的减少和农业收益的下降,为了生计,农区越来越多的蒙古族年轻人到城市打工就业,与其他民族通婚,他们很少有机会使用蒙古语。

另外,年龄层次与语言能力之间存在着明显的正相关性,即随着年龄由老年到青少年,蒙古语的使用在减少。内蒙古喀喇沁旗的蒙古族按年龄段分三个层次。70~85岁为第一个层次,其特点是学前语言、家庭交际语言均为蒙古语,社交语言向双语过渡,熟练语言为当地蒙古语方言,其次为当地汉语方言;56~68岁为第二个年龄层次,其特点是,学前语言、家庭交际语言和社交语言以双语为主,主要是当地蒙古语方言和汉语方言,在语言能力上,比较熟练蒙古语,但当地汉语方言和普通话水平提高很快,比较熟练普通话和当地汉语方言的人数加起来,总数已超过熟练蒙古语的人数;17—55岁是第三个年龄层次,其特点是学前语言、家庭交际语言、社交语言转换为当地汉语方言。在语言能力上,熟练当地汉语方言,普通话一般,不能熟练应用蒙古语,其实他们已经丧失了蒙古语交际能力,之所以说不熟练,很可能是出于民族自尊心的缘故。[①]

汉语言文化的影响是强大的,它正在改变着蒙古族的语言文化,并且使之发生着急剧的变迁。这种变迁,同汉族和蒙古族在蒙古地区的紧密接触有关。汉族给蒙古族带来了农业技术,从而

---

① 宝玉柱:《对内蒙古喀喇沁旗蒙古族语言文字使用情况的调查研究》,《民族教育研究》,2007年第5期。

北方农牧交错带变迁对蒙古族经济文化类型的影响

有一部分蒙古人接受农业文化，由牧业经营者转变成半农半牧业经营者，有的完全变为农民。经济基础的改变，引发了意识形态或上层建筑的改变。物质文化和制度文化的改变导致语言文化的改变。蒙汉民族广阔领域里的接触，给蒙古族语言文化提出新的课题，蜂拥而至的新事物要求及时的反映。为了适应新的要求，蒙古人大量地接受了汉语言文化成分，甚至一部分蒙古人完全融入汉语言文化氛围中。[①] 应该说这种影响和变迁已持续了至少一个多世纪，内蒙古三种逐渐过渡的语言文化类型区的形成即是这种变迁的结果。但现今信息传播渠道和范围快速增长，电视、网络等现代信息传播手段可以跨越时空限制，而这些传播语言是主流语言汉语，无形中对蒙古语的使用和传播造成不利影响。同时在现代化进程中，越来越多的蒙古族青年来到城市，在新兴产业就业，语言和生活环境发生了很大的变化，民族语言的使用自然受到影响。久而久之，民族语言的使用越来越少，尤其是城市第二、三代蒙古族，生长在汉文化为主体的城市环境中，缺少相应的本民族语言文化环境的熏陶。

据不完全统计，已经转用汉语的蒙古人约有120万，占全国蒙古人的21%，也就是说每5位蒙古人中就有一位失去母语的人。农业蒙古人主要分布于沿长城一线和主要河流沿岸的早期农业化蒙古地区，如内蒙古赤峰市的林西县、敖汉旗、宁城县、喀喇沁旗、红山区、松山区、平庄区、元宝山区，呼伦贝尔市扎兰屯市、阿荣旗、莫力达瓦旗、额尔古纳市、满洲里市，兴安盟的科尔沁右翼前旗、扎赉特旗、突泉县，通辽市的科尔沁区、开鲁县、霍林河市，锡林郭勒盟太仆寺旗，乌兰察布盟察哈尔右翼中旗、察哈尔

[①] 曹道巴特尔：《蒙汉历史接触与蒙古族语言文化变迁》，中央民族大学博士学位论文，2005年，第4页。

第六章　北方农牧交错带变迁对内蒙古民族人口结构和文化的影响

右翼后旗、鄂尔多斯市东胜市、达拉特旗、准格尔旗、伊金霍洛旗，巴彦淖尔市磴口县、乌拉特前旗，辽宁省阜新蒙古族自治县、彰武县、康平县、北票市、建平县、喀喇沁左翼蒙古族自治县，吉林的双辽市、白城市、扶余县、前郭尔罗斯蒙古族自治县、镇赉县，黑龙江杜尔伯特蒙古族自治县、肇源县、泰来县，河北的张北县、康保县、沽源县、围场县等广大地区。原来这些地方蒙古人口相当多，随着汉族人口的增多，大部分人迁到北部旗县，留住原地的不多，并且基本汉化。[1] 这些地区基本覆盖了北方农牧交错带的大部分，并已深入到一些传统牧区。

中国蒙古族有 581 万人口，纯正蒙古语人口有 200 万，占 35%，蒙汉混合语蒙古人约有 260 多万人，占 45%，转用汉语人口有 120 万，占 20%。汉语言文化间接或者直接影响蒙古人，中国蒙古族中汉语人和蒙汉混合语人合起来有 380 万人，占中国蒙古族总人口的 65%。蒙汉混合语人主要分布在内蒙古东部的赤峰市南部、通辽市、兴安盟和辽宁省阜新蒙古族自治县、喀喇沁左翼蒙古族自治县以及吉林省前郭尔罗斯蒙古族自治县、黑龙江省杜尔伯特蒙古族自治县等广大的东部半农半牧区。这些地方普遍汉化，但程度有所不同。靠近河北、辽宁、吉林、黑龙江或属于这些省份管辖的汉蒙杂居地区蒙古人的汉化程度比较突出。例如，赤峰市南部的喀喇沁旗和宁城县共有 95 万人口，汉族占 93.9%，蒙古族占 4.5%，90% 的蒙古人已经转用汉语。[2] 近 30 年这种趋势明显加剧。根据喀喇沁旗民委 2006 年的调查，全旗蒙古族人口 136423 人中，使用蒙古语言文字的只有 802 人。根

---

[1]　曹道巴特尔：《蒙汉历史接触与蒙古族语言文化变迁》，中央民族大学博士学位论文，2005 年，第 94 页。

[2]　曹道巴特尔：《蒙汉历史接触与蒙古族语言文化变迁》，中央民族大学博士学位论文，2005 年，第 5—6 页。

北方农牧交错带变迁对蒙古族经济文化类型的影响

据深入访谈了解到，锦山镇蒙古语言文字使用人口为336人，其中包括旗实验小学、蒙古族中学的200多名学生和机关干部23人（多属外地人）；西桥乡蒙古语言文字使用人口为200人，多为学生。数据显示，喀喇沁旗蒙古族人口中，使用蒙古语言文字者的比例不到0.16%，如果考虑到以学生数顶报和外来蒙古族等情况，实际比例还要低一些，可能不到0.14%（500人左右）。①

以上情况表明，19世纪初到21世纪初的200年中，蒙古族与汉族在蒙古族居住地区的比例由原来的1:1变为近1:5，在内蒙古每100人中有79个汉族人，17个蒙古族人和4个其他民族人。据研究，80%的蒙古族讲蒙古语，20%的蒙古族转用汉语，内蒙古2375.54万总人口中，蒙古语人也占20%，蒙古语人和汉语人的比率为近1:5。从数字比率看，蒙古人语言文化现状并不很悲观。

在蒙古族地区，汉族由非定居（18世纪）到定居，由占总人口50%（19世纪）到占80%（20世纪），经历了近300年的时间。汉族给蒙古族带来了农业技术，带来了定居文化，带来了汉民族博大精深的语言文化传统，极大地丰富了蒙古族语言文化。经过200多年的发展，蒙古地区水草丰美的江河流域变成了北国粮仓，已有相当多的蒙古族由游牧经济向农业转化，有1/5的蒙古人完全接受汉族语言文化，还有占蒙古族总人口45%的半农半牧地区蒙古人正在积极地接受着汉民族农业文化生活方式，使用着一种以蒙古语语法形态为基础，夹杂大量汉语成分的蒙汉混合语句。农业蒙古人的语言基本汉化，物质文化、制度文化也基本汉化，只有民族认同以深厚的蒙古情结维系着他们同传

---

① 宝玉柱：《对内蒙古喀喇沁旗蒙古族语言文字使用情况的调查研究》，《民族教育研究》，2007年第5期。

第六章　北方农牧交错带变迁对内蒙古民族人口结构和文化的影响

统文化的联系。热爱民族的农业蒙古人，用地道的汉语和汉文化思维方式时刻表达着对民族的热爱之情。①

从前面民族分布情况看，蒙古族聚居分布区随着草原畜牧业的萎缩而减少，在内蒙古的旗县层面，已经找不到单纯蒙古族聚居的旗县，蒙古族聚居的地区基本在苏木或嘎查这样较小的区域，在这些民族人口单一的地区，民族内部的交流使用蒙古语。但在现代经济文化日益开放的背景下，人口的流动将进一步改变民族人口分布格局，语言和文化的交流更加普遍，这是全国乃至世界性的现象。在中国，2000年人口普查数据表明，各民族平均分布在30个省区，有29个民族分布在全国所有的省区中。全国拥有56个民族的省区有11个，占全国31个省区的35.5％。

这种变化在一定程度上是一个适应的过程，也是民族生存发展的需要。在现今商品经济和社会流动性越来越高的背景下，只有学习强势文化才能立足，才能发展。我们在一些地区调研时发现，对于学习蒙古语，很多人是矛盾的，从民族情感和认同看，很多人希望子女学习蒙古语，保持和传承民族传统文化，但从未来升学就业等方面考虑，又不得不让子女到汉语学校学习，以适应社会发展的需要，或者说未来生存发展的需要。这种情况在一些蒙汉杂居地区较普遍，蒙古语授课的学生读大学除了中央民族大学外，只能在自治区内就读，相应专业少。而最大的挑战在就业时，由于蒙古语使用环境有限，影响就业渠道和就业面。目前在一些地区实行的以蒙古语授课为主，同时开设汉语和英语的办学模式，在一定程度上有利于提高家长和学生对蒙古语教学的认同。双语教学在民族地区实行了几十年，取得了积极的成效，这种教学模式使少数民族学生在学习本民族语言文化的同时，适应

---

① 曹道巴特尔：《蒙汉历史接触与蒙古族语言文化变迁》，中央民族大学博士学位论文，2005年，第55页。

社会经济发展的需要。在内蒙古应根据不同地区的情况，采取不同的双语教学模式，尤其在农区和半农半牧区，有计划地加强学校蒙古语教学，在以汉语教学为主的前提下，开设蒙古语课程，把语言学习和民族传统文化学习结合起来，使民族语言文化得以传承。

6.2.3 对蒙古族生活习俗的影响

生计方式决定和影响着民族的居住方式、饮食结构、服饰以及其他一些生活习俗。以游牧为基本生计方式的蒙古族，随着畜群不断转移，发明了流动的家——蒙古包，蒙古包最大优点是拆装方便，便于移动。从饮食结构看，历史上内蒙古草原以畜牧业为主，有少量农业，因此蒙古族的传统食品以牛羊肉和奶制品为主，辅以少量的炒米等，这是由其基本生产资料是流动的畜群所决定的，牛羊肉和奶制品可以随时随地宰杀获取，而不用大量存储。这一点也与农耕民族不同，农业生产的特殊性决定了在商品经济不发达的情况下，由农业生产的长周期决定了必须储存足够的粮食，以维持到下一个收获季节的生活需求。因此，存储足够的粮食是农业社会稳定的基础。

蒙汉交错杂居，缩短了两族接触的距离，增加了相互交往的渠道与频率，使族际互动处于直接、充分和全面的状态，对于消除文化偏见极其有益。"蒙汉杂处，观感日深，由酬酢而渐通婚姻，因语言而兼习文字"。在蒙汉杂居地带，体现深度民族交往的族际通婚已很自然。在蒙古东南部"满汉民移住之地方，则与蒙古人混设村落，从事农作颇盛，此等满汉民，其移住之初，多为独身"，后娶蒙古妇人而生子女。如札萨克图旗抗垦英雄牙什，他的母亲是蒙古族，父亲张保就是汉人。曾任前南京国民政府蒙藏委员会蒙事处处长的吴鹤龄，他的母亲是蒙古族，父亲是山东人。蒙汉两族长期通婚杂居，交叉融合愈来愈深，以致出现了

第六章 北方农牧交错带变迁对内蒙古民族人口结构和文化的影响

"合村蒙民俱系亲友"的状况。如乾隆六年（1741年）正月，归化城土默特蒙民鄂钦与汉民袁尚林等呈讼，因"合村蒙民俱系亲友"，"情愿将两造和睦，不失一村和好"，以双方"情愿息词了结"。蒙汉族际交流的结果更多地体现在文化习俗领域。蒙汉两族大量吸收对方的文化习惯，在语言、居住、饮食、婚葬、娱乐等方面发生改变或出现添加。这一情形，一方面反映了蒙汉近距离交往的深入性和全面性，另一方面也反映了在正常民间交往中得以伸展的民族文化交流的双向性和自愿性。[①] 在这种双向影响中，最初是蒙古族对汉族的影响及相互影响，但到了20世纪中期，主要是汉族对蒙古族的影响。这种影响由农牧交错带的南缘向北程度不同，越向北汉文化的影响越小。

1. 居住方式的变化

蒙古包是蒙古族传统的具有代表性的居住方式，这是由其生产方式决定的；除了蒙古包与汉族的居住建筑方式不同外，蒙古包周围一般没有围墙，没有宅院。同时由于居住分散和经常转移，也很难形成城池，因此虽然蒙古族创造了辉煌的历史，但在蒙古高原上除了少数寺庙和盟旗所在地外，城郭遗迹很少。蒙古族聚居地区城市的形成和发展主要位于农牧交错带上，随着农畜产品的交换而出现，或者是随着农耕经济的发展而发展起来的。

在游牧生产方式下，没有固定的村落，牧民分散放牧，居住也十分分散。蒙古族村落的出现与农耕经济的发展密切相关，随着汉族移民的进入，一些蒙古族牧民转向农耕生产，居住方式随之改变。现在牧区也越来越受到农耕思想的影响，于20世纪中后期开始了定居定牧生活。即使在草原牧区完全流动性的游牧方式也越来越少，大部分是定居和半游牧。对牧民而言，定居有有

[①] 闫天灵：《塞外蒙汉杂居格局的形成与蒙汉双向文化吸收》，《中南民族大学学报（人文社会科学版）》，2004年第1期。

利的方面，如有利于牧民生活环境的改善，有利于提高公共服务水平等；同时，定居违背草原畜牧业发展的规律，缩小游牧半径，不利于草地环境的保护。关于定居还是游牧，是目前学术界争论较大的一个问题。大部分蒙古学和一些社会科学研究者认为，定居定牧是草原退化的主要原因之一。

蒙古人的居住方式是随着生产方式的变化而变化的，这种变化首先发生在农耕区，之后逐渐向北推进，直至今天的牧区。蒙古族因逐水草而居，住屋原都是移动性的"蒙古包"，固定的土木或砖石建筑只有大大小小的喇嘛庙。随着向定居生活过渡，蒙古牧民也模仿汉人，修造固定房屋。归化城土默特在明代就有"板升"屋，旗民"废毡包而建平房，其来久矣。该旗地近大青山，木材取用方便，旗官及富有之家，住屋建造极其壮观"，"皆崇埔峻宇，规模阔大"。察哈尔右翼四旗，"其居近内地及县境者，则住砖板上房，倚山者亦住窑洞，建筑形状，与汉人同"。[①]

农业蒙古人的聚集生活与东北汉族的居住方式完全一样，几十到上百户人家聚居在同一个村庄里，每家每户有长方状高高的围墙，围墙门向南，修得很讲究，几乎都要修成屋顶状的飞檐门楼，有条件的还在门楼两旁修建库房，除了靠围墙北端正中间修面积可观的正屋外，正屋两侧稍靠前沿围墙方位还要修左右厢房，正屋背面有后院，在正屋与厢房之间的正屋两侧空间修建猪圈、驴马棚、鸡窝、厕所等，从门楼到正屋一般20米左右的距离，宽约2米的通道连接门楼和正屋，小径两旁是宽敞的庭院，井然有序的分布格局形成了国字式家园和国字式村落。[②]

[①] 闫天灵：《塞外蒙汉杂居格局的形成与蒙汉双向文化吸收》，《中南民族大学学报（人文社会科学版）》，2004年第1期。

[②] 曹道巴特尔：《蒙汉历史接触与蒙古族语言文化变迁》，中央民族大学博士学位论文，2005年，第95页。

第六章　北方农牧交错带变迁对内蒙古民族人口结构和文化的影响

19世纪末,波兹德涅耶波夫在从经棚到库仑的旅行中看到了巴林人居住的变化,"巴林右旗人几乎全已定居,但有意思的是没有一个巴林人是从毡篷蒙古包直接过渡到汉式土房子的。他们是这样过渡的,当毡篷破损时,从事农业的巴林人已经不能用新毡来加以更新了,而是在木架子周围造一道芦苇篱笆,用泥抹住。这样他们就有土房子了。"在第二阶段,汉化程度进一步加深,房子周围一定有围墙,墙内往往栽种树木,帐篷已经抹上泥,里面的灶已经固定。在第三阶段,巴林人开始建造汉式的土房子,有炕和炉子。还专门为牲口盖了棚子,已完全汉化。[①]

2. 饮食习惯

生计方式的变化引起产品结构的变化,同时决定了饮食结构和习惯。在游牧生产方式下,牲畜是主要生产生活资料,牧民的饮食以畜产品为主;转向农耕后土地利用方式发生变化,产品结构随之变化,并引起饮食结构的变化。农业蒙古人基本失去传统的奶食品和牛羊肉文化。一日三餐和汉族完全一样,五谷杂粮、猪鸡鸭鹅肉、各种技术精湛的北方系烹调菜肴等构成了农业蒙古人的饮食文化。

随着农业生活的不断植入,蒙古族逐渐转向汉族以谷物食品为主的饮食习惯。准噶尔旗蒙古族,"早午多食小米稠粥,午间或食荞面、莜面,晚食小米稀粥,已与汉人无异。稍富者,早晚食奶茶、泡炒米,或加奶油、红糖,午饭多食肉汤面,或食羊肉烩菜。"察哈尔右翼四旗日常食品也与汉族毫无二致,还学会了腌制咸菜。"其食物平常以莜面、小米为最普遍,白面、荞面次之。副食品以山药为大宗。至晚秋腌咸菜、烂腌菜,亦与汉人同。"汉人喜食的饺子也进入了蒙古牧区。不过饺子在蒙旗是珍

[①] (俄)阿·马·波兹德涅耶波夫:《蒙古与蒙古人》,张梦林等译,内蒙古人民出版社1983年版,第428页。

北方农牧交错带变迁对蒙古族经济文化类型的影响

贵食品，非尊客不用。①

发展到今天，即使在牧区，随着物流的通畅，农区的粮食、蔬菜、禽肉等进入牧区，牧民的饮食结构也发生了较大的变化，面食在日常饮食中的比重高于肉食，蔬菜和一些禽肉比重也在增加。我们在一些地区调研时了解到，由于牛羊及羊绒等畜产品价格较高，牧民的生产生活已由自给自足转向商品生产，养牛羊目的主要是为了出售，而不是满足日常食用，在牧民的日常生活中肉食消费的比重在下降。

3. 服饰

蒙古族传统服饰的形成也与其生活的环境和从事的生产活动有关，是其特定生计方式的产物。蒙古族的传统服饰由各种长袍、坎肩、裤子、靴子、带子、帽子等构成，如今，只有在牧区穿着蒙古族服饰的蒙民比例较大，在半农半牧区以及农区早已像汉人一样着汉服，只在婚嫁、节日等纪念性的日子才会穿着蒙古族传统服装。发展到现在，即使在牧区，大部分中青年人在服装上与其他地区和民族没有太大的区别，西服、夹克等十分普遍，民族服装只有老年人穿着，或在节日穿着。

农业地区蒙古族早就改变了服饰文化。田间耕作和马背劳动这两个完全不同的生计方式在诸方面注定了各自服饰文化的不同。由牧民转化为农民的蒙古人早已脱下了传统的服饰。在农区，蒙古族传统服饰只有在婚嫁、庆典等特殊场合才能偶尔出现，其本身变化很大，与传统的服饰相差甚远。"依克明安人，男女老幼皆穿长袍，而且额鲁特人的长袍与东部蒙古不同，款式肥大宽敞。一般牧民以服代被。贫富不分，均穿皮靴，戴红缨帽。光绪二十四年蒙地招垦开放后，方接触汉人，民国以后，才

---

① 闫天灵：《塞外蒙汉杂居格局的形成与蒙汉双向文化吸收》，《中南民族大学学报（人文社会科学版）》，2004年第1期。

第六章　北方农牧交错带变迁对内蒙古民族人口结构和文化的影响

逐渐使长衫演化为短褂。①

农区一般交通条件比牧区好，任何人口密集度相对好一些的地方都会通达公路交通，村与村间的田间小路也很平坦，在那些赶驴车的、骑自行车的、徒步的来来往往的人群中夹杂着很多蒙古人。长相基本一致，穿着完全相同，一口相同的北方乡村汉语的人群中，很难辨认哪些是蒙古族人和哪些是汉族人。

4. 婚葬

蒙古族订婚时，无生辰八字之讲究，完婚之日多由喇嘛选定。元明以来受满族和汉族文化的影响，逐渐形成了一套繁琐的礼节，成婚大体上有以下几个过程：相看、放哈达（订婚）、过礼、婚礼、回门。后来，汉族订婚所用的"命相八字"渐被蒙古族接受，甚至将汉族测命用的《玉匣记》译成蒙文，通行旗境内。察哈尔"蒙古亦延汉俗，以男女生年月日时干支合婚，如干支不合，亦不结婚。"

蒙古族传统葬俗为土葬、野葬与火葬，从总体上看，以土葬为主，届时必请喇嘛念经超度，即使土葬，也不殓棺。据历史文献记载，古代蒙古人死即送至野外，"勿露其骨"，"深埋之"，但"其墓五冢"。实际上也是长眠于地下的土葬，只是不起坟茔而已。② 民国中期，土默特旗普遍流行土葬，并且在孝服、礼制等方面也发生了变化，向汉俗靠拢。蒙古族还接受了汉族的三周纪念礼。《土默特旗志》载："居丧过三周年，招延戚邻，此或沿汉礼而来也。"

历史上，蒙古族的丧葬仪式，受佛教影响较大，如请喇嘛念经，向寺院及喇嘛赠送牲畜、布帛、钱财以及其他物品，为死者

---

①　曹道巴特尔：《蒙汉历史接触与蒙古族语言文化变迁》，中央民族大学博士学位论文，2005年，第96页。

②　白歌乐、王路、吴金：《蒙古族》，民族出版社1991年版，第122页。

北方农牧交错带变迁对蒙古族经济文化类型的影响

祈求冥福等。到了现代，在农区，蒙古族的丧葬仪式基本与汉族一致。

蒙古族传统的祭祀礼仪，过去最重要的是祭天，时间一般选择在四月、八月、十二月等。除一般的祭祀之外，特殊情况也要祭天，如天旱时祈雨等。敖包也是蒙古族重要的祭祀物，在古代，蒙古人和东胡系统各族的祭祀活动相似，除祭天外，他们视万物皆有灵，因而山川、土地、树木、火等都是崇拜、祭祀的对象。其中以自然崇拜为主要内容的祭敖包，就是民间最主要的祭祀活动。藏传佛教传入蒙古地区后，利用祭敖包的形式，塞进了佛教内容，例如写祭祀敖包的经文，使敖包成为佛教活动的组成部分。在佛教影响下敖包的建筑及其圣化仪式也增添了很多佛教色彩。除祭天、祭敖包外，蒙古族对祭祖先也很重视。[①]

在农区和半农半牧区，在保留一些蒙古族婚丧、祭祀传统的同时，大多发生了变化，而且基本上也是循着牧区—半农半牧区—农区的格局，越往农区，受汉文化影响越大，习俗上越与汉族接近或完全一致，而在牧区还保留着较完整的传统习俗。

5. 年节娱乐

蒙古族在年节方面吸收了汉俗的许多内容，对春节很重视，作为一年中最盛大的节日，总是提早置办年货。"年前半月余，或乘马车，或驱骆驼，络绎不绝，率赴市镇购买过年一切衣用物品[②]，谓之办年货。近来沿边一带蒙民，一意模仿华人，供灶、贴楹联、贴门神、放鞭炮等习气，殆与华人无大异矣。"[③]汉族曲艺也传入蒙古族当中。"准噶尔旗公共娱乐，常演旧剧及道情等"。道情就是陕甘地区流行的戏剧种类。"那达慕"大会是蒙古

[①] 白歌乐、王路、吴金：《蒙古族》，民族出版社1991年版，第123—127页。
[②][③] 闫天灵：《塞外蒙汉杂居格局的形成与蒙汉双向文化吸收》，《中南民族大学学报（人文社会科学版）》，2004年第1期。

第六章 北方农牧交错带变迁对内蒙古民族人口结构和文化的影响

族人民的盛大节日,每年的七、八月间举行,赛马、摔跤、射箭等民族传统体育活动是不可缺少的项目,附近数百里的牧民都前来参加比赛或娱乐。在农区也举办"那达慕"大会,但内容与牧区不完全相同,除了一些蒙古族传统项目外,还加进了当地汉族的一些娱乐方式,如戏曲、歌舞等。同时近年来一些地区借"那达慕"大会开展各种商贸活动,即所谓的"文化搭台,经济唱戏"。

6. 宗教信仰

藏传佛教传入蒙古之前,蒙古族信仰萨满教,后来藏传佛教成为近现代蒙古人的主要宗教信仰。蒙古族在喇嘛寺庙建筑中,大量吸收汉式风格。张北县(今属河北张家口市)的玻璃采村,有一座名为博罗采吉音苏默,即博罗采吉音庙,是完全照内地庙宇的式样建造的,"因此只有看到庙顶上有着一个宝瓶,才会知道这座庙是黄教的寺庙"。汉族的一些传统民间信仰也为蒙古族所接受。在毕克齐镇(属于归化城土默特),汉族信仰的三官庙、马王庙、龙王庙就是蒙古族所建。归绥县哈拉不达乡,是一个纯蒙古族农业乡,该乡"有佛殿龙王庙各一,每年于龙王庙领牲三次……"。这说明为华北汉族农民广泛崇奉的龙王神,由移民带入塞外后,也为转事农业的蒙古族所接受。汉族群众也接受蒙古族的信仰,参与蒙古族的宗教活动。如清水河县(今属呼和浩特市),在镶蓝旗广济庄三十一号村有一脑包,本村的汉人也进行供奉。"惟是历年赖此脑包以障河水冲刷,村人于月之朔望必焚香拜祭。附近蒙古于每年六月六日宰牺牲、具香楮,相率前来,献赛,名曰祭脑包。"同样,蒙古族也参加原来属于汉族的庙会,塞外出现蒙汉联欢共庆的热闹场面。郡王旗"每年于十月初八日,在与东胜县交界处之桃黎庙,举行庙祭,汉人演剧,喇嘛跳

北方农牧交错带变迁对蒙古族经济文化类型的影响

神。娱乐而外,并为皮、毛、盐、碱、布、茶、牲畜之市集。"①

蒙汉两族宗教信仰的融合,最典型的形态是对汉族所信仰神祇和蒙古族所信仰神祇的同台供奉。波兹德涅耶夫在从热河到多伦的路上,出热河城(今承德市)不远,见到一座小喇嘛庙。"小庙内分成三间,把宗喀巴佛像和古老的红教佛像古怪的混合在一起。这座庙奉祀的是刘备,他是关羽的结义兄弟"。这座喇嘛庙将黄教创始人宗喀巴的塑像、红教佛像与刘备的塑像一起供奉,反映出内地汉族历史人物为蒙古族所熟知,成为其崇拜对象的一部分。蒙汉两族的宗教交流还深入到僧侣队伍层面,彼此进入,相互补充。郭家屯附近的二道营子村,村里有一座美丽的财神庙,"可是这庙里住的却是一位察哈尔喇嘛,也就是黄教的信徒"。汉族出家的少,蒙古族出家的多,恰好可以补足寺观僧人之缺。

蒙汉两族的长期交往,进一步触及蒙古族的宗教观念层面。受汉族宗教信仰世俗化色彩较浓的影响,归化城土默特蒙古族的宗教信仰逐渐淡化,人们更加重视现世生活。总管全呼和浩特所有寺庙的伊克召(即大召),到19世纪末,"可以说只是日趋没落。召里的喇嘛说,这是由于当地的土默特人受汉人的影响,完全忘记了圣庙,对宗教越来越不虔诚了。"土默特是清代以后内蒙古蒙古族人口保持增长的蒙旗之一,这一例外情形与喇嘛教的弱化有较大关系。"土默特旗早已与汉族在经济上构成同样体系,因此对于宗教的观念非常薄弱。现在土默特召庙较少,做喇嘛的亦不多,且多不守宗教戒律,生活亦比较优良,这当然在人口上要比游牧民族繁殖得多了。"

在漫长的历史发展过程中,蒙古族游牧文明与汉族农耕文明

---

① 闫天灵:《塞外蒙汉杂居格局的形成与蒙汉双向文化吸收》,《中南民族大学学报(人文社会科学版)》,2004年第1期。

第六章　北方农牧交错带变迁对内蒙古民族人口结构和文化的影响

之间交融发展，终于形成如今北方农牧交错带地区独特的蒙古族文化，这是一种先进文化的象征，代表着蒙古族以其伟大的包容性迈向多元化，努力跟上时代脉搏，代表着前进的力量；但同时，对于蒙古族传统文化而言，这又是一种威胁，甚至可以说是落后。蒙古族的游牧基础改变了，随之而来就是衣、食、住、行等方面一系列的变化，越来越多的汉族文化充斥在蒙古族文化中，长期发展下去必然不利于北方草原游牧文化的继承和发展。如何处理蒙古族文化与汉文化及其他外来文化的关系，是当前及今后蒙古族文化发展中面临的难题，但需要本着保护文化多元性的宗旨，首先保护和发展草原畜牧业，通过畜牧业这一生计方式的延续和传承，保护草原文化，草原文化和草原畜牧业是相互依存的关系，失去草原和草原畜牧业，保护草原文化就是一句空话。

第七章 北方农牧交错带城镇化和工业化与蒙古族经济文化类型的变迁

北方农牧交错带的大部分位于内蒙古境内或在内蒙古与其他省区的交界区域，自古以来这一区域就是草原游牧民族和中原农耕民族的结合部，历史上就为兵家必争之地，亦为各民族团结融合区域。由于南北生产方式和产品结构的不同，北方农牧交错带还是农牧产品集散地，从而逐渐形成了规模不一的城镇。内蒙古的主要城镇大多分布在农牧交错带上，这有其历史必然性。伴随该区域现代化的进程，城镇的数量和规模都在迅速扩张，功能亦越来越多元化，对区域经济社会发展的效应也越来越明显。本章主要以内蒙古自治区为例，结合工业化进程，分析其城镇的兴起、发展和经济社会效应，并对这一特殊区域的工业化和城镇化模式进行探讨。

7.1 北方农牧交错带城镇的兴起和发展

城市是生产要素和经济活动集聚的结果，城市一般出现在自然条件较好，交通便利，人口集中的平原河谷地带。农牧交错带是两种生产方式的过渡地带，南耕北牧的生产格局决定了其产品具有很强的互补性和相互依赖性。因此历史上就是游牧民族与农耕民族互通有无、从事商品交换的地带。随着商品交换的发展，逐渐出现了专门的商人阶层，同时在这些地区出现了商铺和"坐商"，形成农畜产品的集散地，并由市而城，不断扩大，是现代

第七章　北方农牧交错带城镇化和工业化与蒙古族经济文化类型的变迁

城市的雏形。现今内蒙古的城镇大多分布在农牧交错带上,自北而南,东部盟市的所在地乌兰浩特市、通辽市、赤峰市均在农牧交错带上,西部的包头、呼和浩特、鄂尔多斯、集宁市等也位于农牧交错带上。同时农牧交错带还是大部分中小城镇的密集地,这些城镇大多具有较悠久的历史。

7.1.1　战国至清代北方农牧交错带城镇的兴起和发展

古代城池的主要用途是防御和治水,《礼记·礼运》中云"城郭沟池以为固";《吴越春秋》称"鲧筑城以卫君,造郭以守民,此城郭之始也"。从春秋战国开始,中国出现了大量新兴城市,不仅数量增加,而且规模扩大。根据起源和发展道路,中国封建城市大致有三种类型:郡县城市、工商业城市和交通城市。[①] 而在不同区域,这些城市的数量和规模不等,历史上北方农牧交错带这几种类型的城市都有。

北方农牧交错带城市的形成可以追溯到战国时期,主要是因政治行政需要而形成的。当时魏国势力最早进入今内蒙古地区,秦、赵、燕三国向北扩展开拓领土,设立郡县,扩展至阴山以南、燕山以北地带。在以后的朝代更替中,这一区域一直是北方游牧民族和中原农耕民族角逐的地方,城市的发展也随着经济发展和民族分布格局的变化而时兴时落。

战国时期匈奴、林胡、楼烦、东胡等古代北方民族曾活动在呼和浩特平原、乌兰察布南部丘陵地带、鄂尔多斯高原等地,过着"逐水草而迁徙"的游牧生活。

秦朝对内蒙古南部地区的统治确立后,迁徙大批内地农业人口以充实新设立的郡县。公元前 214 年,秦始皇派大将蒙恬率

[①] 高德步著:《世界经济通史》(上卷),高等教育出版社 2005 年版,第 217 页。

北方农牧交错带变迁对蒙古族经济文化类型的影响

30 万大军北击匈奴，占领了今内蒙古黄河以南地区；同年秦始皇把一批罪犯迁入新设的 44 县，充实边地。《史记·秦始皇本纪》载，始皇三十二年（公元前 215 年）刻碣石门之辞曰："皇帝奋威德并诸侯，初一泰平，堕坏城郭，决通川防，夷去险阻。地势既定，黎庶无繇"。国内局势稳定以后，为巩固边疆，开始在北方建城郭、设郡县。同年又占领了匈奴控制的高阙、阳山（今狼山）和北假（今乌家河河套地区）等地，为了防止匈奴南侵，在原燕、赵、秦（秦昭王长城）的基础上构筑了秦长城。两千多年来，长城地带即农牧交错带，为我国北方农牧的分界线。

据考古勘察，现已知内蒙古境内秦长城遗迹的分布位置，大致西起自鄂尔多斯高原的西部，经今乌海市，越黄河，透逸于狼山南麓，然后沿狼山东行，经乌拉特前旗的查石太山北口，南折入呼和浩特北郊，再东入卓资县，一路北经集宁市、察右后旗、商都、正蓝旗、多伦县，经河北围场，进入赤峰市南面，再经宁城县及敖汉旗南部，延伸至辽宁省境内。[①] 此路线正是畜牧业与农业的交错地带，即秦汉时期北方农牧交错带的主体，也是现今内蒙古城镇的主要分布区。

秦长城大体上成为秦朝与北方游牧民族的疆域分界线，也是当时的农耕北界。公元前 211 年，又把中原地区 3 万人口迁至内蒙古境内的北河（今乌加河）和榆中（今鄂尔多斯高原北部）等地，进行垦殖，秦王朝给这批人"各拜爵一级"（按秦制：各拜爵一级可得地一顷，宅 9 亩）。秦朝统治者的"移民戍边"政策，促进了古代内蒙古地区农业人口的增加和草地的开垦。郡县的设置及不同文化的碰撞加速了城镇的形成。经考古发现，在长城沿线，秦代较大的古城郭有乌拉特前旗的增龙昌古城和固阳县的三

---

① 盖山林、陆思贤：《内蒙古境内战国秦汉长城遗迹》，《中国考古学会第一次年会论文集》，文物出版社 1980 年版。

第七章 北方农牧交错带城镇化和工业化与蒙古族经济文化类型的变迁

元成古城。[①]

表 7-1 战国至秦在内蒙古所设郡县

郡名	治所地望	管辖今内蒙古地区的范围	历史沿革
云中郡	云中（今托克托县古城村古城）	内蒙古土默特右旗以东，大青山以南，卓资县以西，黄河以北地区。	战国时赵置，秦朝败匈奴后复置
九原郡	九原（包头市麻池古城北城）	内蒙古后套地区、包头市大部分以及黄河南岸的伊盟北部地区。	战国赵建九原郡，秦败匈奴后置郡
北地郡	义渠（今甘肃庆阳县南）	乌海市、托克托旗和托克托前旗等地	秦置
上郡	肤施（今陕西榆林县东南）	乌审旗、伊金霍洛旗、东胜市和准格尔旗	战国魏置，秦沿袭
雁门郡	善无（今山西右玉县东南）	黄旗海、岱海周围地区	战国赵置，秦沿袭
代郡	代县（今河北蔚县境内）	兴和县等地	战国赵置，秦沿袭
上谷郡	沮阳（今河北怀来县东南）	锡盟南部部分地区	战国燕置，秦沿袭
右北平郡	平刚（今宁城县黑成村古城）	赤峰市红山区以南地段	战国燕置，秦沿袭
辽西郡	阳乐（今辽宁义县西）	通辽市奈曼旗和库伦旗南端和赤峰市敖汉旗南部	战国燕置，秦沿袭

元封五年（公元前 106 年），汉武帝将全国划分为 13 个监察区，称十三刺史部，又称十三州。在凉、朔方、并、幽四刺史部的管辖下，西汉在北部边境地区设置有张掖、朔方、五原、云中、定襄、上郡、西河、雁门、代、上谷、右北平和辽西郡等，

[①] 唐晓峰：《内蒙古西北部秦汉长城调查记》，《文物》，1977 年第 5 期。

北方农牧交错带变迁对蒙古族经济文化类型的影响

并迁徙大量内地汉族农业人口进行屯田，因而成为汉代重要的农垦区，农业生产达到一定水平，本地居民粮食自给有余。此时由于巩固边防的需要及经济的发展，郡县的设置在秦的基础上又进一步扩大。如汉武帝曾"兴十余万人"修筑朔方城；徐自为在五原塞外筑有光禄城、支就城、头曼城、宿虏城等。当时的成乐（今和林格尔）、云中（今托克托县）、五原等城都是比较大的军事政治和商业中心。

目前，随着考古调查的深入，内蒙古地区已发现的长城沿线汉代城址西起乌拉特后旗，东迄奈曼旗的长城沿线，除了上述经考订或推测为当时郡县治所之外，勘查较清楚，年代可靠的城镇遗址见表 7-2。①

表 7-2　长城沿线郡县治所

盟市	旗县	古城镇名称
巴彦淖尔盟	磴口县	兰城子古城
	乌拉特前旗	公庙子沟古城、小召门梁古城、堡子湾古城、增龙昌古城、哈德门沟古城、烂店圪卜古城
	五原县	西十城子古城
	固阳县	梅令山古城、三元城古城
包头市	周边	明暗川古城、麻池古城、古城湾古城
	达拉特旗周边	二沟湾古城、敖包梁古城、土城子古城、城梁古城、榆林土毛古城
鄂尔多斯市	伊金霍洛旗	红庆河古城
	乌审旗	圪圪淖古城、莎尔墩口子古城
	土右旗	东老丈营子古城

---

① 中国社会科学院考古研究所：《新中国的考古发现与研究》，文物出版社 1984 年版。

第七章 北方农牧交错带城镇化和工业化与蒙古族经济文化类型的变迁

续表

盟市	旗县	古城镇名称
呼和浩特市	武川县	庙沟土城子古城
	托克托县	双古城古城、白塔古城之陶卜齐古城、哈拉沁沟口古城、八拜古城、塔布陀罗亥古城
	和林格尔县	塔布秃古城
	清水河县	西拐子上古城
乌兰察布市	凉城县	左尉天子古城、天城镇古城、厂汉营古城
	卓资县	三道营古城、土城村古城、旗下营古城、拐角铺古城
赤峰市	红山	东城子古城、冷水塘古城
通辽市	奈曼旗	沙巴营子古城、西土城子古城

秦汉以后北方游牧民族与南方的从事农耕的汉族屡经战乱，城镇的发展也几经废立。北齐时代（公元550—577年），北方游牧民族崛起和强盛，河套平原农田又成为刺勤部族游牧之地，"天苍苍，野茫茫，风吹草低见牛羊"就是当时的真实写照，交错带区域内城镇发展缓慢。

至唐贞观七年（公元633年），屯垦又兴起，在河套开延化、凌阳、咸阳、永清等大型渠道，其中有的渠可灌溉土地万亩以上，种植业得到空前的发展。农业界限北扩，城镇也获得较大发展。隋唐时突厥势力左右蒙古高原，突厥在内蒙古境内建的城镇较多，其中有唐单于都护府城（内蒙古和林格尔县土城子）、隋唐胜州城（内蒙古准格尔旗十二连城）、唐天德军城（内蒙古乌拉特前旗阿拉奔乡北古城）、隋大同城（天德军城西南约2公里）、唐丰州城（天德军西南约30公里）、唐东受降城（内蒙古托克托县城的"大皇城"）等。此外，内蒙古伊克昭盟红柳河上大湾沟以西的城川古城，可能是唐朝的宥州城。

北方农牧交错带变迁对蒙古族经济文化类型的影响

宋辽、元时期,蒙古族南移,种植业由于蒙古部落南进而逐渐退废。长城沿线一带又恢复为游牧地带,草原成为蒙古贵族的领地。而且元朝还在中原农区实行圈地运动,强行圈占耕地停耕而牧,由耕地恢复为草地。游牧生产方式再次在此区域内居于主导地位,由于"逐水草而居"的生产生活方式城镇的发展比较缓慢。

北魏王朝、辽王朝及元王朝,其兴筑的城郭数量较少,范围却有所扩大,分布范围不仅限于农业地区,在世代游牧生活的高纬度地区也筑起了城郭,如辽代的通化州位于今呼伦贝尔市陈巴尔虎旗境内;元代的黑山头古城和辉河古城位于呼伦贝尔盟境内的高纬度地区。

自13世纪蒙古族形成以来,其主体一直生活在内蒙古高原。蒙古族古代的城市是流动性的车帐群体——古列延,后来逐渐出现固定建筑和城市。根据史料记载,蒙元时期,在大漠南北兴建了许多城镇,这些城镇有的是早期蒙古国和元朝的都城,有的是军事重镇,还有的是诸王、贵戚在封地内修建王府宫室而形成的城镇。随着这些城镇人口的积聚,工商业也随之发展起来,出现了规模较大的城镇。在漠南地区,较大的城镇如元上都开平城(今内蒙古正蓝旗五一牧场境内上都河北岸),城内建有宫殿和居民居住区、大小官署、手工业作坊以及孔庙、佛寺、道观、清真寺等多处。中都旺兀察都行宫(今张北县北白城子古城)。此外,还有漠南地区诸王、驸马、功臣封地内也兴建了许多城镇,如弘吉剌部建的应昌(在今内蒙古克什克腾旗达里诺尔西岸)、全宁城(在今内蒙古翁牛特旗乌丹镇)。汪古部境内的净州路(治天山县,治所在今内蒙古四子王旗吉生太乡城卜子村)、集宁路(治集宁县,治所在今内蒙古察哈尔右翼前旗巴音塔拉乡土城子)、德宁路(治静安县,原名静安路,1318年改名德宁路,治所在今内蒙古达茂旗鄂伦苏木古城)。忽必烈第三子忙哥剌在原

第七章 北方农牧交错带城镇化和工业化与蒙古族经济文化类型的变迁

西夏夏州东北新建察罕脑儿城（在今内蒙古乌审旗和陕西靖边县交界的白城子古城），修建宫殿，后来在此设立察罕脑儿宣慰司元帅府。在辽阳行省境内于亦乞列思部境内修建宁昌城（约在今内蒙古通辽市库伦旗与辽宁阜新县交界处），辽王脱脱封地内修建泰宁路城（在今吉林省洮南市东北）。①

胡助《纯白斋类稿》称"都城百万户，葬车早喧阗"。外城市街区，仅就《元史》所载统计，去内有大小官署六十所，手工艺管理机构和厂局一百二十余处，佛寺一百六十余座，以及孔庙、道观、城隍庙、三皇庙、清真寺等各种宗教寺院。还有鳞次栉比的商肆，达官和平民的住宅等。②

明朝沿长城设置了九大军事防区——辽东、蓟镇、宣府、大同、山西（偏头关）、延绥（榆林）、宁夏、固原、甘肃，称为九边。九边各镇不仅是明廷同蒙古贵族抗争的战场，也是汉族同蒙古等北方游牧民族互市贸易的场所。明代九边地区的民族贸易通称为马市，马市的发展以隆庆和议为界，分为前后两大时期，前一时期是明蒙之间官办的朝贡优赏贸易（其间间杂着战争掠夺贸易），后一时期马市性质发生变化，朝贡贸易发展为互市贸易，官市过渡到民市，在更大规模的民族贸易市场上，民间自相往来、有无互通的市易占据了主导的地位。③

更重要的是农、牧两大经济文化类型之间存在相互依存、相互需要、相互促进的关系。农业经济既需要畜牧业为自己提供农耕、运输用的畜力和战马、牲畜、皮毛、珍贵药材等畜力和物力，也需要不断向畜牧经济区出卖农副业及手工业产品等，使畜

---

① 达力扎布编著：《蒙古史纲要》，中央民族大学出版社 2006 年版，第 125—126 页。

② 内蒙古社科院历史组：《蒙古族通史》（上卷），民族出版社 2001 年，第 287—288 页。

③ 余同元：《明后期长城沿线的民族贸易市场》，《历史研究》，1995 年第 5 期。

北方农牧交错带变迁对蒙古族经济文化类型的影响

牧业经济地区成为农业经济地区的重要商品市场；而畜牧业经济不仅需要农业经济地区提供粮食、布匹和铁、铜、锡、金、银、陶器等各种手工业品，而且也需要出卖自己的皮毛、药材等产品，这样便促使两种经济的贸易交换沿长城一线不断展开。自秦汉至明清，长城沿线的许多关口，在历史上成为农、牧两大经济、文化系统民族交易的场所或中心，加之特殊情况下的民族之间的抢掠，使农、牧业产品沿长城一线集散，长城一线也就成了国内最大的贸易市场和物资供求、集散基地。在历史发展过程中，许多关口逐渐发展成为长城沿线的重要城镇。可见，长城既保证了农业经济、文化与畜牧业经济、文化的正常发展，又为二者的交流和相互补充提供了场所和方便；又起着调解两种经济，使农、牧业经济朝着主辅相互配合的方向发展的重要作用，从这个意义上讲，长城又是农、牧经济的汇聚线。因此，长城不单纯是曾起过将两种经济、文化分割开来的作用，更重要的是还曾担负着将两种经济、文化联结在一起的重任。①

实际上，从辽上京、辽中京到元上都城等许多分布在北方农牧交错带的北方民族建造的古代城市，在形态、布局、职能分配上都兼有农、牧两种社会经济形态的双重特征。这种双重性在辽代表现得最为明显，而到了元代，大城市所体现出的两种文化特征似乎更具有融合的趋势。虽然统治者仍然分出不同的民族生活区域，但是即便是蒙古族生活的皇城布局也更向中原城市靠拢，游牧文化的影响逐渐降低，农业社会的特征愈加明显。这种变化显然是随着北方少数民族政权向中原的深入和巩固而渐进地演化，比如辽中京城与辽上京城相比，元上都与辽上京、辽中京相比，后者更多地具有中原城市注重中轴线、对称布局和棋盘式街道结构的特点，城市外围已经形成明显的关厢。

---

① 余同元：《明后期长城沿线的民族贸易市场》，《历史研究》，1995 年第 5 期。

第七章　北方农牧交错带城镇化和工业化与蒙古族经济文化类型的变迁

7.1.2　北方农牧交错带城镇兴起和发展的条件

前文已经提到，城镇的形成和发展需要具备一定的条件，古代城镇的兴起和发展与近现代城镇的兴起和发展条件有一些共同之处，但又有很大的差异。北方农牧交错带城镇的兴起和发展是自然、经济、社会和文化等多种因素共同作用的结果。

1. 自然地理条件

适宜的地理位置和气候是城镇产生的自然条件。据大量的史料记载，最早的城镇产生于北纬30—40度之间的两河流域（底格里斯河、幼发拉底河）、尼罗河谷地、地中海沿岸、印度河流域和黄河流域。这些地方因气候温和、交通方便、物产丰实，最适宜人类居住和从事经济活动。因此，在这些地方自然会形成大量的城镇。例如，埃及盖斯菲城、卡洪城等地球上的第一批城镇就诞生在尼罗河流域。当然，在不同时期，根据统治阶级建城目的不同，城镇形成要求的自然环境条件也有所区别。防御是早期城镇的主要职能，到了近现代，要求城镇在社会经济运行中发挥中枢神经调节职能，因此，城镇兴起的地方往往是经济中心、交通枢纽所在地、文明发源地和权力控制中心。

北方农牧交错带自然条件要明显好于北部草原地区。在内蒙古中南部的黄河流域一带和东部的西辽河流域一带，有着较为优越的自然环境，是我国北方古人类最早聚居生活的两大区域，有着较为发达的古代文化。其中，新石器时代和青铜器时代文化分布广，而且延续时间较长，内蒙古地区最早出现围墙和城郭的原始文化，都是在这两大区域内。公元前2500—2100年左右，在阿善于西园遗址，都出现有石筑围墙或城墙的防卫性聚落。[①] 除

---

① 崔璇、崔树华：《内蒙古中南部的原始城堡及相关问题》，《内蒙古社会科学》，1991年第3期。

北方农牧交错带变迁对蒙古族经济文化类型的影响

此两地之外，有石砌围墙的城堡还广泛分布于内蒙古中南部地区，如大青山下的佳木莎、黑麻板、威俊，蛮汗山下的老虎山、板城、大庙坡，清水河县的马路塔等遗址。这种石城堡大都建在背靠大山的山麓台地上，以石块错叠，缝隙间塞碎石以胶泥黏固。城址都选择在地势险要之处，周围并不都设有围墙，而是有些地段利用悬崖为屏障。①

地形和气候等是影响北方农牧交错带古代城市（城郭）分布的重要自然因素。地形可看成是一成不变的稳定因素。它主要影响城市的空间分布。历代封建王朝所修建的城市（城郭）绝大多数都分布在大兴安岭—阴山山脉—贺兰山一线以南、以东地区。这一线成了城市（城郭）分布的天然屏障。广袤的内蒙古高原牧区只建立过数量极少的城市（城郭）。

在气候因素中气温和降水是制约城市（城郭）分布的主要因素。广袤的内蒙古高原由于气候寒冷、干旱，不利于城市（城郭）文明的发展。气温和降水波动大，它们是农牧业界限移动的主要自然驱动因子，因而也是影响城市（城郭）分布的主要因子。气候变暖，则农耕界线北移，人口也随着北迁，城郭分布范围也随之向北扩大；气候变冷，则农耕界线南移，人口也随之南迁，城廓分布范围也向南退缩。气候干旱期，城市分布区域及农牧业界限往往向南移动，气候湿润期向北移动。以鄂尔多斯高原为例，历史上发生过的多次农牧交错带变迁与降水量的变化密切相关。气候湿润期间，该区变成农区，农业人口增加，城郭文明较发达；气候变干，该地区则变成游牧区。游牧民族很少筑城郭，从而导致该地区城市（城郭）文明的衰落。②

---

① 王明珂著：《华夏边缘》，社会科学文献出版社 2006 年版，第 79 页。
② 包玉海、乌兰图雅：《内蒙古古代城市（城郭）分布影响因素分析》，《人文地理》，2000 年第 5 期。

第七章　北方农牧交错带城镇化和工业化与蒙古族经济文化类型的变迁

2. 社会经济条件

自然地理条件只是城镇形成和发展的基础，城镇形成和发展的主要动力是社会经济条件。在不同的社会经济条件下，城镇发展的速度和规模差异很大。同样的自然地理条件下，由于社会经济发展的差异，城镇发展也存在巨大的差距。无论从早期的"日中为市"，还是从城市的职能看，城市发展都离不开经济的发展、产品的交换，只不过不同时期的城镇发展经济内容有所区别，这说明城镇的形成是建立在一定的生产力发展水平之上的。众所周知，在生产力水平极其低下的原始社会前期，人们为了生存，过着游荡的生活，没有固定住所，也没有多余的产品可供交换。因此在原始社会初期根本不具备形成城镇的基本条件。随着社会发展，生产力水平不断提高，人类社会先后出现三次社会大分工。第一次大分工是畜牧业从农业中分离出来形成以农业为主的定居点，即村庄；第二次社会大分工是手工业从农业中分离出来，使得劳动生产率进一步提高，人们有了可供交换的剩余产品和剩余劳动力，具备了城镇形成的先决条件。为此，有的地方修起了石墙和城楼，使得原来的村庄慢慢向城镇演化；第三次社会大分工是商业从农业、畜牧业和手工业中分离出来，这次社会大分工奠定了城镇形成的经济基础。

游牧民族在其势力较强时，在内蒙古地区也曾修建过数量极少的几座城市（城郭）。所建立的城市一般修筑于纬度较高地区。农耕民族（汉族）所建立的城市一般都位于内蒙古靠近南部（长城以南）地区。当南方农耕民族势力较强时，在内蒙古境内所建的城市数量多且分布范围较广，如西汉时期的城市分布范围可达西至阿拉善居延海、北至黄河以北地区；相反，当南方农耕民族（军事）势力较弱时，在内蒙古境内所建的城市数量少且分布范围较小，如宋代在内蒙古境内只在鄂尔多斯东南部长城以南的地区建有少量小城市。北方游牧民族在整个中国取得统治地位后，

北方农牧交错带变迁对蒙古族经济文化类型的影响

在全国各地修筑城市,其中当然包括内蒙古的农牧交错区,如元朝和清朝。这一时期不存在与南方农耕民族对峙的局面,城市的地理分布很少受社会因素的影响,而主要受自然环境的影响。但不管哪个朝代,由于高纬度地区(如呼伦贝尔)和西部阿拉善地区生存环境恶劣,在当时的生产力水平下,历代统治者在这些地区所建的城市数量均相当少。

在特定的历史时期政治环境对城市分布的影响比较大。如清朝为了抵御沙俄入侵,在呼伦贝尔地区设置了许多卡伦,这些卡伦后来有不少发展成为城市。清末在内蒙古地区设置大量府、州、厅、县,与清廷为了减轻内地人口压力和抵御沙俄侵略的"移民实边"政策有关。现代北方农牧交错带的城镇大多是在这些府、州、厅、县治所的基础上发展起来的。

3. 文化背景

文化背景的差异使人类住所千差万别。历史上的北方游牧民族长期居住在穹庐(蒙古包)里;在大兴安岭原始森林里生活的鄂伦春等狩猎民族则居住在用桦树皮做的"仙仁柱"内;农耕文化较发达的汉族则过着定居生活,民居以土木建筑为主。以游牧经济为支柱的北方游牧民族,由于长年"逐水草而居",使他们居无定所,这种生活方式决定了他们几千年来未发展大城市。游牧民族人畜并重,"逐水草迁徙,毋城郭常处耕田之业"。人与牲畜都是游离的,土地对它们没有多大的约束力,人畜不附着于土地。这样,人随牲畜到哪里,政治、经济和文化也到了哪里。畜牧业本身不曾给予城市以发展的机会,而且还把它看成一种负担、一种束缚、一种不必要的累赘。有些草原政治家还竭力反对建立城郭。拓跋郁律之妻王氏反对其子筑城郭,起宫室,她说:"国自上世,迁徙为业。今事难之后,基业未固。若城郭而居,一旦寇来,唯卒迁动。"突厥名臣暾欲谷劝诫他的小主人毗伽可汗不要修筑城堡。反对城市建设,反对商品交易,除了站在敌对

第七章　北方农牧交错带城镇化和工业化与蒙古族经济文化类型的变迁

观点出于政治需要外，文化的差异（游牧文化与农耕文化）是主要原因之一。农业文明以定居为主要特色，历代中原王朝修筑长城以后，就在长城沿线屯田，并建城郭把守，使长城沿线成为城郭（城市）密集分布区。①

以上主要是历史上北方农牧交错带城镇形成和发展的条件。到了近现代，城镇产生发展的条件发生了很大的变化，一些学者提出了城镇形成和发展的动因理论，如产业发展、技术进步推动城镇成长理论、集聚经济理论、集聚与扩散理论、竞争和协合经济理论、城镇规划理论等。这些理论对揭示近现代城镇发展具有一定的指导价值。

7.1.3　长城与北方农牧交错带的城镇

古代长城是划分北方游牧民族与南方农耕民族的重要分界线，是历代中原王朝防御北方游牧民族入侵的主要军事屏障，因此长城的位置和走向基本与北方农牧交错带一致。从秦汉到明朝，沿着长城沿线也是城镇分布较密集的区域，战国时期燕国的延陵、平刚、新惠古城（敖汉旗境内）和沙巴营子等古城均分布在燕长城以南；赵国的云中城、九原城均分布在赵长城以南；秦朝在内蒙古境内所建的城市均分布在秦长城以南；汉代在内蒙古境内所建的城市均分布在汉长城（居延塞、光禄塞、鸡鹿塞）以南、以东地区。其他中原王朝所建的城市分布虽有所变化，但基本没有离开长城沿线地区。这时城镇的主要功能是军事防御和行政建制的需要，经济功能虽已显现，但不明显。长城沿线城市的经济地位日趋突出始于清朝，这时其军事防御功能逐渐让位于经济功能，通过这些城镇，内地的粮食、茶叶、盐、生活用品等源

---

① 包玉海、乌兰图雅：《内蒙古古代城市（城郭）分布影响因素分析》，《人文地理》，2000年第5期。

北方农牧交错带变迁对蒙古族经济文化类型的影响

源不断流向牧区，又从牧区换回牲畜、皮张等畜产品，成就了晋商及其他旅蒙商的传奇。

长城是古代一种用于军事防御的建筑工程。在中国历史上有二十多个诸侯国和封建王朝曾修筑过长城。其中横亘北部的秦、汉、明三个朝代的长城，规模宏大，气势雄伟，因其长度都在万里以上，故被称作万里长城。数千年来，内蒙古地区随着民族的不断变迁和统治集团的不断更替，各民族统治者之间以及他们与中原王朝曾经发生过多次纷争和战乱。内蒙古的长城就是在这样的历史背景下修筑的。在这里包括西周和战国时期共有十三个诸侯国和王朝修筑过长城。内蒙古长城的修筑对于遏止当时这一地区战争的扩大和保护当时各族人民（主要是修筑长城的民族）的财产和安全曾起过重要的作用。实际上，万里长城是一条土地利用界限（农牧业界线、城郭分布界线），也是重要的文化界限，又是无霜期与雨量有明显差别的过渡带。它控制着城郭的空间分布。北方游牧民族与南方农耕民族分庭抗礼时期，长城严格控制着城市（城郭）分布格局。南北统一时，长城对城郭的分布基本不起什么作用。从秦汉到明代，历代中原王朝在内蒙古境内所修建的城市几乎全部分布在当时朝代所修筑的长城以南（长城沿线）。战国时期燕国的延陵、平刚、新惠古城和沙巴营子等古城均分布在燕长城以南；赵国的云中城、九原城均分布在赵长城以南；秦朝在内蒙古境内所建的城市均分布在秦长城以南；汉代在内蒙古境内所建的城市均分布在汉长城（居延塞、光禄塞、鸡鹿塞）以南、以东地区。其他中原王朝所建的城市分布均有类似情况。北方游牧民族所建的城市（城郭）分布与中原王朝有所不同。北方游牧民族世代过"逐水草而居"的游牧生活，很少建城郭。他们所建的为数不多的城郭一般分布在较高纬度地区。如辽代的通化州位于今呼伦贝尔盟陈巴尔虎旗境内；元代的黑山头古

第七章　北方农牧交错带城镇化和工业化与蒙古族经济文化类型的变迁

城和辉河古城位于呼伦贝尔盟境内的高纬度地区。[1]

内蒙古农牧交错带的城镇自战国时期开始形成,战国时期,魏国势力最早进入今内蒙古地区,秦、赵、燕三国进一步向北扩展开拓领土,设立郡县,扩展至阴山以南、燕山以北地带。以农耕文化为基础的华夏人及后来的汉族进入内蒙古地区后,随之也带来了城郭制度,在内蒙古境内大都分布在阴山以南地带。世代居住在内蒙古高原上的匈奴、鲜卑、乌桓、契丹、蒙古等北方游牧民族,建立起国家政权后,便在其境内筑起大大小小的城郭。城镇开始在该区域内出现并发挥作用。经秦、汉、唐代屯田戍边,东汉、晋、五代、宋辽、西夏时期游牧民族南下,再经明、清大规模军(屯)垦,农耕与游牧交替消长,逐渐形成犬牙交错的格局。城镇也随着农牧交错带的变迁而变迁。古长城(燕、赵、秦长城)和今长城(明长城)是我国北方农牧交错带变迁的主要参照物,它深刻记述了我国北方农牧交错带变迁的历史,因此研究内蒙古农牧交错带的城镇也离不开古今长城这一重要的历史建筑。

长城既可以看作军事对抗与防御的产物与手段,同时也起到确定边贸口岸,予以控制约束的一种有效的管理方式。开原、赤峰、山海关、宣化、张家口、大同、榆林、固原、银川、兰州、武威、张掖、酒泉、嘉峪关、敦煌,这些历代长城沿线城市的起源,都依赖于长城的修建,其成长与繁荣都离不开长城线上的关市茶马贸易。[2] 历史上北方农牧交错带基本在长城一带,即长城以北以畜牧业为主,以南以农耕为主,长城既是中原农耕民族对北方游牧民族的防御设施,也是经济交往和互补关系的纽带。长

---

[1] 包玉海、乌兰图雅:《内蒙古古代城市(城郭)分布影响因素分析》,《人文地理》,2000年第5期。

[2] 李孝聪著:《中国区域历史地理》,北京大学出版社2004年版,第491页。

城总是修建在气候环境与自然地理分界带上,因此,它不是国界,而是农业耕植与畜牧、游牧业两种不同生产方式的分界线。游牧地区由于产品的单一性和不稳定性,内部缺少对自身经济产品转化的机制;同时也由于维系自身生命的某些产品必须从农业地区获得。所以,自古至今,草原游牧地区对农耕地区有着很强的依赖性。经常性的对外产品的交换,是游牧地区人民繁衍发展的必然。这种产品交换可能是有序的,即定期定点贸易;也可能是无序的,演化为抢掠和军事对抗。修建长城的作用就是要把无序变成有序。长城既可以看做军事对抗与防御的产物和手段,同时也起到确定边贸口岸,予以控制约束的一种有效的管理方式。[①]

因此,通过考察长城沿线城市的起源和变迁,可以全面了解农耕经济与游牧经济的关系,长城南北生产方式的差异、产业和产品的互补是这些城镇兴起和发展的经济动因。两种生产方式间为了争夺生存空间,经常处于拉锯式进退之中。同时由于历史上长城南北一直是北方游牧民族与内地农耕民族的生息繁衍地,长城沿线城镇的变迁也是中国民族关系的真实写照,是研究中国民族关系史的重要内容。随着北方农牧交错带的北移,城镇的分布也由最初的长城一线向北推移,现有的城镇主要分布在从长城沿线到农牧边界的区域内。

7.2 清代到中华人民共和国成立前北方农牧交错带城镇的发展

虽然北方农牧交错带城市的出现具有悠久的历史,有些城市

---

① 李孝聪著:《中国区域历史地理》,北京大学出版社2004年版,第491页。

第七章 北方农牧交错带城镇化和工业化与蒙古族经济文化类型的变迁

在历史上曾经有过重大影响,如辽代的上京、中京等,但该区域城镇的快速发展始于清朝。清朝中后期对蒙地放垦以后,大批内地人口流入长城以北地区,人口快速增长,出现了连片的定居点和村落,农业和商贸业随之活跃起来,在促进原有商业城镇发展扩大的同时,出现了一批新的城镇,如新设置的府、州、县治所大多成为新的商业城镇。内蒙古城镇的形成、发展呈现出由长城向北、由柳条边墙向西推进的趋势,清前期城镇出现在靠近长城和柳条边墙的各盟旗中,此后不断向盟旗腹地推进。[1]

现今北方农牧交错带的城镇大都是自清代以来兴起的,城镇形成的动力各异,但最根本的离不开人口的增长和经济的发展。自清以来由于蒙地草原放垦,内地移民大量来到长城以北,这就为交错带的开发创造了客观条件。内地人口的大规模移民,致使人口不断增长,为城镇的快速兴起提供前提条件,塞外土地的开发以及农业和商业的发展,为城镇的形成提供了物质基础,许多城镇开始兴起并得到蓬勃发展。如大板、经棚、准噶尔庙、百灵庙等都是因商业的发展而形成的城市。还有一些是原来的宗教活动场所,逐渐积聚人口和商业活动,多伦诺尔、汇宗寺和普因寺的修建对多伦诺尔的城镇建设和商业发展起了促进作用。每年三月、七月庙会期间,蒙古各部王公和牧民从四面八方汇集而来,一方面参加庙会,一方面从事贸易活动。又据《蒙古志》记载,"牲畜以多伦诺尔为枢纽,岁自蒙古进口,以千万计,有牛马羊猪骆驼等,而羊马驼尤多。秋冬间,市肆喧闹,街衢拥挤",[2] 买卖十分兴隆。

有些城市的兴起,并不是由于商业或者政治因素的作用,而

---

[1] 乌云格日勒著:《18 至 20 世纪初内蒙古城镇研究》,内蒙古人民出版社 2005 年版,第 145 页。

[2] 《蒙古志》卷三《贸易》。

北方农牧交错带变迁对蒙古族经济文化类型的影响

是随着人口的增加，需要设立行政区加强管理，因而就在设立治所的地方逐渐形成市镇。如在长城东部一带，随着人口的增加，为加强对农业移民的管理，调解蒙汉民族之间的社会矛盾与经济纠纷，雍正以后清政府在汉人移入集中、垦殖开发较早的农业区设立了厅、州、县乃至府等行政建制，形成地区政治和行政中心，通过这些行政中心吸引人口和手工业、商业的进入。清政府设立治所的直接后果，就是治所所在地的快速发展，如塔子沟、三座塔就是在荒野上成长起来的城镇。

清末光绪年间及以后的10年中，内蒙古地区先后共新设了26个府厅州县。1907年清政府将内蒙古东部的哲里木、卓索图、昭乌达三盟和呼伦贝尔部划入新设的黑龙江、吉林、奉天三省境内。

继清末之后的北洋军阀政府继续全面推行"改盟旗，设郡县"、"将盟旗置于省县控制之下"的政策。1914年1月，北洋政府公布设置绥远特别行政区，将原由晋省管辖的归绥道十二县，改由绥远城将军管辖，另外归化城土默特左、右二旗、伊克昭盟和乌兰察布盟也划归绥远特别区。同年2月，设热河特别区，管辖昭乌达盟、卓索图盟。6月，设察哈尔特别区，管辖锡林郭勒盟、察哈尔左翼四旗和右翼四旗、达里冈崖、商都各牧地。

国民党执政后，于1928年10月宣布将热、察、绥三特别区改设行省。11月，国民党中央又决定设宁夏省，位于内蒙古最西部的阿拉善、额济纳二旗亦被纳入该省境内。1929年1月宁夏省政府成立。至此，内蒙古的六盟、二部、四特别旗分别划入黑龙江、吉林、辽宁以及新设的热、察、绥、宁等各省。

这些行政区划的重新划分，促进了治所所在地的快速发展，基本形成了内蒙古农牧交错带现有城镇的格局。

城镇的出现不是单一因素作用的结果，而是在各种因素综合

第七章　北方农牧交错带城镇化和工业化与蒙古族经济文化类型的变迁

作用下形成的。侯仁之先生曾说，研究城市的起源和发展，绝对不能忽视对于整个地区的开发过程以及由此而引起的地理环境的变化和经济活动、交通状况等历史文化景观的变迁。城镇的出现是经济发展到一定阶段的客观产物，中国北方农牧交错带城镇的兴起是特定历史条件下产生的，城镇的出现具有积极的意义，是蒙古族和汉族为首的多民族共同创造的经济文化发展的客观结果，也是时代进步的标志。但从总体上看，历史上这些城镇对区域经济社会发展的影响有限，尤其是不足以动摇传统游牧和农耕社会的基础，其经济集聚和扩散效应不突出。

商业的繁荣是促进北方农牧交错带城镇发展的主要因素。清代的统一为南北贸易发展创造了条件，清代沿袭历代王朝"马市"贸易的传统，在长城沿线设立边口互市。蒙古各部把边口互市作为与内地贸易的主要场所。蒙古商人以畜牧产品等换取生活必需品。与蒙古各部进行贸易的主要边口有张家口、古北口、杀虎口、八沟、塔子沟、三座塔、乌兰哈达、归化城、走边、花马池等地。另一种贸易形式是定期的集市，即以寺庙和兵营为中心，进行定期交易活动。每逢集市，牧民和商人驱赶着牲畜驮载货物前来贸易。一些比较有名的集市或庙会有：大板（巴林右旗）、经棚喇嘛庙（克什克腾旗）、准噶尔庙（鄂尔多斯）、百灵庙（乌兰察布盟）等。[①]

清代漠南较著名的城市有归化城、丰镇、多伦诺尔、热河、定远营等。清朝对蒙地放垦以后，农业聚居人口快速增长，商贸业活跃，在促进原有商业城镇发展扩大的同时，出现了一批新的城镇，一些新设置的府、州、县治所大多成为新的商业城镇。

到了近代，随着人口聚集和生产力的进步，内蒙古的手工业

[①] 陈喜波、颜廷真、韩光辉：《论清代长城延线外侧城镇的兴起》，《北京大学学报（哲学社会科学版）》，2001年第3期。

北方农牧交错带变迁对蒙古族经济文化类型的影响

有了较大的发展,具有以下地区特点和民族特色:首先蒙古地区的手工业生产是建立在农牧业经济基础上的,生产原料是以农畜产品为主的;其次手工业劳动和产品具有浓郁的民族特色和风格;第三,生产规模小,零星分散,在整个经济生活中居于次要地位。主要手工业行业有酿造业、榨油业、面粉业、制毡业、熟皮业等。到20世纪初,一些手工业脱离农业,成为独立的行业,并出现了一些新的手工业。其中榨油、面粉、酿造、制革、毛织等手工业作坊大量增加。在海拉尔、赤峰、张家口、归化城、包头等重要城镇上述行业的发展尤为明显。归化城、包头地区的皮制、毛织产品,如皮靴、毛毯、毛毡、皮袄、皮裤等产品大幅度增加,或是就地销售,或是运销外地,营业数额都有较大增加。截止20世纪20年代初,仅包头城内即有数百名织毯工人,10人左右的织毯作坊就有永茂工厂、恒记工厂、平民工厂等十余家,三五人的小作坊更是遍及大街小巷。[①] 随着蒙垦设治、人口积聚,手工业和商品经济的发展,尤其是农畜产品交换和加工业的发展,出现了大批新兴城镇,如内蒙古东部地区的满洲里、海拉尔、牙克石、开鲁、赤峰、林西,以及陆续划归东三省的彰武、昌图、梨树、洮南、大赉、阜新等40余座城镇,中西部有陶林、兴和、武川、和林、清水河、托克托、萨拉齐、包头、五原、定远营(今巴音浩特)等十余座城镇。一些旧有的商业城镇张家口、归化城、库伦、乌里雅苏台、科布多等,商品流量更是大为增加,市场进一步扩大。主要有以下一些城镇在近代已初具规模,在地区经济发展、手工业和商品流通中发挥着重要

[①] 《包头史料荟要》第七辑,第31页,转引自《蒙古族通史》(下卷),民族出版社2001年版,第133页。

第七章 北方农牧交错带城镇化和工业化与蒙古族经济文化类型的变迁

作用。[①]

新兴的洮南镇，人口1.5万人，其中商人就有0.7万人。该镇从20世纪初开始，商业发达，"其一年之中贸易总额，凡达小洋五百五十七万六千二百元"。外国洋行在此设有支店，有很大的势力。由吉林和内地输入到该镇的土货以及部分洋货，在哲里木盟的科尔沁右翼前中后三旗、科尔沁左翼中旗、扎赉特旗，以及昭乌达盟的扎鲁特左、右翼旗，锡林郭勒盟的乌珠穆沁旗都有很好的销路。上述各旗的畜产品和其他土特产品也由此运至齐齐哈尔、长春、哈尔滨、郑家屯、伯都讷等地销售。

赤峰，输出之货以小米、高粱、小麦、荞麦、杂豆、马骡、牛羊以及皮革、毛绒、烟麻、土碱等类为大宗。输入之货以粗细布匹、茧绸、棉花、芦席、纸削、蓝靛及茶糖、药料、海味、火油、褡裢、洋线、胰皂、纸烟为大宗。由营口、天津、北京运来的内地杂货，经此转售于乌丹、林西、经棚等县。并将上述地方所收购的蒙古土特产品运往京津、营口等地。该城"四面交通，街道宽敞，一衢七里，商店林立，俨然为天然商埠"。

包头，原是绥远西部的一个小镇，同治末年修筑内城。以后逐渐发展成为内蒙古西部地区水陆交通枢纽、东西物产的集散中心以及河套、甘肃、宁夏、外蒙古皮毛的屯集之地。后套的牲畜、甘草及各种药材以及临河、五原的粮食等，都经过这里转销内地，变成西北地区的重要商埠之一。外国资本和内地买办商人相继进入后，它的商业地位更趋重要。商人从这里采办各种日用百货，车载驮运到蒙古各地，换回羊毛、绒毛、驼毛及牲畜。1920年以前，运销杂货的总值每年可达白银30万两以上。

有些城镇，则是由于铁路等近代交通运输事业的发展而兴起

---

① 参见内蒙古社科院历史组：《蒙古族通史》（下卷），民族出版社2001年版，第141—145页。

北方农牧交错带变迁对蒙古族经济文化类型的影响

的，满洲里、海拉尔和牙克石等城镇统属这一类型。满洲里、海拉尔两镇城建历史较早，但真正发展成为内蒙古东部地区的商业重镇，还是在东清铁路修通之后。满洲里是该线在中国境内的起点，海拉尔是该线上的重镇。内地和欧美、日俄等国商品，由此转运至呼伦贝尔各旗以及外蒙古东部和锡林郭勒盟乌珠穆沁地方。这些盟旗的畜产品等也经过该两地运往东北各地和沙俄等国。同时，还在这两个集镇建立起一些加工农畜产品的手工工场和加工厂。扎赉诺尔煤矿的开采，更加快了这两个城镇的发展，使它们变成非常重要的边镇城市。牙克石也是东清铁路通车后出现的新兴城镇，它是大兴安岭林区的交通枢纽，既是出入林区的交通要道，又是木材输出的重要口岸。

在新兴城镇出现的同时，原有的商业城镇也得到迅速扩大和进一步发展。张家口，很早就是蒙古地区最大的商业城镇。北通内外蒙古各旗，西达宁夏、新疆等西北省区，是商贷运转总汇之地。清顺治元年（1644年），在张家口来远堡西侧的明长城上修建了巍峨壮观的"大境门"。《口北三厅志》载："大境门据长城之要隘，扼边关之锁钥"。1927年，察哈尔都统高维岳为大境门题就"大好河山"四个笔力雄厚、气势恢宏、端庄遒劲、韵贯群峰的大字，让大境门平添生气，顿放异彩。大境门耸立在长城之上，意味北方民族和睦相处的开始，长城内外的民族贸易逐步正常化。

康熙三十五年（1696年），清政府批准张家口为对蒙古各部的贸易地。后来，伴随军台驿道的开通，张家口至库伦的商道正式形成。康熙初年该城对蒙古贸易商店只有10余家，雍正时增至90余家，乾隆末期又增到190余家，而至嘉庆末年更增加到

· 256 ·

第七章　北方农牧交错带城镇化和工业化与蒙古族经济文化类型的变迁

二三百余家①。后来，商业贸易规模进一步扩大，咸丰末年又增至 300 余家，同治末期再增至 350 余家，光绪末年更增为 530 余家。

民国之后，张家口已有商店 3000 余家，居民约万余户，商贾辐辏，十分繁华。大镜门外，专做内外蒙古生意的"外管"多达 1500 家。"每年进出口约在口平银一万二千万两，出口货物为东生烟、砖茶、鞍鞴、皮靴、铜铁、杂货、河南绸之类；入口货物则系外八旗大中小自生口蘑、鹿茸、皮张、驼羊毛、墨晶石"。1909 年京张铁路开通后，张家口的商业贸易达到鼎盛时期。据《张库通商》记载，1918 年张家口对蒙古贸易的商号增加到 1600 家，年贸易额达到 1.5 亿两白银，张家口成为商贾的聚集地，被称为华北第二商埠。当时的张家口吸引了许多外国人来经商和投资。据记载，民国初年，在张家口的外国商行有英、德、美、日、法、俄、荷兰等国家的商行 44 家。这在当时是除天津、上海之外的又一个外商聚集之地。1916 年以后，张家口库伦通行汽车，商务尤盛，"外管增至一千六百家，贸易额达一亿五千万两，计进口八千万两，出口七千万两"。"自京绥路通后，南北洋货无一不备，洋商在此设庄采买胡麻、菜子、皮革、绒毛者共有数十家。每年销数，胡麻约二百五十万余斤，菜子约二百余万斤，羊毛、羊绒、驼绒约三百七十余万斤，皮革约二十九万余张"。其商品专赖货帮运销，东面转运至多伦诺尔，西面可运到归化城，北部远达库伦、乌里雅苏台、科布多一带。由本市场汇集而来的蒙古农牧等产品，则由此转运至京津等地，以至

---

① 陶克涛：《内蒙古发展概述》上册，内蒙古人民出版社 1957 年版，第 187 页。

北方农牧交错带变迁对蒙古族经济文化类型的影响

海外。[①]

多伦诺尔。咸丰、同治年间全城人口已达 20 余万,各种商店有 4000 余家,手工作坊工人约有 2 万余人,是蒙古地区又一大商业贸易之地。远至云贵的药商和上海、香港的马贩,都要到这里进行交易,是国内最大的牲畜和马市之一。每年 6 月中旬的庙会,吸引了许许多多的西藏喇嘛和内地商人,远近蒙汉各族人民也云集此处,车水马龙,贸易颇盛。在这里集散的农畜等产品,有的运销张家口,有部分皮张、毛类运往天津等地,而牛皮多运销东三省。经棚、赤峰、乌丹、围场等附近旗县的农产品及加工成品也由此转运到张家口售卖。粮食亦占贸易大宗,输出之货以莜麦、小麦、杂豆、菜子、麻籽、米面等居多。输入之货以棉布、烟酒、干果、铁器、蓝靛以及茶糖、药材、瓷器、海味、胰皂等大宗。洋商也在此设庄,采购皮张、毛绒,计有十余家。成交额也很大,素有"斗金斗银"之说。东清铁路、京绥铁路修通后,多伦诺尔的商业地位受到严重影响,贸易额下降,商号减少千余家。

归绥城。清朝的归绥由两座相邻 5 里的连城归化城和绥远城组成,归化城是旧城,绥远城是新城,同位于大青山南麓平坦开阔的土默川平原上,合称"归绥",即今呼和浩特市区。从地理位置上讲,归绥城守望着进出大青山的隘口,处于东通京师,西去河套,南渡黄河的交通要道上。故被志书描述为"阴山为屏,黑河为带,东控北平,西连甘肃,南为山西之门户,北扼蒙古之咽喉。居民商贾云集,四冲要城也"。

归化城原是蒙古人建造的"大板升","板升"指的是蒙古草原上的土默特部牧民南来以后,改变游牧民族迁徙不定居的习

[①] 参见内蒙古社科院历史组:《蒙古族通史》(下卷),民族出版社 2001 年版,第 141—145 页。

第七章　北方农牧交错带城镇化和工业化与蒙古族经济文化类型的变迁

惯，用木材搭建房屋的居住形式。明中叶在当时的土默川平原上，分布着大大小小的许多板升，反映游牧民族向农业定居化的转型。其首领俺答汗所居住的板升称为"大板升"，可能是所有板升中规模最大的一处，自筑城垣，蒙古名为"库库和屯"。明隆庆四年（1570）俺答汗向明朝廷乞封，明朝授其"顺义王"封号，万历十五年（1587）名其城曰"归化"。归化城"周围二里，高三丈，南、北门各一。外郭东、西、南三面三门"。城规模不大，清康熙三十三年（1694），土默特左右两翼及归化城周边的六召（即六座寺庙）喇嘛台吉等人增筑外郭，将归化城向东、西、南三面扩展，新辟东、西、南三座城门，城址形态呈现南北长的纺锤形。新辟的归化城实际上是在原"俺答汗城"的东、西、南三面发展出为其服务的商业区和汉民居住区，从杂乱无章的民市北街、民市南街、南柴火市街、文庙街、东西五十家子街、东得胜坊、东寺巷、三道巷、平康里街、美人桥南街等街道名称，可获得印证。

绥远城是一座清朝八旗驻防的城市，城中居住的均为八旗官兵及家眷。建造绥远驻防城的目的有二：一是为安排从喀尔喀蒙古撤回的平准噶尔部战争的将士，二是将其作为日后清军进击准噶尔部蒙古的前沿阵地。乾隆二年（1737）春夏之交携带家眷进驻绥远城的八旗官兵共有 3500 人，若按一家五口计算，城内八旗军民约有 17500 人。这座军城修建得四方规整，开有东、西、南、北四座城门，城外有护城河，城中的街道也是十字交叉整齐有序。通往西门、南门的街道正对城门，而北门、东门内的街道却并不正对城门。将军衙门位于主要街道交叉点的西北，诸多佐领、防御、骁骑的官厅遍布城中，整齐而有序。东西门之间大路的北侧和城市东部分布比较多的官宅院落。作为一座纯消费型的城市，绥远城中所有八旗官兵和家眷每日的生活物资都要仰赖早于它建成的归化城来补给，于是两城之间往来的大路变得重要起来。

北方农牧交错带变迁对蒙古族经济文化类型的影响

归绥城是一座在内蒙古边地和内地之间游走而晚出的城市。虽然它是蒙古人最早建成的,但是在历史上真正的主人却主要是汉人和满人。当中央王朝需要对北方蒙古地区或西北边陲实施军事行动时,归绥城可作为先头部队的前方军事基地;当稳定的和平时期,归绥城是中央王朝在河套地区实施管理的政治中心,并取代杀虎口成为蒙汉边地商易的枢纽。由于归绥城处在农、牧社会经济的过渡地带和多民族活动的交叉地带,民族彼此交融的机会超过其他地区。但是,历史上人为的政治因素又造成满、蒙古、回、汉大混居而小聚居的城市功能分化十分显著。经济生活主要集中在归化城,来自各地的行商在归化城内外交易;而绥远城始终保持着浓厚的政治和军事驻防色彩,没有商业行为。在居民构成和民族成分上,随着经济活动的日益活跃,归化城内的居民多从事商贸服务性行业,从蒙汉混居慢慢变为多民族杂居;绥远城居民则主要是满族或具有旗籍的汉人,专事兵役。

从清中叶开始,在归化城东北、绥远城西南,两座城市之间又慢慢出现了新的居民聚居地——回民区。归绥城回民聚居区的形成分为三个时期,依次为康熙年间、乾隆年间和清后期的同(治)光(绪)年间。康熙时,归化城是塞外交通枢纽和商品集散地,与张家口一样成为清廷对厄鲁特蒙古的互市地点,于是维吾尔族穆斯林来这里贸易。康熙三十二年(1693)归化城为西征噶尔丹增兵,穆斯林商贩和绿营中的回族士兵齐聚归化城,旧城北门外开始成为归化城周边第一个穆斯林聚居区,并在这里修建了第一个清真大寺。康熙以后战事平息,左云、右玉、大同附近的回民多到归化城来贸易、安家,到了乾隆年间,回民大量涌入归化城。不仅负责护送香妃入京的两三百名回族兵在返程中安居于此,而且大同以东地区的回民也纷纷来此落户。这种迁徙一直延续到清朝后期,于是慢慢形成了环绕归化城北区,以东、西、南、北等几个清真礼拜寺为中心的回民聚居区。

第七章　北方农牧交错带城镇化和工业化与蒙古族经济文化类型的变迁

归化城，是清朝设置的对蒙贸易中心之一，是全国各地商人同蒙古和西北地区进行贸易的一个重要渠道，也是蒙古地区屈指可数的商业重镇。这里商务发达，货品流行，商人每年都由此贩运砖茶、绸布、棉花、米面等物，分赴各蒙旗交易，换回驼马、牛羊、皮革、绒毛等畜产品。"从前盛时，每年由归输入羊约七八十万只，马约三万余匹，驼、牛均以万数。尚有皮革、绒毛约值五六百万两。而由新（疆）伊（犁）一带，运回货物，亦至一二百万两之谱"。洋商在此设庄采买皮张、毛类者，共有十余家。归化城也是沟通蒙古和西北地区同内地进行商业交往的重要渠道。从内地运来京广杂货、布匹、绸缎等，经此转销于甘肃、新疆及外蒙古地区。尔后再将各地的土特产，诸如皮毛、牲畜、葡萄、瓜果、药材等运回，销往北京、天津等地。[1]

归化、绥远两座城市形态、结构、居民构成和功能方面的差异是清代地方城市社会的独特景观，由归化、绥远两座城市之间商贸往来所导致的回民聚居地的出现，则是内蒙古区域城市中最有意思的文化现象，也是内蒙古区域城市文化过渡带的特质。作为自然环境与社会经济形态的典型过渡带，内蒙古地区的城市是解读中华文化多元一体格局的现成读本。[2]

7.3　现代内蒙古农牧交错带城镇的发展和变迁

北方农牧交错带几经变迁，不同时期处于农牧交错带的城市

---

[1] 参见内蒙古社科院历史组：《蒙古族通史》（下卷），民族出版社 2001 年版，第 141—145 页。

[2] 李孝聪著：《中国区域历史地理》，北京大学出版社 2004 年版，第 489—491 页。

北方农牧交错带变迁对蒙古族经济文化类型的影响

也处于变化之中,有些历史名城衰落,同时又兴起了新的经济、政治中心,有些则是原有城市的扩大和发展以及功能的转变。根据学者们对农牧交错带的定义,目前位于北方农牧交错带的城市主要包括内蒙古东部、东南部、南部以及东北三省与内蒙古交界地区的一些城镇。除内蒙古南部沿北方农牧交错带分布的城市外,还有如黑龙江的齐齐哈尔、大庆、泰来、肇州等县市;吉林省的白城、大安、双辽、洮南、长岭、扶余、镇赉、乾安等县市的相关市镇;辽西的阜新、朝阳等市镇;河北的张家口、围场、丰宁等市县;山西的大同、右玉等;内蒙古东南部及南部的广大地区是北方农牧交错带的主体,随着交错带的北移,大多以农耕经济为主,人口密集,在已有城镇进一步发展壮大的基础上,出现了一批新型城市,有些是随资源开发而发展起来的,如乌海、大庆、鄂尔多斯、阜新等,而大部分是随着行政建制的需要,在原来地、县(旗)政府所在地,逐渐积聚人口和经济活动,出现了规模不等的城市带。

中华人民共和国成立初期内蒙古自治区有归绥、包头、海拉尔、满洲里4个较大的城市;1947—1966年,建制市由4个发展到10个,其中两个地级市(呼和浩特、包头),8个县级市(海拉尔、满洲里、通辽、赤峰、二连浩特、集宁、海勃湾、乌达);1967—1978年,由于内蒙古东部盟市大部分划入东北三省,城市的数量由8个下降为5个,其中3个地级市(呼和浩特、包头、乌海),两个县级市(集宁、二连浩特);1979—1990年,东北盟市重新划归内蒙古,建制市发展为17个,其中4个地级市(呼和浩特、包头、赤峰、乌海),13个县级市(通辽、牙克石、海拉尔、集宁、乌兰浩特、临河、扎兰屯、锡林浩特、东胜、丰镇、霍林格勒、满洲里、二连浩特)。2003年以后撤盟建市,地级市发展到9个,新增阿尔山、额尔古纳、根河3个县级市,县级市为11个。

第七章　北方农牧交错带城镇化和工业化与蒙古族经济文化类型的变迁

内蒙古农牧交错带城市具有悠久的历史，从形成看，大体可以分为以下几种类型：由寺庙和宗教活动场所发展而来；由王公府第发展而来；由行政治所发展而来；由军事要塞或交通要道发展而来；由农牧产品集散交换中心发展而来；有些城市则兼而有之。20世纪50年代以后，尤其是近10多年，随着国家区域经济政策的调整和内蒙古经济的快速发展，在原有城市发展基础上，农牧交错带城镇发展进程明显加快，对区域社会经济发展的影响日益显著。

北方农牧交错带的主体位于内蒙古境内或其与东北和华北的交界区域，北方农牧交错带的城镇主要位于内蒙古境内，还有一些对区域经济社会发展影响较大的城镇如河北的张家口、辽宁的阜新、吉林的白城、黑龙江的齐齐哈尔等大中型城市以及大批中小城镇。

7.3.1　内蒙古农牧交错带城镇的分布特点

1990年人口普查时内蒙古没有超大城市，只有一个包头市是特大城市，大城市有呼和浩特市和赤峰市，平均城市规模为96.75万人；中等城市有乌海市和通辽市，平均城市规模为27.07万人；小城市为11个，平均城市规模为11.26万人，全部都是县级市，大中小城市的机构比例为：1.88：1.25：6.79。城市规模都不大，无论是建成区面积，还是人口数量都不大，到2000年人口普查时，内蒙古城市增加到20个，虽然没有超大城市，但城市等级规模结构发生了较大变化。特大城市增加到2个，呼和浩特市和包头市，平均人口规模为122.15万人，赤峰市仍为大城市，没有变化；变化比较大的是中等城市，5个小城市发展成了中等城市，平均人口规模为26.77万人；小城市由11个减少到6个，加上1990年以后新建的4个小城市，小城市有10个，平均城市人口规模为12.32万人。在15个县级市中有

5个为中等城市，10个为小城市。大中小城市结构比例为1.88：4.34：3.75。

　　从镇的情况看，2000年人口普查时，内蒙古有建制镇429个，每平方公里21.2个；镇与镇之间的距离，内蒙古为55.8公里，全国23.4公里，内蒙古镇人口为436.41万人，平均每个建制镇0.99万人，比1990年1.17万人减少了0.18万人。在全部建制镇中，有69个为旗县政府所在地，这些镇的人口规模相对稍大些，其他镇的人口规模就更小了。

表 7-3　内蒙古城镇规模表

地区	1990	2000
呼和浩特	大城市	特大城市
包头市	特大城市	特大城市
乌海市	中等城市	中等城市
赤峰市	大城市	大城市
通辽市	中等城市	中等城市
霍林格勒市	小城市	小城市
海拉尔市	小城市	中等城市
满洲里市	小城市	小城市
扎兰屯市	小城市	小城市
牙克石市	小城市	小城市
根河市	—	小城市
额尔古纳市	—	小城市
乌兰浩特市	小城市	中等城市
阿尔山市	—	小城市
二连浩特市	小城市	小城市
锡林浩特市	小城市	小城市
集宁市	小城市	中等城市
丰镇市	—	小城市
东胜市	小城市	中等城市
临河市	小城市	中等城市

资料来源：内蒙古人口普查办公室编：《世纪之交的中国人口（内蒙古卷）》，中国统计出版社2005年。

第七章　北方农牧交错带城镇化和工业化与蒙古族经济文化类型的变迁

内蒙古农牧交错带南部城市主要都分布在铁路沿线上，北部的城市相对较少，中小城市的距离较远，在交错带的西部虽然有呼和浩特市和包头市两个特大城市，但距离很近，两个城市相距不到150公里。所以从交错带上城镇的分布我们可以看出，东西大城市的分布不均。在小城镇分布数量上东西部基本平衡，东部的中小城镇还略多于西部，所以东部虽然在大城市上不如西部多，但中小城镇的发展潜力巨大。

从城市的地区分布来看，东部城市的数量多，中西部地区的城市数量少；西部城市规模大，东部城市规模小。这种地区分布不平衡制约着区域经济的发展，影响着合理的城镇分布格局的形成。另外，现有城镇的分布具有三个方面的特征：一是城镇主要集中于交通便利的铁路沿线；二是主要分布于盟市驻地，其城镇的经济吸引力和辐射力较弱，还没有形成经济辐射能力突出的城镇带，对区域的经济发展和地区资源开发难以起到中心和增长极的作用；三是因资源开采而形成的城镇，这些城镇经济功能和产业结构单一，随着资源开发而兴起，也随着资源枯竭而衰落。

7.3.2　内蒙古农牧交错带城镇经济发展现状

截至2005年，内蒙古有地级市9个，县级市11个。按陈建华、魏百刚、苏大学等人对农牧交错带范围的界定，即东北段自海拉尔河，南至北纬41°的内蒙古喀喇沁旗和辽西的喀喇沁左翼蒙古族自治县，包括黑龙江西南部、吉林西部、辽宁西部、内蒙古呼伦贝尔市东部、兴安盟和通辽市；华北段位于华北平原和黄土高原东部湿润农区向内蒙古高原半干旱草原牧区过渡的过渡带，包括内蒙古赤峰市、冀北燕山山地丘陵河坝上高原、向西经阴山山脉北麓、晋北、陕北的长城沿线地区，止于内蒙古鄂尔多

北方农牧交错带变迁对蒙古族经济文化类型的影响

斯市。[①] 内蒙古的 9 个地级市除海拉尔市外,基本都位于北方农牧交错带上,分别为呼和浩特、包头、乌海、赤峰、通辽、鄂尔多斯、乌兰察布、巴彦淖尔市;11 个县级市中扎兰屯市、乌兰浩特市和丰镇市位于农牧交错带上,其他 8 个位于林区、牧区或边境地区。

表 7-4　2005 年内蒙古农牧交错带 8 个地级市主要经济指标

城市	总人口(万人)	总面积(万平方公里)	城市面积(平方公里)	非农人口(万人)	城市人口(万人)	生产总值(不包括市辖县)(亿元)	工业总产值(不包括市辖县)(亿元)
呼和浩特市	258	1.72	2054.00	98.10	109.62	532.65	291.01
包头市	243	2.77	2591.00	131.95	143.43	661.38	812.80
通辽市	309.50	5.95	51.70	107.52	43.27	127.99	114.64
赤峰市	439.30	9.00	620.00	100.20	67.11	149.11	134.86
乌兰察布市	215.40	5.50	114.20	65.80	29.07	39.98	25.60
鄂尔多斯市	149.50	8.68	625.00	45.00	23.06	127.11	97.32
巴彦淖尔市	173.20	6.44	668.00	60.07	29.03	71.35	46.14
乌海市	46.50	0.17	1685.00	44.05	43.14	120.10	133.64
8 市总和	1834.40	40.23	8408.90	652.69	487.73	1829.67	1656.01
20 个市总和	2165.93	68.33	11904.94	882.24	640.98	2210.64	1858.58
全区	2386.4	118.3	14.79☆	950.3	1126.4★	3895.11*	3861.58*

☆万平方公里;★市镇人口总数;*全区总值。
资料来源:《内蒙古统计年鉴 2006》,中国统计出版社 2007 年版。

[①] 陈建华、魏百刚、苏大学:《农牧交错带可持续发展战略与对策》,化学工业出版社 2004 年版,第 10 页。

第七章 北方农牧交错带城镇化和工业化与蒙古族经济文化类型的变迁

1. 人口及民族分布情况

从表7-4可以看出，2005年末内蒙古农牧交错带8个地级市总人口分别占全区和20个市总人口的76.87％和84.69％，非农业人口占68.68％和73.98％，城市人口占43.29％和76.09％。集中了内蒙古全区人口的绝大部分。

内蒙古是一个以蒙古族为主体的多民族省区，2005年末蒙古族人口为421.12万人，占全区总人口的17.55％。内蒙古蒙古族人口的分布格局基本是牧区—农区—城镇，也就是说，牧区蒙古族人口比重高，农区次之，城镇最低。各主要城市蒙古族人口比重大多低于其在全区所占的比重。

表7-5 2000年内蒙古汉族、蒙古族、回族城市、镇、乡村人口数及比重

民族 人口	全区 人口（人）	比重（％）	汉族 人口（人）	比重（％）	蒙古族 人口（人）	比重（％）	回族 人口（人）	比重（％）
总人口	23323347	100	18465586	100	3995349	100	209850	100
城市人口	5672201	24.32	4822788	26.12	549238	13.75	125033	59.58
镇人口	4286632	18.38	3348429	18.13	733230	18.35	47752	22.76
乡村人口	13364514	57.30	10294369	55.74	2712881	67.90	37065	17.66

资料来源：《2000年人口普查中国民族人口资料》，民族出版社2003年。

从表7-5可以看出，2000年内蒙古人口的城镇化率达到42.7％，汉族44.26％，蒙古族32.10％，回族82.34％，回族较高的城镇化水平与其迁移到内蒙古地区的历史及从事的经济活动有关。蒙古族人口的城镇化水平虽有了大幅度的提高，但低于全区水平，蒙古族人口的大部分仍从事着传统的农牧业生产，尤其是在新兴工业城市和资源型城市，蒙古族人口比重更低。

北方农牧交错带变迁对蒙古族经济文化类型的影响

表 7-6　农牧交错带主要城区蒙古族人口数及比重

地区	总人口（人）	蒙古族人口（人）	比重（%）
呼和浩特市新城区	409629	52026	12.70
呼和浩特市玉泉区	266888	25856	9.69
呼和浩特市赛罕区	445762	53850	12.08
包头东河区	429355	7720	1.80
包头昆都伦区	505951	16521	3.27
包头青山区	382659	10295	2.69
包头白云矿区	25286	1343	5.31
赤峰红山区	318512	48877	15.35
乌海市	427553	13904	3.25
通辽科尔沁区	793913	250484	31.55
集宁市	272448	10457	3.84
鄂尔多斯市	252566	17431	6.90
临河市	510965	14979	2.93
乌兰浩特市	269162	67692	25.15

资料来源：《2000 年人口普查中国民族人口资料》，民族出版社 2003 年版。

内蒙古城市人口在不断增加，2007 年末，城区（不包括市辖县）人口超过 100 万人的特大城市有包头市、呼和浩特市、赤峰市和呼伦贝尔市，（50—100 万人）的大城市有乌兰察布市、巴彦淖尔市和通辽市；（20—50 万人）的中等城市有 5 个。2007 年末，全区城镇人口 1206.14 万人，比 1978 年增加 808.64 万人；占全区总人口的比重为 50.2%，比 1978 年提高 28.4 个百分点，比 2000 年末提高 8 个百分点。城市建成区面积 886.68 平方公里，比 2000 年末增加 293.68 平方公里，市区的建成区面积扩大了 49.5%。[①]

[①]《改革开放 30 年的内蒙古系列分析报告》（之十三），《内蒙古统计信息网》，2008/12/16。

第七章　北方农牧交错带城镇化和工业化与蒙古族经济文化类型的变迁

农牧交错带无论是非农业人口还是城区人口都集中了内蒙古全区人口的绝大部分。王小鲁、夏小林通过我国各种规模城市的实证研究，认为在城市的总规模效益和外部成本两者相抵后，我国城市大致在 10—1000 万人规模之间都有正的净规模效益，在 100—400 万人之间时城市的净规模效益最大[1]。按照这个说法，北方农牧交错带内城镇要发挥巨大的经济效益，总体规模并不算大。

北方农牧交错带的城镇是内蒙古自治区高等院校、科研机构等集中的地区。因此在整个地区的经济和社会发展中具有举足轻重的地位，并为内蒙古经济社会发展作出了巨大贡献。

2. 经济发展状况

随着内蒙古城镇化的快速推进，农牧交错带城市对区域经济发展的贡献也越来越大，已经成为内蒙古主要的经济"增长极"。通过撤地建市、撤乡建镇的推动，城镇化水平明显提高，2007 年末全区城镇人口 1206.14 万人，占全区总人口的比重为 50.2%，比 1978 年提高 28.4 个百分点，也高于全国平均水平；城市的建成区面积 886.68 平方公里，比 2000 年扩大了 50%；城市人口密度由 289 人/平方公里增加到 622 人/平方公里。2006 年内蒙古 GDP 总值为 4791.48 亿元，20 个市为 2730.75 亿元（不包括市辖县），占 56.99%，8 个地级市生产总值为 2278.2 亿元（不包括市辖县），占全区总产值的 47.55%。8 市工业总产值为 2058.94 亿元（不包括市辖县），占全区工业总产值 5201.12 亿元的 39.59%，占 20 个市的 87.32%，其中西部的呼和浩特、包头、鄂尔多斯三市占 61.72%，东部的通辽和赤峰市占 14.10%。在这些城市形成了以能源、冶金、化工、装备制造、

---

[1] 王小鲁、夏小林：《优化城市规模，推动经济增长》，《经济研究》，1999 年第 9 期。

农畜产品加工、高新技术为主的较完整的工业和服务业体系。

3. 建成区面积

据 2000 年人口普查资料，2000 年内蒙古自治区每平方公里有城市 0.17 个，比全国每平方公里 0.69 个少 0.52 个，表明内蒙古城市距离较远，建成区面积为 593 平方公里，在 20 个市中，包头市建成区面积最大，为 149.94 平方公里，其次为呼和浩特市 83.03 平方公里，大城市赤峰的建成区面积不到 40 平方公里，中等城市平均建成区面积为 26.51 平方公里，小城市平均建成区面积仅为 13 平方公里。

7.3.3 内蒙古主要城镇经济发展对比分析

内蒙古农牧交错带 8 个地级市，区域经济发展极不平衡，从总量上看包头市生产总值最大，排在前三位的分别是：包头、呼和浩特、鄂尔多斯三个市，生产总量最高的包头市比最低的乌海市高出近 7 倍。从人均生产总值看，鄂尔多斯市居于 8 个城市首位，最低的是赤峰市，由于赤峰是 8 个城市中人口最多的地级市，所以人均水平较低，两者之间相差 5 倍多，差距也比较大，乌海市虽然产值总量上最低，但人均总量排 8 个城市的前列。人均地方财政收入最高的为鄂尔多斯市，与最高的赤峰市比两者相差近 10 倍。从产业结构上看，工业总产值最高的为包头市，农业总产值最高的为通辽市，畜牧业产值最高的为赤峰市，工业较发达的城市人均总量都位居前列，农业、畜牧业产业比重较高的城市，人均总量上落后，所以大力发展现代工业是城镇发展经济，提高居民生活水平的重要途径。各个城镇要把工业发展放在重要的位置上。当然，包头市和赤峰市、通辽市三个城市的人口数量、人口的城乡结构差异较大，包头市农牧区人口数量和比重均低于赤峰和通辽市。

内蒙古农牧交错带内东部地区城市的整体发展水平滞后于西

第七章 北方农牧交错带城镇化和工业化与蒙古族经济文化类型的变迁

部地区。2006年,东部城市地区生产总值为814.04亿元,占全区比重的17.6%;人均生产总值与呼和浩特、包头、鄂尔多斯三市也存在较大的差距,两者相差32417元;人均地方财政收入与呼和浩特、包头、鄂尔多斯的差距为2812元。见表7-7。

表7-7 2006年内蒙古农牧交错带8个地级市经济情况对比表

指标 城镇	总产值 (亿元)	工业产值 (亿元)	农业产值 (亿元)	畜牧业产值 (亿元)	人均GDP (元)	人均地方财政收入 (元)
呼和浩特市	900.08	238.77	28.8431	59.5732	37410	2456
包头市	1010.12	485.35	24.0952	35.5590	41334	3190
通辽市	413.03	134.35	95.7351	57.1972	13354	788
赤峰市	428.01	150.16	78.6121	79.5291	9751	561
乌兰察布市	258.09	97.22	50.1441	55.4663	13215	785
鄂尔多斯市	800.01	367.68	34.4247	32.8277	53166	4814
巴彦淖尔市	278.23	100.39	72.6754	39.7299	16045	910
乌海市	152.40	87.23	1.7501	1.4650	32598	2623

资料来源:《内蒙古统计年鉴2006》,内蒙古统计局编,中国统计出版社2007年版。

三个县级市的总人口均在50万人以下,城区人口相差较大,丰镇市城区人口最少,不到10万人,乌兰浩特市城区人口最多,几乎与鄂尔多斯市的城区人口相近。经济总量最大的为丰镇市。三个小城镇占农牧交错带城镇经济总产值的5.17%,所占比例不大。

近年来内蒙古县域经济实力迅速上升。《中国县域经济基本竞争力评价》报告显示,自治区县域经济(不包括市辖区)整体竞争力在全国的位次由2000年的第22位上升到2005年的第13位,在各省市区中上升速度是最快的。2000年地区生产总值超过20亿元的旗县仅有6个,2005年达到51个。人均生产总值达1万元以上的旗县由10个增加至46个。地方财政收入超过1亿元的旗县由8个上升到36个。人均地方财政收入超过500元的旗县由9个上升到43个。交错带内三个县级市的生产总值都在30亿元以上,居全区县域经济前列,但人均财政收入偏低。

表7-8 2006年内蒙古农牧交错带3个县级市经济情况对比

	总人口（万人）	非农业人口（万人）	城区人口（万人）	总产值（亿元）	工业总值（亿元）	农业总值（万元）	人均GDP（元）	人均地方财政收入（元）
丰镇	33.1414	8.86	4.66	45.8208	45.62	12.48	13826	966
乌兰浩特	28.8981	22.46	22.46	41.8121	37.47	6.59	14469	474
扎兰屯	43.1666	16.65	13.34	36.4834	23.02	19.92	8452	179
合计	105.2061	40.46	40.46	124.1163	240.540	38.99	—	—

资料来源:内蒙古统计局编:《内蒙古统计年鉴》,中国统计出版社2007年版。

7.3.4 内蒙古城镇基础设施建设情况

城镇化一方面是生产要素向城镇的集中及形成规模经济,另一方面也是城镇基础设施共建和公用带来的必然结果。从区别于城镇和农村聚落的城镇公共基础设施的角度看,城镇化就是城镇公共资产不断形成、积累、扩展、完善、提高以及吸引更多的非农产业和农村人口的过程。

城镇基础设施是城镇形成和发展的前提和基础。内蒙古自治区2000—2006年期间进行了大规模的城市基础设施建设,基本上改变了改革初期城市基础设施短缺的局面,城市的面貌得到了极大的改观,并有利地保障和促进了城镇化的发展。从总体上看内蒙古城市基础设施建设虽然解决了严重不足的问题,但一方面局部短缺的现象依然存在,如道路交通、供水系统、城市污水处理系统等,另一方面更加艰巨的不断提高城市基础设施质量的问题还相当突出,是今后重点努力的方向,也是经营城市可以大力

第七章 北方农牧交错带城镇化和工业化与蒙古族经济文化类型的变迁

发挥作用的主要方面。

表 7-9 内蒙古自治区城市基础设施建设
基本情况表（1986—2006 年）

项 目	1986	1990	1995	2000	2005	2006
城市及建筑面积						
建成区面积（平方公里）	—	—	—	593	824.36	830.09
城市人口密度（人/平方公里）	—	—	—	289	538	598
年末实有房屋建筑面积（万平方米）	—	—	—	14990	33070.28	35296.54
自来水年供水量（万吨）	44941	58007	63237	61757	61081	60090
平均每人日生活用水（升）	129.5	118.5	139.1	141.95	129.93	105.08
用水普及率（%）	—	—	—	89.10	83.88	80.67
煤气供气量（万立方米）	286	3939	5694	7485	6886.79	6113
天然气供气量（万立方米）	—	—	—	—	9443.65	18370
液化石油气供气量（吨）	3600	7000	28100	59425	138348	99616
煤气管道长度（公里）	91	125	341	755	1008	1024
用气普及率（%）	—	—	—	58.60	68.18	71.03
集中供热面积（万平方米）	—	—	—	5215.51	11253.9	13155.70
市政工程						
铺设道路长度（公里）	3211	3965	2229	2771	3866.95	4279.00
平均每万人拥有道路长度（公里）	—	—	—	6.02	6.03	6.71
铺装道路面积（万平方米）	2775	3437	2189	3168.53	6502.10	7332.00
平均每万人拥有道路面积（平方米）	—	—	—	6.88	10.14	11.34
下水道长度（公里）	1327	1751	2156	1692.50	4505.45	4779.00

续表

项目	1986	1990	1995	2000	2005	2006
平均每万人拥有下水道（公里）	—	—	—	5.85	7.03	7.49
公共交通						
公共汽（电）车数量（辆）	1068	1237	2078	2128	3594	4124
平均每万人拥有（辆）	—	—	—	3.92	5.61	6.08
出租汽车数量（辆）	810	1512	8299	28856	32508	33775
城市绿化						
绿地面积（公顷）	1096	1339	1974	16541	24631.98	25551
人均绿地面积（平方米）	3.4	3.4	4.5	6.04	7.78	9.39
公园动物园个数（个）	33	51	66	73	86	91
公园动物园面积（公顷）	996	1037	1700	2052.46	3125.80	4679.00
环境卫生：						
清运垃圾（万吨）	—	—	—	310.69	329.00	331.20
清运粪便（万吨）	—	—	—	91.90	108.50	98.10
每万人有公厕（座）	—	—	—	8.07	6.57	7.05

资料来源：内蒙古统计局编：《内蒙古统计年鉴》，中国统计出版社。

良好的城镇经济发展离不开城镇建设的投资，近年来内蒙古农牧交错带的城市公用设施建设固定资产投资力度加大。2006年固定资产投资共计达1086751万元，占全区生产总值比重的2.27%。当然，尽管城市的基础设施建设有了一定的规模，但整个城市基础设施建设水平与人民的现实需求，特别是与全区的经济社会发展和人民生活水平进一步提高的要求相比还有相当大的一段距离。目前区域内的城市建设水平虽有巨大的提高，但还没有达到联合国曾建议发展中国家城市基础设施建设投资比例应占其全部固定资产投资的9%—10%，GDP的3%—5%的水平。

第七章 北方农牧交错带城镇化和工业化与蒙古族经济文化类型的变迁

从表 7-10 中可以看出，占全社会固定资产投资比重满足联合国相关要求的城市还没有，占国内生产总值比重落在区间的只有鄂尔多斯市与赤峰市两个城市，其他区域没有；达到联合国建议的投资比例，内蒙古农牧交错带的城市建设固定资产投资比重还有待进一步提高。

表 7-10   2006 年内蒙古农牧交错带 8 个城市市政公用设施建设固定资产投资基本情况

	城市建设固定资产投资（万元）	占全社会固定资产投资比重（%）	占国内生产总值比重（%）
呼和浩特	247678	5.05	2.75
包头	151575	2.53	1.50
通辽	83402	3.11	2.01
赤峰	139272	4.53	3.25
乌兰察布	36813	1.73	1.43
鄂尔多斯	244033	4.09	3.05
巴彦淖尔	38970	1.92	1.40
乌海	37300	6.05	2.45
全区	1086751	3.19	2.27

资料来源：建设部综合财务司编：《中国城市建设统计年鉴 2006 年》，中国建筑工业出版社 2007 年版；《内蒙古统计年鉴 2007》，中国统计出版社 2008 年版。

7.4 内蒙古农牧交错带城镇的经济社会效应分析

内蒙古农牧交错带城市大部分是在历史基础上，经过 20 世纪 50 年代以来的发展，逐渐成为区域经济、政治和文化中心，

北方农牧交错带变迁对蒙古族经济文化类型的影响

如呼和浩特、包头、赤峰、通辽、鄂尔多斯等。随着这些城市的快速发展和一些新兴城镇的出现,对区域社会经济发展产生了重要影响。内蒙古农牧交错带城市的发展,反映了北方农牧交错带城镇发展的基本规律和趋势,因此本节以内蒙古为重点,分析农牧交错带城镇的经济社会效应。

7.4.1 经济聚集和扩散效应

城市的重要功能就是聚集效应,城市凭借有利的地理位置逐渐聚集各种要素,通过要素聚集实现经济聚集,产生规模效益,并辐射带动周边地区发展。从国内外经济发展的实践看,城市越发达,密度越高,国家或地区经济发展就越快。日本的城市群,以东京为中心,辐射到大阪和神户,这个城市群占到了整个日本经济总量的70%;我国长三角洲地区用1%的国土面积和6%的人口,创造了全国20%的GDP,22%的财政收入,近30%的出口贸易。城市化水平已成为衡量一个国家或地区发展程度的重要指标,也是迄今为止人类社会现代化的基本趋势。内蒙古地域辽阔,自然环境对经济发展具有一定的约束和影响,单位面积人口和经济活动的承载力低于东部地区,因此人口密度和单位面积产出低,尤其是牧区和农牧交错带地区。通过推进城市化进程,实现经济活动的适度聚集,提高规模效益,并减少对环境的压力。在城市化和工业化进程中,内蒙古农牧交错带城市的经济聚集效应日趋凸显。

2005年8个地级市总面积(包括市辖县)占全区的34.01%,城市面积(8408.9平方公里)只占0.71%,却生产了全区总产值的46.97%,工业总产值的42.88%,聚集全区总人口的20.44%。而20世纪90年代以来快速崛起的呼和浩特、包头、鄂尔多斯"金三角"城市圈,撑起全区经济总量的"半边天"。呼和浩特、包头、鄂尔多斯3市位于内蒙古中部的土默川

第七章　北方农牧交错带城镇化和工业化与蒙古族经济文化类型的变迁

平原和鄂尔多斯高原上，3市面积23.75万平方公里，人口606万人，分别占全区的20%和25.4%。2006年3市经济总量占全区的53.2%，财政总收入之和占全区的54%，3市城镇居民人均可支配收入都超过了13000元，农牧民人均纯收入超过了5000元，无论是收入总量还是增速都居全区领先。12个盟市规模以上工业增加值呼和浩特、包头、鄂尔多斯3市占全区56%；自治区20个重点工业园区中，13个集中在呼和浩特、包头、鄂尔多斯3市；全区238个工业重点项目，40%集中在呼和浩特、包头、鄂尔多斯地区。从目前的发展势头看，通过3市的辐射带动，将进一步扩大该区域在全区经济中的比重，其与其他地区的差距在一定时期内还会进一步扩大。

同时城市具有明显的扩散效应，尤其是中心城市，通过城市扩散和辐射形成城市经济圈。如以上海为中心的长江经济圈，以广州、香港为中心的珠江经济圈、以北京、天津为中心的京津塘经济圈等。在内蒙古，由于地域辽阔，城市密度低，很难形成东部地区那种密度和集中的城市经济圈，但通过近十几年的发展，已初步形成了以呼和浩特、包头、鄂尔多斯为中心的西部经济圈，以通辽、赤峰为核心的东部经济圈，以海拉尔为中心的北部城市圈，以这些大中城市为依托，辐射带动周边城镇，成为整个内蒙古经济发展的引擎。

除了经济集聚和辐射效应外，这些城市也是内蒙古主要的技术和知识集聚中心，这里包括了全区主要的科研院所，人才济济。内蒙古33所普通高等院校除2所外，其余均在农牧交错带8城市，又主要集中在呼和浩特、包头两市。还有众多的科研机构也集中在这些城市。

不同的土地利用方式对人口的容纳能力有显著的差别。土地利用方式同时表现为人类对土地利用的集约程度和人类社会的投入强度，是和经济发展密切相关的。一般来说，在农业、工业和服务业三大不同社会分工中的土地利用形式,其人口容纳能力和社会效益都是以 1∶100∶10000 的比例呈指数形式递增。

在不同的利用方式下,人们的生产方式和经济结构都表现出各自的特点,即使在同一类土地利用方式中的不同形式,也有非常大的区别。如 1989 年内蒙古自治区的人口密度在林区为每平方公里 1.2 人,在牧区为 4.0 人,在半农半牧区为 30.7 人,而农区达到 89.7 人。这种差异就体现了生产方式和经济结构对人口分布的制约作用。[①]

7.4.2 农牧产品集散效应

农牧交错带的很多城市最初是作为农牧产品交换的中转站和集散中心出现的,在农区和牧区、农耕民族和游牧民族互通有无,在促进民族间经济文化交流方面发挥了积极的作用。

随着现代经济的发展和新的物流模式的建立,这些城市的功能越来越多元化,作为农牧产品集散中心的功能有所减弱。但仍然是重要的农牧产品集散和深加工基地,尤其在畜产品的加工和流通方面,发挥着不可替代的作用。以羊绒生产为例,内蒙古是全球最大的羊绒生产和加工基地,被称为"羊绒之乡"。我国每年山羊绒产量占全球的 70% 以上,出口量约占全球市场的 80%,其中,每年内蒙古的羊绒产量就占全球的 40% 左右。2006 年,内蒙古羊绒产量已达到 6792 吨,年产值百万元的羊绒纺织企业增至 180 多家。同年内蒙古生产羊绒衫 1267.66 万件,其中近 60% 出口国际市场。[②] 城市集中了主要的畜产品生产加工企业,如鹿王羊绒、兆君羊绒、鄂尔多斯等,还有奶制品和其他食品企

[①] 王强:《中国人口分布与土地压力》,中国农业科学技术出版社 2008 年版,第 35 页。

[②] 《内蒙古羊绒产量占全球 40%》,《中国质量报》,2007/05/30。

第七章 北方农牧交错带城镇化和工业化与蒙古族经济文化类型的变迁

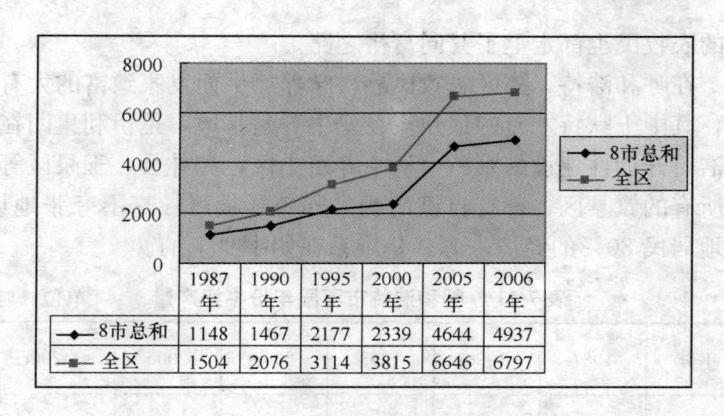

	1987年	1990年	1995年	2000年	2005年	2006年
8市总和	1148	1467	2177	2339	4644	4937
全区	1504	2076	3114	3815	6646	6797

图 7-1 内蒙古农牧交错带城市与全区羊肉产量

业也大多集中的城市，如蒙牛、伊利、草原兴发、科尔沁等。同时这些城市也是牧区所需产品的重要流转站，如蒙古族特需商品砖茶就是通过这些城市的供销社和相关民贸流通企业进入草原牧区的。

得益于伊利、蒙牛两大乳业龙头，乳业已经成为呼和浩特的支柱产业，该产业为当地贡献了 1/3 的国民生产总值，行业同比连续数年冠居全国 37 个大中城市之首。该市 2004 年奶牛存栏量 50.8 万头，鲜奶产量 150 万吨，人均鲜奶占有量达到 746 公斤，在国内遥遥领先。近年来，呼和浩特把实施"奶业兴市"战略作为调整产业结构的切入点，特别是 2002 年提出打造"中国乳都"的构想以来，全市乳业取得了突飞猛进的发展。

到 2004 年底，全市奶牛存栏 50.4 万头，鲜奶产量 159 万吨，分别比 1999 年增长 9 倍和 9.6 倍。伊利、蒙牛两大乳业集团在全国同行业中名列前茅。全市奶牛头数、鲜奶产量和人均鲜奶占有量在全国省会城市和直辖市中均居第一。

优秀企业带动优势产业，优势产业创造优质生活。在以伊利集团为首的众多企业的带动之下，不仅呼和浩特市人民且郊区农

北方农牧交错带变迁对蒙古族经济文化类型的影响

村的农牧民也都走上了共同富裕之路。

在呼和浩特,郊区农牧民靠科学养奶牛而发家致富的大有人在,其中土默特左旗的兵州亥乡奶牛养殖基地,是伊利集团在呼和浩特开创性建设的第一个奶牛养殖小区;和林县、玉泉区等几乎所有的旗县区,都有自己的奶牛养殖样板区。毫不夸张地说,当地居民 80% 的经济来源,是维系在奶牛身上的。

表 7-11 呼和浩特市不同年份牛奶产量   单位:吨

年份	1987	1990	1995	2000	2005	2006
产量	19635	30164	71043	231074	2277884	2821311

资料来源:内蒙古统计局编:《内蒙古统计年鉴 2007》,中国统计出版社 2007 年版。

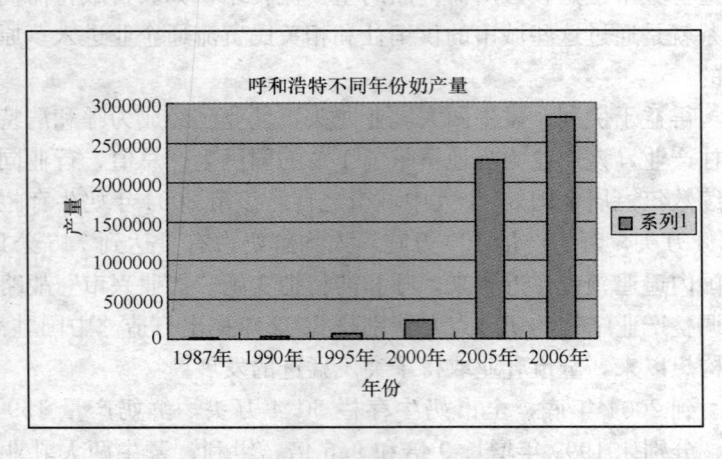

图 7-2 呼和浩特市不同年份牛奶产量

城市的支柱产业发挥集聚效应,自 2006 年全市的奶产量骤然增加,比 2000 年增加了 10 倍多,伊利、蒙牛两大乳制品企业依靠农牧交错带呼和浩特市的扩散效应,在打造民族品牌、促进

第七章 北方农牧交错带城镇化和工业化与蒙古族经济文化类型的变迁

城乡一体化、推进农牧民致富方面发挥了积极的作用。

7.4.3 社会效应

农牧交错带城市的发展不仅具有经济集聚、扩散和农牧产品集散效应，其社会效应也越来越显著。这些城市的崛起和发展加快了内蒙古及主体民族蒙古族社会的变化和转型以及经济文化类型的多元化。

1. 加速社会结构的转型和变化

历史上游牧业是长城以北主要的经济文化类型，后来随着草地的放垦，种植业迅速向草原深处推进，使内蒙古南部大面积区域变成农业区或农牧交错区，同时引起该地区经济类型和民族人口结构的变化。而农业的发展和人口的增加促进了城市的兴起和扩张。20世纪50年代之前由于城市化水平不高，城市的社会经济影响有限。但后来随着城市的快速发展，使内蒙古的社会结构和经济类型发生了巨大的变化，其影响远远超过农牧交错带的范围。首先改变了内蒙古单一的游牧和农耕经济社会结构，城市吸引越来越多的农牧民转变身份，成为产业工人、机关公务人员和商业服务人员，提高了各民族的城市化水平，使从业结构和社会身份多元化。以蒙古族人口为例，城镇化的快速推进，使蒙古族人口的行业分布、阶层结构发生了很大的变化。1964年以来的第二、三、四、五次人口普查资料显示，蒙古族人口的城乡比分别为：1∶3.04、1∶2.46、1∶1.75、1∶1.34，2005年为1∶1.12。根据2000年第五次人口普查资料，内蒙古少数民族人口中农业户口人数占总人口的66.49%，其余在工业、服务业或行政事业单位就业。

2. 加速民族融合

从内蒙古城市的起源看，除了行政需要和宗教活动场所而兴起的城镇外，大部分是随着农牧产品的交换及农业的发展而发展起来的。因此，城镇早期的居民中汉族人口比重高，在西部地区还有相当比例的回族，蒙古族居住在城市的人口比例很低。蒙古族人口大多是在近50年才开始进入城市的，尤其是20世纪80年代以来，越来越多的蒙古族青年通过升学、招工等方式进入城市。城市是多元文化交汇的地方，随着内蒙古城市的发展，促进了不同民族间的了解和交往，加速了民族融合的进程。以蒙古族和汉族通婚为例，根据2000年第五次人口普查，户主是蒙古族，配偶是蒙古族的占总数的62.79%，是汉族的占33.54%，其余为其他民族；而户主是汉族，配偶为蒙古族的占总数的0.23%。与牧区相比较，农牧交错带、农区和城镇民族间通婚的情况更普遍。

城市化的发展也对蒙古族传统文化产生了多方面的影响，这种影响既有积极的方面，也使民族传统文化的传承和发展面临着挑战。城市是多元文化交汇的地方，城市化进程必然会加快民族间的交往和融合。但在城镇主流文化占据有利条件的情况下，城市少数民族文化的教育和普及面临着巨大的挑战。

7.4.4 生态环境效应

内蒙古绝大部分属于干旱半干旱区域，自然生态环境脆弱，传统农牧业对人口和经济活动的承载力有限，尤其是牧区和农牧交错区，人口增长过快，加大了对环境的压力。近几十年内蒙古草地的退化和沙化，与人口增长过快有直接的关系。城市则不同，城市以工厂化生产为主，不直接作用于自然界，生产活动不像农牧业那样受到自然周期的影响。工业通过技术创新和集约化生产，几倍甚至几十倍地提高劳动生产率，产生巨大的经济和社会效益，这也是城市化和工业化的利益所在。日本经济总量位居世界第二，森林覆盖率达到70%以上，以东京、大阪、神户组成的城市群创造的产值占到了整个经济总量的70%。

第七章　北方农牧交错带城镇化和工业化与蒙古族经济文化类型的变迁

内蒙古农牧交错带的农业人口占自治区农业人口一半以上，耕地面积占自治区耕地面积的一半以上，是全自治区最贫困的地带，该地区人口压力不断增大，以农牧交错带的赤峰和通辽市为例，两市人口密度由1990年的46人/km^2，增加到2006年的51人/km^2，增长了5人，与全区20人/km^{2}的平均规模相比，差距较大。与联合国规定的半干旱地区比较[①]，远远超出了土地的承载能力。

从理论上讲，城市具有集约化和人口及经济活动集聚的特点，通过工业化提高产出水平，减少对土地的压力。通过加快内蒙古农牧交错带城市化和工业化进程，发挥聚集和辐射带动作用，吸收农牧区剩余劳动力，改变传统的生产经营方式，继续实施退耕还林还草工程，保持合理的人地、畜草关系，减轻对草原的压力，是内蒙古实施可持续发展战略的必然选择。

表7-12　农牧交错带城市赤峰、通辽人口数量和密度

单位：万平方公里、万人/平方公里

地区	土地面积	1990年人口	2000年人口	1990年人口密度	2000年人口密度
赤峰	9.00	410.58	451.80	46	50
通辽	5.95	275.37	308.35	46	52
全区	118.30	2145.68	2375.54	18	20

资料来源：2000年第五次人口普查内蒙古自治区快速汇总资料汇编，1990年内蒙古自治区第四次人口普查资料。

当然，城市在环境保护方面发挥积极效应的同时，也给环境带来压力，如废弃物的排放、处理等。内蒙古农牧交错带有些城市是资源型城市，自然资源的开采是支撑这些城市发展的基础，

[①] 按照1978年内罗毕联合国沙漠化会议提出的标准（这个标准是以土地生产力以及保障土地的合理利用为依据制定的科学标准），干旱区环境承载力是每平方公里7人，半干旱地区是每平方公里20人。

资源开采直接作用于自然环境，应处理好资源开发与环境保护的关系。另外，水是城市发展的重要条件，城市布局和规模都与水有关，中外大城市基本都依水而建。水资源不足是内蒙古城市化的重要约束条件，城市建设和规划在考虑水源的同时，尽可能节约水资源是内蒙古农牧交错带城市发展的重要原则。

农牧交错带东段和中段，是中国大型煤、油、气田集中分布区。由东向西有大庆油田、霍林河煤矿田、大同油田、神府煤田、石嘴山煤田，长庆油田、气田等构成了中国矿产能源基地。[①] 能源产业尤其是采掘业直接作用于自然环境，对地表植被产生不同程度的破坏，而能源的深加工也会对大气环境、动植物等造成不同程度的影响。在资源开发过程中应考虑到对环境的影响程度，实施可持续开发，把开发和保护结合起来。

资源是人类赖以生存和发展的基础，生态环境是维系城市可持续发展的重要条件。发达国家城镇化的实践表明，城镇化进程加快给资源和生态环境带来显著的压力。这些压力主要有：

1. 土地资源的承载压力加大。城镇化快速发展的一个具体表现就是城镇的快速扩张，反映在空间上就是城镇建设用地规模的不断扩大。特别是近10年来，我国城镇化进程使空间失控极为严重。城市建成区面积增加，城市用地扩张，城市人均综合占地达到110—130平方米的高水平，这是人均耕地资源比我国多几倍乃至十多倍的欧美发达国家的水平。目前，导致空间失控和蔓延式发展的因素中，除了滥建开发区这一趋势得到初步控制外，许多短视行为和不合理现象还在继续，如不切实际的规划建设"国际大都市"，政府办公区大搬家，滥砍滥伐树木，盲目修建大马路、高成本绿地等，"大学城"也成为新一轮大规模"圈

[①] 陈建华、魏百刚、苏大学：《农牧交错带可持续发展战略与对策》，化学工业出版社2004年版，第39页。

第七章　北方农牧交错带城镇化和工业化与蒙古族经济文化类型的变迁

地"的形式。由于土地价格低、补偿不到位，农民利益受到严重侵害，出现了一批"种田无地、就业无岗、低保无份"的"三无"人员。一些城市投入大量的资金、土地等资源进行基础设施建设和房地产开发，城市的面貌确实变化很快，许多县城甚至乡镇都建设了漂亮、豪华的广场，但是对转移农村人口、增加城乡就业则关注不够。

2. 加剧了环境污染。一是在大城市，由于历史的原因，工业企业布局和结构不尽合理，一些企业布置在城市中，随着城镇化的快速发展，这些企业逐渐被居民区包围，形成居民和企业的矛盾；二是在小城镇，一些不规范的乡镇企业的发展，虽然吸纳了一定的农村剩余劳动力，促进了城镇化发展，但这些工业企业结构偏重、技术含量低、高能耗、高排放问题突出，形成了经济发展和环境保护的矛盾。这些结构性和布局性污染，导致一些城市环境质量日益恶化，削弱了人与自然和谐相处的生态功能。此外，在全球化背景下，发达国家具有发展软环境的巨大优势，充分利用发展中国家急于发展经济而不顾环境危害的现状，将污染转移，不仅有污染型的企业，甚至是废旧物和垃圾，进一步加剧了环境污染。从我国近十年来工业废弃排放、工业固体废弃物产生量、城市污水排放量、垃圾清运量、噪声均值等指标看，城市环保基础设施建设相对滞后，在全球污染严重的城市中，我国的城市占有很高的比例。

3. 水资源短缺和破坏现象并存。城市的发展，城市人口的不断增长，对城市用水的需求量日益加大，同时水资源的缺乏和水污染的威胁在不断加剧。由于高强度的人类活动和不合理的资源开发，不仅耕地减少，同时湿地萎缩，水土流失严重，生物多样性锐减。除大江大河外，多数支流污染物排放已超过环境容量，水质型缺水现象突出。城市内湖和纳污河渠几乎全部受到严重污染。周边城镇比较集中的湖泊污染更重，江苏太湖和安徽巢

北方农牧交错带变迁对蒙古族经济文化类型的影响

湖大规模爆发的蓝藻，正是过去20年中水污染问题不断恶化、积重难返的表现。

4. 就业吸纳能力不足加大城市发展负荷。我国目前具有相当规模的基础原材料产业，但依靠这些产业的扩张吸引农村剩余劳动力的空间已经不大，城镇化和就业人口的增加越来越依赖于第三产业的发展。在我国三次产业的就业比重中，第一产业占42.6%，第二产业和第三产业分别占25.2%、32.2%，我国工业化程度与发达国家还有很大距离，实现产业结构根本转型还需一个长期的过程。如果今后城镇化率平均每年增长1个百分点，非农就业岗位就要增加800万至1000万，但目前产业的发展空间及其规模难以持续地提供城镇化带来的就业岗位和规模。城市人口密度过大，过度的资源消耗、超负荷运转的基础设施，若是城市贫困人口增加，作为城市日益恶化的生态环境危害的脆弱群体，更无力去改善环境，而其生活方式则会加剧城市生态环境的退化，无疑将进一步加大城市发展的压力，引起城市病等其他社会问题。

5. 大气环境、声环境质量状况不容乐观。空气污染受到城市的密度、车辆、船舶、飞机的尾气、工业企业生产排放、居民生活和取暖、垃圾焚烧等严重影响，达到了令人难以接受的程度。2006年全国二氧化硫排放量2594万吨，比2005年增长1.8%；化学需氧量排放量1431万吨，增长1.2%。2006年，在被监测的559个城市中，有349个城市空气质量达到二级以上（含二级）标准，占被监测城市数的62.4%；有159个城市为三级，占28.4%；有51个城市为劣三级，占9.1%。在声环境方面，近1/3城市声环境为轻度至中度污染。城市生活污水处理率低，生活垃圾产生量以年均8.1%的速度增长。恶劣的城市环境使居民的发病率正在增长。

内蒙古农牧交错带如何在快速城镇化的同时避免上述环境问

第七章 北方农牧交错带城镇化和工业化与蒙古族经济文化类型的变迁

题,是经济发展的重大问题。城镇建设只有做到经济、社会和环境效益的高度统一和协调,才能促进城镇化健康有序的发展。这就要求城镇的决策者、建设者和管理者要高度重视城镇的生态环境问题,将生态环境保护贯穿于城镇的规划、建设和管理之中,围绕建设生态城镇这一目标,采取切实有效的措施,尽量避免和克服短期行为,防止片面追求经济效益而造成资源和环境的破坏,影响城镇今后的长远发展。也只有这样,城镇化的发展才能减少对环境尤其是草原的压力,实现北方农牧交错带的可持续发展。

7.5 内蒙古农牧交错带的工业化与经济文化类型的多元化

城镇化的发展离不开工业化,工业化和城镇化共同构成现代化的重要内容,两者相互促进、相互依存。北方农牧交错带直到20世纪50年代,经济文化类型仍以农耕和畜牧为主,工商业集中在少数城镇,在区域经济中所占比重很低,还不足以对农耕和畜牧两种经济类型构成影响。随着工业化的快速推进,北方农牧交错带的经济文化类型更加多元化,蒙古族的经济文化类型也从过去单一的畜牧和农耕经济向多元经济文化类型转变。

7.5.1 内蒙古早期工商业的发展

虽然北方农牧交错带历史上就是南北商品的集散地,工商业的发展具有一定的基础。但北方农牧交错带及内蒙古资本主义性质的工商业经济的产生较之内地要晚,鸦片战争以后才开始萌发,到19世纪末才有所显现。当时以归化城为中心形成了丰镇、武川、包头以及东部的经棚、绥东、辽源、洮南、海拉尔、满洲

北方农牧交错带变迁对蒙古族经济文化类型的影响

里等城镇商业网,把原来处于自然经济状态的农牧业产品变为商品,或上市交易或销往内地;内地的传统产品茶叶、粗布、丝绸、铁器、陶器等日用品也输入内蒙古;也有外国近代工业产品如细布、钟表、灯具、妇女化妆品、儿童玩具等在这些城镇上市。而旅蒙商仍占据沟通内地与蒙古地区商业贸易的主导地位。至于工业,仍然以传统的皮革加工、制毡、木器加工、打制铁器及加工其他金属器具的手工业为主,而且都是规模很小的手工作坊,在归化城约有 30 余家,其他城镇也有数目不等的手工作坊。1852 年,清政府为筹军饷,曾谕令各地开采金、银矿,于是在阿拉善旗、翁牛特旗、喀喇沁旗开采了一批金矿银矿,可以说这是内蒙古地区采矿业之始。后因矿藏不丰、经营不善等原因而多数停采。到 19 世纪末,清政府再次谕令采矿后,又出现了一批金、银、煤采矿业,其中有敖汉旗沟梁金厂、转山子金矿、翁牛特旗红花沟金矿、呼伦贝尔奇乾河金矿等,这在内蒙古矿藏资源开发史上具有重要地位。

20 世纪初期,清朝推行"新政"时期,内蒙古出现了一批近代资本主义性质的新型企业和实业,如敖汉旗转山子金矿、喀喇沁旗土槽子银矿、呼伦贝尔甘河煤矿等都具有近代企业的性质;归化城的毛纺工艺局、郭尔罗斯前旗的大布苏造碱公司、喀喇沁右旗的综合工厂、蒙古实业公司、大兴安岭祥裕木植公司都是这一时期兴办的近代新型企业和实业,这给地处边疆的内蒙古地区增添了先进的近代资本主义经济成分。与此同时,近代邮电通讯事业也开始兴起。19 世纪末,清政府曾开通北京至黑龙江黑河镇的东北电报干线,在途经内蒙古东部有关旗内设有中继电报所;开通北京至外蒙古库伦、恰克图的蒙古干线,在途径内蒙古西部苏尼特右旗也设有中继电报所。1906 年清政府设邮传部后,在内蒙古洮南、辽源、赤峰、归化、绥远、萨拉齐、包头、和林格尔、托克托、武川、五原等城镇,均设立了邮电局、所。

第七章 北方农牧交错带城镇化和工业化与蒙古族经济文化类型的变迁

此外，还有一些蒙旗自办的电报、邮政，喀喇沁右旗札萨克郡王贡桑诺尔布创办了本旗至河北围场的电报线路，可由此通电北京和全国各地，并在旗里设了邮电局、所，受理社会业务。清政府虽然也提出修筑经过内蒙古地区的铁路方案，但未及办成就灭亡了。这时只有邻接内蒙古地区的京张、京奉两条铁路，它对内蒙古社会经济的发展产生了不小的影响。

辛亥革命虽然推翻了清王朝，创立了民国，但由于中国处在政权更迭之际，特别是内蒙古处于沙俄策动外蒙古"独立"而引发的动乱之中，再加上北洋军阀的黑暗统治和军阀的频繁混战，还有外国资本的排斥、阻滞，使内蒙古地区刚刚兴起的近代民族资本主义工商业经济的发展受到很大的挫折。在整个北洋军阀统治时期以及国民党当政的年月，无论是民国政府还是国民政府，都没有采取发展内蒙古地区工商业经济的得力举措。然而，这里的民族资本主义经济在艰难中跋涉，有了一定的发展。在上世纪20年代初，经营钱庄、银号、票号的金融商已经出现，如包头的复盛全、广顺恒、复兴恒等都是盈利暴富户，绥远平市官钱局是这里最大的官办金融机构，以后又成立了山西银行归绥分行、保商银行绥远分行等。内蒙古的传统工业特别是手工业也有了较快的发展，1933年归绥的手工业已有26行408家，其中制皮业有55家；抗战前，仅归绥、包头、萨拉齐就有地毯作坊70家，绥远省毛织股份有限公司毛织工厂是官商合办的企业，主要生产床毯、粗呢、地毯线；在包头、归绥、丰镇还创办了一些农产品加工工业，有面粉厂、蛋厂，还有芬兰人在包头创办的永茂源甘草公司、归绥甘草膏厂、赤峰麻黄厂等。现代化电力、交通、邮电通讯也有所发展，绥远地方电灯股份有限公司发电厂是旅蒙商号大盛魁投资兴建的；赤峰、通辽、包头、海拉尔、满洲里等城镇的发电厂也相继建成供电。京绥铁路经过艰难曲折于1921年修到归绥，1922年又展修到包头，另外除了中东铁路早已通车外，又有洮（南）索（伦）、大（虎山）郑（家屯）、赤（峰）叶（柏寿）等铁路延伸到内蒙古，内蒙古的铁路总里程达1798公里。这无疑对内蒙古的经济发展是有益的。在归绥、包头、百灵庙、林西、满洲里建起了飞机场，开通了至北平、上海、迪化（今乌鲁木齐）、银川等航线，已有129个邮电局、所分布在全区各个城镇。内蒙古的民族资本主义工商业经济艰难地发展了起来。①

1947年内蒙古自治区成立时，全区有687家工业企业单位，其中有8个粮食加工厂、8个发电厂和1个半机械化的毛织厂。当时的工业总产值（包括手工业）为5300多万元，仅占工农业总产值的9.6%。到1949年中华人民共和国成立时，内蒙古有装机5000千瓦以上的发电厂7座，装机容量1.4万多千瓦。②

7.5.2 内蒙古现代工业的快速崛起和发展

北方农牧交错带是历史上重要的商品集散地，农牧产品交换频繁，这一过程在加快商品经济发展的同时，也带动了手工业的发展，因此，这一地带手工业较发达，如皮革加工、面粉加工等。但直到中华人民共和国成立前，这一地区的工业仍以小规模手工业为主，现代工业微乎其微。中华人民共和国成立后，随着社会主义改造的顺利完成，工业发展也取得了很大成绩。尤其是改革开放30年和西部大开发战略实施以来，北方农牧交错带开始了快速工业化的历程。

20世纪50年代以来，北方农牧交错带尤其是内蒙古的工业化进程可以分为几个阶段：20世纪50年代到70年代末是现代

---

① 郝维民、阿岩：《前半个世纪经济状况回眸》，《百年风云内蒙古》，http://www.nmg.xinhuanet.com/bnfynmg/bnbr/bnbrd.htm.

② 郝维民主编：《内蒙古自治区史》，内蒙古大学出版社1991年版，第45页。

第七章　北方农牧交错带城镇化和工业化与蒙古族经济文化类型的变迁

工业成长和初步发展期，奠定了现代工业经济发展的基础；20世纪80年代到90年代末，是工业较快发展和结构调整期，在原有工业基础上，以原材料工业和畜产品加工为主的工业较快发展；2001年以来是快速发展期，工业的快速增长带动了全区经济的高增长，并对就业结构产生了重要的影响，城镇人口比重增加，人口的城乡结构发生变化，加快了内蒙古的城镇化进程，2000年后城镇化水平快速提高，截至2008年已达到50%以上，高于全国平均水平。

中华人民共和国成立后，尤其是改革开放的30年里，内蒙古及蒙古族经济社会已经由单一农牧经济形态转入快速工业化阶段，产业结构趋于协调合理，经济稳定增长，"封闭型"经济开始朝"外向型"经济模式转变，市场化水平提高，人民生活水平明显改善，经济呈现兴旺繁荣的局面。西部大开发战略的实施，加速了内蒙古工业化的进程。1978年至2007年，工业增加值由21.84亿元增加到2742.7亿元，在全国的位次由第24位上升至第16位，年均增长12.8%，占GDP的比重由37.6%提高到45%，所占比重在全国各省区市中居第12位。全区乳制品、液体乳、羊绒衫、稀土化合物产量均居全国第1位。原煤产量由1978年的0.22亿吨增加到2007年的3.54亿吨，相应位次由全国第10位上升至第2位，居西部第1位，占全国原煤产量的比重由3.6%上升到14%；发电量由37.78亿千瓦小时增加到1931.9亿千瓦小时，位次由全国第25位上升到第4位，西部第7位上升到第1位，占全国发电量的比重由1.5%上升到6%；粗钢产量由99万吨上升到1040.3万吨，居全国第15位，西部第2位。工业品牌化、竞争力增强。随着一大批重点项目的建成，工业经济总量持续增加，经济效益不断提高，经济实力显著增强。到2008年，内蒙古自治区已有多家上市公司。全区拥有注册商标19742件、中国驰名商标21件，拥有量比例高于全国

北方农牧交错带变迁对蒙古族经济文化类型的影响

平均水平，鄂尔多斯、鹿王、伊利、蒙牛、伊泰、远兴、科尔沁、维信、塞飞亚、小肥羊、草原兴发等著名品牌已享誉国内外，充分显示出内蒙古工业产品的市场竞争力和发展潜力。2007年，能源、冶金、化工、装备制造、农畜产品加工和高科技六大优势产业增加值已占全区工业增加值的90%。[1]

改革开放30年特别是西部大开发战略实施10年来，使内蒙古从一个初级工业化的以原材料和能源工业为主的地区，发展成比较优势突出，结构日趋合理，达到中期工业化阶段的地区，而且发展潜力巨大。从上述数据可以看出，1978年以来，内蒙古工业产值在总产值中的比重不断提高，说明处于快速工业化阶段。同时内蒙古工业产值的绝大部分是在农牧交错带创造的，主要工业企业集中在农牧交错带的城镇。

从内蒙古工业发展的历程看，1952年，内蒙古自治区工业产值仅占全区国民生产总值的8%左右，经过不到20年的发展，到1970年，已经达到25.19%，此后其比例一直维持在30%左右，近10年达到40%以上，说明内蒙古处于快速工业化过程之中。可以看出工业经济在内蒙古自治区经济社会发展中的作用之大，这无疑对当地蒙古族人民的生活带来了巨大变化。

表7-13　内蒙古自治区工业产值占生产总值比例（单位：亿元；%）

年份	工业产值	生产总值	所占比例
1952	0.99	12.16	8.14
1970	9.87	39.17	25.19
1980	27.30	68.40	39.91
1990	87.18	319.31	27.3

[1]《改革开放30年的内蒙古系列分析报告》（之一、之二、之七），《内蒙古统计信息网》，2008/12/16。

第七章　北方农牧交错带城镇化和工业化与蒙古族经济文化类型的变迁

续表

年份	工业产值	生产总值	所占比例
2000	484.19	1539.12	32.42
2003	773.50	2388.38	32.39
2004	1015.37	3041.07	33.39
2005	1477.88	3895.55	37.94
2006	2025.72	4841.82	41.84
2007	2742.67	6091.12	45.03

数据来源：内蒙古统计局网站，http://www.nmgtj.gov.cn/。

7.5.3　北方农牧交错带及内蒙古工业化中存在的问题

内蒙古农牧交错带工业化的水平代表了内蒙古工业化的水平，在快速发展的同时，也存在着一些问题，具体表现在以下两个方面：

1. 地区间发展不平衡

内蒙古农牧交错带是一个狭长地带，主要城镇和工业区也分布在交错带南部农业区内，在历史不同时期，地区间发展差异较大，而且受到国家产业政策的影响。目前工业分布以三个城市圈为中心，即西部以呼和浩特市、包头市、鄂尔多斯市为中心的城市经济圈，东部以赤峰、通辽为中心的城市经济圈以及北部以呼伦贝尔为中心的城市经济圈。这也是历史上内蒙古工业的主要集中分布区，但在不同阶段，地区间发展不平衡，在20世纪90年代之前，西部和东部城市圈的工业发展差距不大，东部甚至高于西部，北部城市圈除森工和能源工业外，其他工业滞后，结构单一，在全区所占比重低于东部和西部。到了20世纪末尤其是近10年，西部地区随着呼和浩特市、包头市、鄂尔多斯市城市圈经济的崛起，其工业产值占据了全区的半壁江山，东部地区则发展缓慢，东西部发展不平衡加剧。2007年，呼和浩特市、包头市、鄂尔多斯市完成工业增加值1338.65亿元，占全区工业增加

北方农牧交错带变迁对蒙古族经济文化类型的影响

值 53.6%，其他 9 个盟市工业增加值占 46.4%；呼和浩特市、包头市、鄂尔多斯市工业企业实现主营业务收入 3001.62 亿元，实现利税总额 575.37 亿元，实现利润总额 383.25 亿元，分别占全区工业企业实现主营业务收入、利税总额、利润总额的 52%、54.8%、59.7%，而其他 9 个盟市分别占全区工业企业实现主营业务收入、利税总额、利润总额的 48%、45.3%、40.3%。呼和浩特市、包头市、鄂尔多斯市工业企业上述几项主要经济指标均占全区总量的 50% 以上①。

2. 工业经济结构性矛盾仍然较突出

北方农牧交错带尤其是内蒙古历史上工业经济发展滞后，其现代工业的发展与国家区域经济政策和产业政策密切相关，同时由其资源禀赋结构决定了在全国经济分工中的地位，一直以能源原材料工业为支柱，是国家重要的能源基地。表现在工业结构中就是重工业比重高，这种格局在 20 世纪 90 年代前表现得尤为突出，2000 年以来有所变化。从轻重工业看，轻工业依赖农畜产品原料的特征十分明显，重工业中采矿工业和原料工业仍占据优势。从主要行业看，原材料和基础性产业比重大，深加工和高新技术产业比重小。2007 年，内蒙古规模以上工业企业按增加值排序前 10 的工业行业依次是：煤炭开采和洗选业占规模以上工业企业增加值的 19.0%；黑色金属冶炼及压延加工业占 13.6%；电力热力的生产和供应业占 12.7%；有色金属冶炼及压延加工业占 8.2%；农副食品加工业占 5.6%；化学原料及化学制品制造业占 5.2%；食品制造业占 5.1%；纺织业占 3.5%；有色金属矿采选业占 3.4%；非金属矿物制品业占 3.0%；全国煤炭开采和洗选业、黑色金属冶炼及压延加工业、电力热力的生产和供

---

① 《改革开放 30 年的内蒙古系列分析报告》（之七），《内蒙古统计信息网》，2008/12/16。

第七章 北方农牧交错带城镇化和工业化与蒙古族经济文化类型的变迁

应业、有色金属冶炼及压延加工业、农副食品加工业、化学原料及化学制品制造业、食品制造业、纺织业、有色金属矿采选业和非金属矿物制品业10个行业分别占同期全国规模以上工业企业增加值3.5％、0.8％、7.3％、3.9％、4.1％、6.6％、1.6％、4.1％、0.8％和0.4％，内蒙古这10个行业所占比重均比全国平均所占比重高。可以看出，内蒙古工业结构中原材料和基础性产业占绝大多数。而交通运输设备制造业、医药制造业、电气机械及器材制造业等高技术产业则在38个主要工业行业中所占比重分别为1.2％、1.3％和0.4％。[①]

3. 产业层次较低，制约工业发展后劲

内蒙古自治区经过多年的发展培育，全区的原材料加工、能源和农畜产品加工业在全国占有一席之地，但是全区6大支柱行业都集中在上游产业和初级加工，这类产业对其他产业增长的拉动作用较弱。长期以来，内蒙古工业主要是依托资源和成本优势，企业技术创新能力薄弱，产品主要以原材料、初级产品为主，形成了高加工度、高技术含量、高附加值、高竞争力的产品比重较低的产业结构。面对当前以注重技术创新和推进新型工业化的发展趋势，如果不能尽快有效转变发展方式，不能注重和依赖技术创新，不能全面提高产品的核心竞争能力，势必将降低产品的综合竞争能力，减少产品的市场占有份额，进而影响全区工业经济的持续快速发展。

4. 工业经济增速迅猛，但增长模式粗放

工业经济增长速度不断加快，对国民经济快速增长发挥着重要作用，但从增长模式看依然是粗放增长。长期以来，自治区工业依托资源优势，以粗放经营为特征的传统模式发展，追求数量

---

① 《改革开放30年的内蒙古系列分析报告》（之七），《内蒙古统计信息网》，2008/12/16。

的增长，忽视增长的质量。近年，工业发展与资源、草原生态保护相协调的可持续发展战略逐步受到重视，但长期形成的高投入、高消耗、高排放的经济增长方式没有得到根本性转变，高速的工业增长依靠牺牲环境和消耗大量能源资源来支撑。同时，原材料和能源需求较大工业的高速增长，将会增加能源、资源和环境的压力。

经过几十年的建设发展，内蒙古已建立了门类较齐全的能源工业生产体系，为保障和支撑内蒙古及全国的国民经济持续、稳定增长和满足人民生活日益增长的需要发挥了重要的支撑作用。截至2005年底，全区规模以上工业共有能源生产企业450户，资产总计2415.7亿元，全年共完成工业总产值892.2亿元，实现利润118.9亿元。一次能源生产总量为19033.0万吨标准煤，比上年增长22.4%。

在经济增长过程中，工业特别是重工业在GDP中的比重逐年上升，电力、冶金、建材、有色等高耗能行业超速发展，导致经济结构日趋重型化，这也是2005年来能源消费快速增长的根本原因。由于内蒙古工业经济主要是依托资源优势，以粗放经营为特征的传统模式发展，直接导致内蒙古节能减排任务非常艰巨。据国家三部委发布的2005年GDP能耗公报，公报显示2005年内蒙古单位GDP能耗、单位工业增加值能耗和单位GDP电耗分别为2.48吨标准煤/万元、5.67吨标准煤/万元和1714.1千瓦时/万元，分别比全国平均水平高出1倍、1.2倍和26.2%，居全国第4位、第3位和第6位。随着内蒙古经济的快速发展，尤其是能源工业和重化工业的发展，能源消费总量在快速攀升，经济增长是以能源的高消耗为代价的，能源消耗的增长高于GDP的增长。2005年地区能源消费总量10764.9万吨标准煤（当量值），同比增长25.1%。国民经济各部门间存在复杂的内在联系，首先表现为各产业之间相互耗能的数量关系。从能源消

第七章　北方农牧交错带城镇化和工业化与蒙古族经济文化类型的变迁

费总量的构成看，第一产业占 2.1%，第二产业占 79.7%，其中工业占 78.9%，第三产业占 10.6%。从各产业单位能耗看，第一产业单位增加值能耗 0.38 吨标准煤/万元，第二产业单位增加值能耗 4.84 吨标准煤/万元，其中：工业 5.74 吨标准煤/万元，第三产业单位增加值能耗 0.74 吨标准煤/万元，其中：交通运输邮电仓储 1.55 吨标准煤/万元。在三次产业能耗中工业是能耗的主体。[①]

2005 年以来，内蒙古的能源消费结构虽有所调整，但以煤炭为主的能源消费形式仍未得到根本转变。2005 年，内蒙古煤炭直接消费仍占能源消费总量的 50% 以上。而清洁能源电消费为 563.51 亿千瓦时，天然气消费为 5.72 亿立方米，二者之和为 761.19 万吨标准煤，仅占规模以上工业企业能源消费量的 11.8%。长期以来，内蒙古的能源消费是以煤炭为主，这就决定了内蒙古能源利用效率一般比以油、气为主的先进地区要低。因为在一般的使用过程中，煤炭的热效率大大低于油、气的热效率。比如在铁路运输上，煤炭、油的热效率分别为 8%、30% 左右；在居民生活中，煤炭、燃气的热效率分别为 32%、60% 左右。所以，调整能源消费的品种结构，对于节能降耗有十分明显的影响。而内蒙古能源消费结构不但降低了能源综合利用率，同时对环境造成较大的污染，在一定程度上妨碍了产业、产品结构调整。[②]

7.5.4　工业化与蒙古族经济文化类型的多元化

始于清中后期的蒙地放垦是蒙古族经济文化类型的第一次巨大变化，使蒙古族的经济文化类型由相对单一的游牧经济转向游牧与农耕并存，同时从事农耕的蒙古族人口越来越多，并超过游

[①②]《内蒙古实现"十一五"节能降耗》，国家统计局网站，2007/01/19。

北方农牧交错带变迁对蒙古族经济文化类型的影响

牧人口。而工业化的发展和快速推进，使蒙古族的经济文化类型更加多元化，出现了明显的职业分层，在过去主要是牧民和农民的基础上，出现了多样化的职业分层。人们的职业分层越细越复杂是社会生产力进步的结果，是历史的潮流，任何一个民族都要经历这一过程，进而推动民族的全面发展，因此，随着城镇化和工业化的进程，民族经济文化类型的多元化是必然趋势，是社会进步和民族发展的结果，蒙古族也不例外。如今在北方农牧交错带及内蒙古自治区，蒙古族活跃在经济社会的各行各业，几乎在现有的各产业和事业单位及相关行业都有他们的身影。蒙古族人口从农牧业向工业和服务业的转移与该地区的城镇化、工业化进程密切相关，但由于受到各方面因素的影响，蒙古族产业工人数量低于其在全区人口中所占的比重，而在党政机关及事业型单位就业人口比重相对较高。蒙古族人口向其他产业的大规模转移始于20世纪80年代后，越来越多的蒙古族进入城镇，在第二、第三产业就业。由于受到统计资料的限制，很难准确全面地反映其变化情况。

1952年内蒙古地区工人人数为47200人，比1947年增长近4倍，其中蒙古族和其他少数民族的工人已有2590人，比1947年增长了4倍。到1957年底全区工人人数达到14万人，蒙古族和其他少数民族的工人达到8000多人，[①] 这是内蒙古少数民族最早的工人阶层。但与全区少数民族人口相比，少数民族工人比例很低，对民族人口和阶层结构不构成大的影响。由于找不到近年北方农牧交错带蒙古族各行业就业情况的完整数据，表7-14以2000年第五次全国人口普查数据为例，分析蒙古族的行业分布情况，虽然不能完全反映北方农牧交错带蒙古族职业分层的状

[①] 郝维民主编：《内蒙古自治区史》，内蒙古大学出版社1991年版，第102、142页。

第七章 北方农牧交错带城镇化和工业化与蒙古族经济文化类型的变迁

况,但可作重要参考。

表 7-14　2000 年第五次人口普查全国蒙古族分行业、
门类的人口数(单位:人)

行业	人口数	行业	人口数
农林牧渔	220167	房地产	412
采掘业	3028	社会服务业	5447
制造业	14653	卫生体育、社会福利	4737
动力、燃气及水的生产和供应	2082	教育、文化艺术及广播电影电视业	14490
建筑业	4320	科学研究和综合技术服务业	700
地质勘查水利管理	449	国家机关党政机关和社会团体	13388
交通运输、仓储及邮电通信业	6912	其他行业	716
批发和零售贸易、餐饮业	15481	总计	309510
金融保险业	2528		

资料来源:《2000 年人口普查中国民族人口资料》,民族出版社 2003 年版。

从表 7-14 可以看出,蒙古族分行业、门类就业人口数的排位前 5 位依次是农林牧渔业、批发和零售贸易及餐饮业、制造业、教育和文化艺术及广播电影电视业、国家机关党政机关和社会团体,占全部从业人口的比重为 65.15%、5.00%、4.73%、4.68% 和 4.33%,而全国上述各项的比例分别为 64.38%、6.69%、12.46%、2.56% 和 2.35%。蒙古族从事制造业的人数比重比全国低 7.73 个百分点,而教育和文化艺术及广播电影电视业、国家机关党政机关和社会团体人数高于全国水平。虽然不能完全代表北方农牧交错带及内蒙古蒙古族的行业分布情况,但由于内蒙古蒙古族人口占全国蒙古族人口的绝大部分,在一定程度上反映了蒙古族的行业分布情况。表 7-15 是内蒙古自治区少数民族分行业、门类的人口数。

表 7-15　2000 年人口普查内蒙古少数民族分行业、门类的人口数（单位：人）

行业	人口数	行业	人口数
农林牧渔	166727	房地产	339
采掘业	2585	社会服务业	4717
制造业	10717	卫生体育、社会福利	3893
动力、燃气及水的生产和供应	1943	教育、文化艺术及广播电影电视业	11605
建筑业	3658	科学研究和综合技术服务业	577
地质勘查水利管理	365	国家机关党政机关和社会团体	11486
交通运输、仓储及邮电通信业	6828	其他行业	606
批发和零售贸易、餐饮业	14350	总计	242675
金融保险业	2279		

资料来源：《2000 年人口普查中国民族人口资料》，民族出版社 2003 年版。

内蒙古少数民族分行业、门类就业人口数的排位前 5 位依次是农林牧渔业、批发和零售贸易及餐饮业、教育和文化艺术及广播电影电视业、国家机关党政机关和社会团体、制造业，分别占全部从业人口的比重为 68.70％、5.91％、4.78％、4.73％ 和 4.12％。虽然排序有所不同，但所占比重与蒙古族的情况近似。2000 年人口普查时内蒙古少数民族总人口为 4857761 人，其中蒙古族 3995349 人，占少数民族人口的 82.25％。上述分布也基本反映了内蒙古蒙古族的行业分布情况。

有研究认为，从 20 世纪 90 年代开始，随着通辽、赤峰、呼和浩特、兰州等城市的发展，愈来愈多的蒙古族青年涌进城市，且以农村剩余劳动力居多，形成了流动人口城市化，且流动半径明显扩大，逐步由周边城市扩展到北京以及广东等省市。而生态退化、资源匮乏、农牧业发展趋于缓慢，是该阶段蒙古族人口城

第七章　北方农牧交错带城镇化和工业化与蒙古族经济文化类型的变迁

市化的主要原因。[1]

改革开放之前，与其他民族一样，蒙古族从农牧业进入其他行业的主要渠道是招工、军队复员等途径，转移的规模不大。由于实施民族区域自治制度，在党政机关、事业单位就业的蒙古族人口比重较高，但产业工人比重低。从全区的就业结构情况看，经过半个世纪的发展，内蒙古自治区的社会经济取得显著成绩，产业结构日趋合理，第三产业为经济发展以及安置就业起到了很大的作用。内蒙古自治区1952年第三产业从业人员占全区三次产业所有从业人员比例为8.6％，1970年、1980年分别达到10.6％和15.4％，到1990年为22.4％，2000年超过30％，为30.7％，至2003年达到33.2％。内蒙古自治区的城市经济发展带动了第三产业，尤其是服务业的兴旺，同时也为蒙古族剩余劳动力提供了就业保障。改革开放30年来，内蒙古第一产业、第二产业和第三产业构成由1978年的32.7：45.4：21.9演变为2007年的12.5：51.8：35.7。在产业结构快速演进的同时，也带动了内蒙古地区劳动力就业状况的变化。第一、第二、第三产业从业人口比例由1978年的67.10：18.45：14.45转变为2007年的52.64：16.98：30.38。[2] 以内蒙古自治区呼和浩特市为例，随着内蒙古自治区首府地位的确立以及工业化进程的发展，党政机关和事业单位中蒙古族比例稳定，且很多农村、牧区的蒙古族青年被招入工厂做工，加上大中专院校以及民族中小学中蒙古族学生的比例不断提高，该市蒙古族居民的人口比例从1949年的3.4％增至1990年的10.4％，增加了7个百分点，且在呼和浩

---

[1] 苏日娜、王俊敏：《蒙古族流动人口城市化的特点及成因——以呼和浩特为例》，《中央民族大学学报（哲学社会科学版）》，2003年第3期。

[2] 《改革开放30年的内蒙古系列分析报告》（之十五），内蒙古统计信息网，2008/12/16。

北方农牧交错带变迁对蒙古族经济文化类型的影响

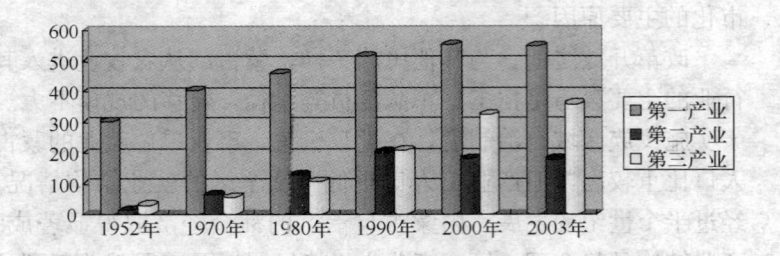

图 7-3　内蒙古自治区按三次产业划分的年末从业人员（单位：万人）
资料来源：内蒙古统计局网。

特市汉、蒙古、回、满等主要民族的增长速度中居于首位。

表 7-16　呼和浩特市区居民的民族构成

城区	总人口	汉族 人口	占总人口%	蒙古族 人口	占总人口%	回族 人口	占总人口%	满族 人口	占总人口%
1949	208637	188767	90.5	7115	3.4	10222	4.9	2420	1.2
1954	266708	238276	89.3	14172	5.3	11196	4.2	2828	1.1
1982	742114	647627	87.3	57728	7.8	23935	3.2	10054	1.3
1990	947677	797932	84.2	98381	10.4	29747	3.1	17241	1.8

说明：市区包括新城区、玉泉区、回民区三个城区和郊区。
资料来源：王俊敏：《蒙古族人口的城市化进程——以呼和浩特蒙古族为例并与其他民族比较》，《中央民族大学学报（哲学社会科学版）》，2002年第5期。

7.5.5　工业化对生态环境的影响

工业化是现代化的重要内容，是人类历史上生产方式的一次革命性变革，相对于之前的畜牧和农耕生产方式而言，其生产资料、生产对象和生产手段都发生了根本性变化，几十倍甚至上百倍地提高了劳动生产率，通过生产要素的聚集和集约化生产，极大地提高了单位面积的产出水平。因此相对于传统的畜牧和农耕

第七章 北方农牧交错带城镇化和工业化与蒙古族经济文化类型的变迁

经济而言，工业化可以创造更多的物质财富，提高附加值。但工业化的原材料来自于自然界，主要是由第一产业提供的，工业化的模式选择对自然环境的影响是不同的，传统工业化虽然提高了生产率，但造成了比传统畜牧业和农耕业严重得多的环境问题。主要表现为对资源的不合理开发利用造成的资源枯竭及对资源所在地环境的破坏，各种工业废气（物）的排放造成的大气污染、水资源污染等。传统工业化的环境问题从 20 世纪中后期开始引起国际社会的广泛关注，提出了可持续发展和新型工业化的模式，但从工业化发展的规律看，在工业化的初期人们更关注经济利益而忽视环境问题，大多是以环境为代价获取经济发展的利益，这种模式到今天在大部分国家和地区仍在延续，因此，对一些地区而言，工业化带来的环境问题是史无前例的。

北方农牧交错带的工业化开始于 20 世纪 50 年代，是继农耕经济之后，这一地区出现的又一新的经济文化类型。之所以说是新的经济文化类型，是因为虽然历史上这一地区也曾是内蒙古工商业较发达的区域，但仍是与传统农牧业相适应的简单的商品加工和贸易，以手工业为主，没有出现现代意义的工业企业，工业企业的数量、结构和规模都十分有限，对当地社会经济结构的影响不大，也没有对环境造成危害。从 20 世纪 50 年代开始，北方农牧交错带的工业化在国家计划指导下，快速发展，尤其是 20 世纪 90 年代以来，这一地区的城镇化和工业化进程快速推进。由于这一区域资源丰富，特别是快速工业化中所需的能源资源丰富，成为中国北方主要的能源基地，工业的发展大多围绕着能源产业和其他资源型产业展开。能源产业的发展在带动区域经济发展的同时，也对区域环境造成严重破坏。煤炭资源的开采直接作用于自然界，对地表环境的影响大，一些地区由于开采过后没有相应的补偿和环境修复，使地表植被难以恢复，土地沙化退化；随着工业企业的发展大量占用草场耕地，造成草原萎缩；由煤炭

北方农牧交错带变迁对蒙古族经济文化类型的影响

资源等开采出现的严重粉尘污染使周边草场退化,影响人畜饮水及农作物生长;大量的废弃物得不到科学合理的填埋处理,露天堆放或遗弃等。这些因素对环境造成的影响都是长期而深远的。

农牧交错带的东北段、华北段和西北段是我国大型煤田和油、汽田集中分布区。由东向西有大庆油田、霍林河煤田、大同煤田、阳泉煤田、乌海煤田、神府煤田、石嘴山煤田、长青油气田等,这一系列的煤、油、汽、矿区构成了我国最大的矿产能源基地。

21世纪以来,随着国内能源供给的紧张,北方农牧交错带能源的开发速度加快,一些地方为了经济利益,不顾自身的条件,盲目或过度开发。根据有关调查,近年在宁夏和内蒙古交界的一条狭长区域,形成了数百公里的污染带,上千家"高污染、高耗能"工厂,把这一片曾经的净土变成了黑云弥漫、污水横流、人畜逃离的高污染区域。[1] 这一区域是北方农牧交错带西部段的主要部分。在内蒙古锡林郭勒和呼伦贝尔市的草原地区,由于煤炭资源丰富,大多已纳入开采规划之中,有些已经开发。锡林郭勒盟白音华煤田处于森林草原向草甸草原的过渡地带,在白音华矿区的总体规划中,共规划了四个露天矿,总面积约510平方公里,至达产期,仅2号露天矿累计破坏和占用天然草地就达676.14平方公里,生物量减少878.98吨/年,水土流失面积958.30平方公里。煤炭资源的大面积连片开采,势必对草原造成严重破坏,导致区域景观格局的彻底改变。[2] 这是北方农牧交错带乃至内蒙古草原在放垦耕种后遭受的第二次洗礼,虽然增加

---

[1] 参见喻尘:《宁夏、内蒙古交界处中国西部的"百里污染带"》,《中国国家地理》,2009年第1期。

[2] 新吉乐图:《生态移民——来自中日两国学者对中国生态环境的考察》,内蒙古大学出版社2005年版,第225—226页。

第七章 北方农牧交错带城镇化和工业化与蒙古族经济文化类型的变迁

了经济产出,但对草原生态环境的破坏是短期内难以预见的。

内蒙古是水资源短缺地区,水资源状况直接影响着城镇化和工业化的结构和模式,而能源和重化工业的发展,对水资源的需求和污染都是很大的。有统计数据表明,在中国,仅煤矸石的固体废渣的排放量就占煤炭产量的1/10左右。大量煤矸石的排放堆积,不仅占用土地资源,破坏矿区生态环境,部分矸石山的自燃和淋溶水还造成严重的大气和水资源污染。此外,堆放的煤矸石经大气降水、溶淋和冲刷将煤矸石中的一些有害有毒可溶解部分溶解,形成具有污染性的地表径流,最终进入矿区水系统造成水体污染。按平均每开采1吨原煤需排放2吨污水计算,2005年底内蒙古生产了2.26亿吨煤,直接排放了5.12吨污水。[①]

7.6 对北方农牧交错带城镇化和工业化模式的思考

工业化是北方农牧交错带经济发展的必经阶段,关键是选择何种工业化的模式。北方农牧交错带的要素禀赋结构和在全国分工格局中的定位决定其工业化的产业结构,2005年以来这一地区经济的快速发展除了畜产品加工业外,大部分地区的支柱产业是资源型产业,能源产业比重高,对环境的压力大。有些环境问题在资源开发的最初阶段是不明显的,但过了若干年后将付出沉重的代价,如北方农牧交错带在农耕经济发展之初,也没有预想到环境问题会在20世纪后期爆发。环境脆弱的北方农牧交错带如何协调经济发展和环境的关系,发展环境友好型经济是一个急

---

① 乐奇:《内蒙古自治区经济社会发展报告》,内蒙古教育出版社2007年版,第253页。

北方农牧交错带变迁对蒙古族经济文化类型的影响

需研究的课题。我们并不排斥北方农牧交错的工业化,如果能够协调好工业化中的环境问题,选择适合其环境特点的工业化模式,工业化的结果将会改善这一地区的生态环境。

工业经济文化类型作为能够产生较高经济效益、带来生产生活便利的经济形态,具有不可替代的先进性,在其发展过程中,也存在着很多不容忽视的问题;少数民族经济,因为植根于特殊的地理与人文环境,具有自己的特点,很多落后于生产力发展以及不适合民族发展的东西需要摒弃,但是还有很多属于民族特质的优良经济文化传统要继续发扬光大,因为这是一个民族得以存在的基本条件,甚至可以说是灵魂。在工业化的过程中,充分发挥蒙古族传统经济文化类型的作用,使二者相互促进,协调发展,才是蒙古族应该走的工业化道路。

在这里讨论内蒙古的工业化,是从内蒙古高原经济文化类型变迁的视角展开的,而没有排斥工业化的倾向。而且按照新型工业化的理念,工业化与畜牧经济的发展并不矛盾。北方农牧交错带及以北地区的工业化是经济发展的必然,也是内蒙古及相关地区经济现代化的主要途径,没有工业化就没有这一区域的现代化。但传统工业化尤其是粗放式的资源开采和利用模式对草地环境带来巨大压力,其对环境的破坏效应甚至大于农耕业的发展。因此,工业化与畜牧业的发展并不冲突,但要注意工业化的资源获取和利用方式,传统工业化模式是对资源的掠夺式利用,自然会对草原生态环境造成破坏。内蒙古工业化的速度、模式、可持续性等问题直接关系到畜牧经济文化类型的可持续性以及蒙古高原经济发展的可持续性。

位于北方农牧交错带的鄂尔多斯市正在探索一条工业化、城镇化与环境协调发展的模式。秦汉以来的多次战争和三次大的垦荒高潮,使得鄂尔多斯境内的生态环境遭到严重破坏,逐渐形成了沙漠、沙地。自清代以来,随着人口的膨胀性增加,乱垦、乱

第七章　北方农牧交错带城镇化和工业化与蒙古族经济文化类型的变迁

采、乱伐、超载过牧日盛，加之气候原因和人与自然互相作用，生态日益恶化。生态的恶化导致鄂尔多斯风大沙多，十年九旱，库布齐沙漠和毛乌素沙地侵蚀到全市总面积的48%，20世纪70年代沙化面积一度占到总面积的80%，水土流失严重。恶性循环之下，鄂尔多斯经济指标曾长期居内蒙古自治区末位。面对恶劣的环境，鄂尔多斯市委、市政府逐渐认识到：过去几十年走不出困境的根本原因，就在于人与自然不协调、指导思想和发展理念与自然规律不相符。由此，政府采取了加大生态投资、积极培育扶植企业和群众治沙，推动治沙产业化的一系列举措。鄂尔多斯市草原植被明显恢复，林草覆盖度达到70%以上，提高了40个百分点；森林覆盖率由2000年的12%提高到18%，生态状况实现了由严重恶化到整体遏制、局部好转的历史性转变。"十五"期间，鄂尔多斯市生态总投资达21亿元。依托国家天然林保护、退耕还林、自然保护区建设等林业重点工程，全市每年人工造林150万亩，飞播造林200万亩，沙地治理的速度不断加快。[①] 鄂尔多斯市是内蒙古能源资源富集的地区，21世纪以来，能源资源的开发带动了一系列产业的发展，但其能源产业不是延续传统的开采和初级加工模式，而是注重综合利用，提高附加值，并把环境保护放在首位，在经济超常规发展的同时，使环境状况不断改善。2006年鄂尔多斯市财政总收入达到145.8亿元，跃居内蒙古自治区第一，与江苏江阴市基本持平，人均GDP位于全国西部城市第三。2009年被科技部正式批准为国家可持续发展实验区。通过科学利用优越的资源条件，高起点引进和配置生产要素，全面推行资源节约型、环境友好型、集约化的工业和农牧业生产经营方式，走出了生态恶化—治理—再恶化—再治理的怪

[①] 陶卫华：《鄂尔多斯：不为政绩为可持续发展》，《小康》2007/07/06。

圈，摆脱了发展—关闭—再发展—再关闭的困扰。[①]

总之，工业化和城市化作为现代化的重要内容，是世界各国各民族社会经济发展的基本趋势，内蒙古农牧交错带也处于这一进程之中，而且呈现出快速发展的态势，并对社会经济发展产生了积极的效应。今后应在现有城市格局基础上，根据区域经济社会发展的需要，进一步规划和合理布局农牧交错带的城市，围绕目前已初具规模的两个城市圈，加快劳动力转移，在加快工业化的同时，促进服务业的发展，转变经济发展方式。新型工业化和发展生态城市是农牧交错带城市化的重要方向。

我们说城市化和工业化是现代化的基本内涵，但不是说城市化和工业化的模式是单一的、千篇一律的。现代化具有国度性和民族性，城市化同样应突出区域特色和民族特色。农牧交错带的城市化应结合区域民族历史与文化、自然环境特点，走既具有现代元素，又体现民族历史文化内涵的城市化道路，而不能简单照搬其他地区的模式，尤其在城市布局、建筑风格、城市文化等方面。"城市作为人类群体居住的场所，不仅要有完善的生产生活设施、整洁优美的环境，更应该具备基于各自地区社会历史文化的风格特点和文化品位。这是城市的灵魂和魅力所在，也是城市可持续发展的根基所在。"[②] 农牧交错带的城市化首先应体现草原文化特色，结合区域悠久的民族历史，这是其他城市所不具备的。

[①] 《鄂尔多斯市：坚持走西部资源富集地区科学发展之路》，《新华网》，2008/11/26。

[②] 齐木德道尔吉：《内蒙古城市文化定位研究的尝试——以乌兰浩特城市文化定位研究为例》，《内蒙古大学学报（人文社会科学版）》，2003年第6期。

第八章 北方农牧交错带变迁的案例分析

——以内蒙古赤峰市林西县为例[①]

林西县位于内蒙古自治区赤峰市北部，地处辽河上游，大兴安岭余脉南段。西与克什克腾旗接壤，东与巴林右旗毗邻，北接西乌珠穆沁旗，南与翁牛特旗隔河相望。全境南北较长，东西狭窄，总土地面积3933.1平方公里。境内群山绵延，川谷纵横，自然资源较为丰富。

林西是赤峰经济、文化发展较早的地区之一，有文字记载和文物佐证的历史就有五千余年，生活在这里的各族先民们用勤劳和智慧创造了光辉灿烂的历史文化。林西城南的锅撑子山是我国著名的细石器文化遗址；大井古铜矿遗址驰名中外，比1974年在湖北省首次发现的铜绿山古铜矿遗址还早900年；林西镇西门外还有汉代砖瓦窑遗址；唐代在县境西拉沐沦河北岸（今双井店乡西樱桃沟村）设松漠都督府，辽代在此建饶州。

100多年前，林西县是水草丰美的草原，当时是巴林旗的牧地，经济文化类型是草原游牧经济文化类型，人口稀少，民族人口结构单一。林西县的大规模开发和农耕经济的发展始于1907年清政府在巴林旗开办垦务。

1907年（清光绪三十三年）12月27日，热河都统廷杰奏请清廷批准，拟在巴林部西新建一县，固初定县名"巴西"，即初拟的林西县名。1908年2月25日（清光绪三十四年），清廷准

[①] 本章参阅谢国柱主编：《林西县志》，内蒙古人民出版社1999年版。

奏，将原定的"巴西县"改为"林西县"，中华人民共和国成立后一直沿用此名。2008年8月林西县举办了建县100周年庆典活动，全面回顾和总结了建县以来社会经济的变迁和发展。

2006年，林西县辖7个镇、1个乡、106个行政村、7个社区。全县共有82963户，241825人，非农业人口为55678人，占总人口的23%，非农业人口主要分布在县直机关、乡镇及事业单位。由于工业规模小，吸纳劳动力的能力有限，第二产业从业人员比重低，乡镇企业主要吸收农民工就业。从城乡人口结构也可以看出，林西县的县域经济以农牧业为主。林西县有蒙古族、满族、回族、朝鲜族、达斡尔族、锡伯族、藏族、苗族、土家族等少数民族居住。2007年，少数民族总人口为13786人，占全县总人口的5.07%。其中，蒙古族人口9480人，主要分布在五十家子镇太平庄蒙古族村及林西镇；回族总人口1779人，主要分布在林西镇城区及林西镇回民营子村；满族2803人，主要分布在林西镇、五十家子镇、官地镇、大营子村、大井镇等地。

8.1 林西县建置沿革

自春秋至隋，林西地区先后为东胡、匈奴、鲜卑、库莫奚、霫、契丹等北方少数民族的游牧地。唐贞观三年（公元629），霫迁潢水（今西拉沐沦河）以南，并入奚；贞观二十二年（公元648），唐于境内潢水北岸设松漠都督府；唐末，奚、霫俱附契丹；辽代，林西南部属上京道临潢府饶州，北境属庆州；金代，嘎斯汰河以北属庆州庆民县，嘎斯汰河以南属临潢府卢川县；元代，林西地区属中书省应昌路（今克什克腾旗达里诺尔）；明初，林西属全宁卫，永乐元年（1403）以后，属兀良哈三卫之一泰宁卫；16世纪中叶，隶属于北元（亦称鞑靼）察哈尔部；后金天聪八年（1634），林西地区划归巴林部；清顺治元年（1644）至光绪三十一年（1905）为巴林旗牧地。

清朝光绪三十一年（1905），热河都统廷杰上奏清廷："仿移民实边政策，放垦巴林地。"光绪三十二年（1906），清朝政府派人专程到巴林实地考察。嗣后，在清朝政府敦促下，巴林郡王扎噶尔"遵旨报效"。后经四次补报，"南至巴林桥，北至乌珠穆沁，约长二百里，东抵查干沐沦河，西抵刘家营子（克什克腾旗），约宽五六十里"。至此，基本上奠定了林西县的地域范围。

光绪三十三年（1907）三月，热河都统廷杰派员到巴林旗开办垦务，设立"办理热河巴林旗垦务行局"，并租赁色布敦庙（今林西镇东门外）僧舍暂作垦务局址。

光绪三十三年十二月十四日（1908年1月7日），热河都统廷杰奏请清廷，拟在巴林旗、阿鲁科尔沁旗和东西扎鲁特旗的报垦地面上增设两县。其中"巴林右翼地面设立一县，名曰巴西，其疆域长约二百里，宽五六十里"，并奏请将原赤峰升为直隶州，统辖新县。

光绪三十三年十二月二十七日（1908年1月20日），清政府准廷杰奏，并将原拟"巴西县"改为"林西县"，县治设于乌梁苏汰川口，即今林西镇址。林西县归赤峰直隶州辖。民国元年至民国二十二年（1912—1933），林西县归热河省辖。

1933年，日本侵略军侵占林西后，林西县归伪满洲国兴安西省辖；1942年撤兴安西省，设兴安总省，林西归属伪满兴安总省兴西地区行署辖，伪满兴西地区行署设于林西。

1945年10月，中国共产党热北地委、热北第五行政督察专员公署在林西成立。11月，中共林西县委、林西县政府成立，隶属热河省热北地委第五行政督察专员公署。

1946年6月5日第五行政督察专员公署与东蒙自治政府的昭乌达省合并，建立昭乌达盟行政委员会，林西县隶属热河省昭

北方农牧交错带变迁对蒙古族经济文化类型的影响

乌达盟行政委员会。

1946年7月20日,热中、热辽、昭乌达盟三个行政区组建热辽行署,林西县隶属热辽行署;10月,林西县随热辽行署划归热河省。1947年9月1日,昭乌达盟行政委员会改为昭乌达盟政府,林西县隶属昭乌达盟。

1949年5月20日,热河省昭乌达盟北五旗县(阿鲁科尔沁、巴林左旗、巴林右旗、林西县、克什克腾旗)随昭乌达盟一起划归内蒙古自治区。

1969年8月1日,林西县随昭乌达盟划归辽宁省,1979年7月1日,林西县随昭乌达盟划回内蒙古自治区。1983年10月10日,昭乌达盟改为赤峰市,林西县隶属赤峰市。

2000年末,全县辖7镇、13乡、148个行政村,2002年全县总人口23.6万人。全县汉族人口占95%。少数民族有蒙古、回、满等民族。2001年6月,撤并乡镇,即:撤销冬不冷乡、三段乡、繁荣乡、毡铺乡。全县辖7个镇、9个乡。2005年末,再次撤乡并镇,即撤销板石房子乡、老房身乡、兴隆庄乡、大川乡、隆平乡、十二吐乡、双井店乡、下场乡。新组建林西镇(原十二吐乡并入)、统布镇(原板石房子乡并入)、五十家子镇(原兴隆庄乡、老房身乡并入)、新林镇、大井镇(原大川乡、隆平乡并入)、官地镇、新城子镇(原下场乡、双井店乡并入)、大营子乡。全县现辖7个镇、1个乡、106个行政村、7个社区。

清光绪三十三年(1907),经清廷奏准,巴林郡王扎噶尔遵旨将巴林旗西部牧地放垦,经四次放垦,"南至巴林桥,北至西乌珠穆沁旗,约长二百里,东至查干沐沦河,西抵刘家营子(克什克腾旗),约宽五六十里"。至此,已基本奠定了林西县的境域范围。

在放垦时,由于诸多原因,对查干沐沦河以东和以西的一些地区一直未能放垦。直到1949年,昭乌达盟人民政府才决定:

将查干沐沦河以东原属巴林左旗辖的孤榆树村、羊场沟村、小五十家子村、黄花坝村以及井子沟一带划归林西；1952年，昭乌达盟人民政府又发布命令，将查干沐沦河以西原属巴林右旗辖的九连庄村、太平庄村、温都和硕村、二八地村、兴隆村、巴吉沟村、葱根沟村、上大马金村等正式划归林西县。此后，林西县政区一直较稳定，未发生变更。

8.2 土地放垦

清光绪三十一年（1905），热河都统廷杰上奏清廷，"仿移民实边政策放垦两巴林地。"其目的是"慎固国家边陲，设立县治，解决地方经费和练兵饷项"。

清光绪三十二年（1906），肃亲王善耆和理藩部左丞姚锡光奉清廷之旨，到内蒙古东北部调查蒙情，筹划移民垦荒办法，并专程到巴林旗进行实地考查，认为"巴林一带，东扼日人西上之路，北控俄人南牧之途，为用兵要地"。于是便向清廷陈奏了八条经营之策，第一条就是屯垦。嗣后，清廷下了专门谕旨，敦促巴林王遵旨报效。在清廷的指令和热河都统廷杰的督促下，光绪三十三年（1907），巴林王扎噶尔"遵旨报效"了巴林右旗西部的巴彦查干沟、英图坤兑、枕头沟、哈拉盖沟（今十二吐、新城子一带）4处平川荒地。后在巴林贝子色丹那木吉勒旺宝赴京执例行的"年班"归旗途经承德时，热河都统廷杰又与其商议垦务事宜，"仍令将该四处（指巴林王所报地段）中间山荒一律报效，以杜日后蒙汉杂处纠葛之患。"巴林贝子色丹那木吉勒旺宝面允照办。

这两次报荒，巴林王称经两次放垦，南北长约八九十里，东西宽约二三十里。但经热河都统派员丈量核对后，与巴林王所称不符。垦务局总办又与巴林王、贝商议，巴林王、贝又将哈拉苏台、色布敦庙、老正沟、英图火烧等处（今冬不冷一带）添入原报 4 处之内，一并报效。此次报荒呈报热河后，热河都统廷杰又委派候补同知李铱前往巴林，劝导巴林王、贝，因新报地段大都在山沟，难设县治，令其再择宽阔平坦地方继续报效。巴林王、贝在"叠经开导"之后，又报效了阿归他拉、查干沐沦河等处（今官地、九连一带）。

最后一次报荒是在民国元年（1912）。巴林旗派旗梅林哈丰阿、赵福海赴报荒地带划分边界，发现在原留给当地牧民的草场东川吐坤兑沟脑一带，因柴草蒙汉居民互有争执，回奏后，巴林王又决定将该处草场一并报效，照章放垦。

经几次报荒，"南至巴林桥，北至乌珠穆沁，约长二百里；东至查干沐沦河，西抵刘家营子（克什克腾旗），约宽五六十里，除去高山、大河、沙包不计外，可垦之地共五千倾"。至此，已基本奠定了林西县的范围。

清光绪三十三年（1907）三月，热河都统廷杰派员到巴林旗查勘荒地，设置"办理热河巴林旗荒垦务行局"。租赁了色布敦庙僧舍暂作垦务行局局址，然后即由员书夫役会同巴林旗旗员到报效地段开绳丈地。直到宣统元年（1909）秋，新建的林西县衙署完工，垦务行局才从色布敦庙迁至县衙。

垦务行局设总办一人、文案委员、收支委员、监绳委员、绘图核测委员各 1 人，后来还一度设帮办委员，另有书手五六人，绳夫和局役根据丈地设绳多少和局务忙闲随时雇佣。热河对垦局还派有少量马队（骑兵）和步兵保护，称护量队。

清光绪三十四年（1908）二月，林西县正式建制，张文灏任巴林垦务局总办兼任巴林县正堂，即知县。

清光绪三十三年（1907），巴林垦务局设立后，即开始开绳丈地，并定了 8 条丈荒规则：（1）各绳宜各带册本，详注段落地名,并作画图之用;(2)各绳宜随时校准,绳尺以期一律而示大众;(3)标界分桩,加筑封堆,以期易于表现;(4)各绳宜量地高下,酌留沟浍,以免水患;(5)山地不得一律概作山荒;(6)城镇各基,宜宽留隙地,以充公用;(7)各绳所丈之地,宜逐日留图,以免疏脱讹错;(8)各绳宜约束从人,毋得滋扰蒙户。丈荒中,多绳同时在不同地段作业,每绳各占一字,每字下又依绳丈的倾数编成若干号。各绳所占字为:元、亨、利、贞、仁、义、礼、智、信、巴、林等。开绳丈荒之前,先按自然川道、山沟、村落为界划分段落,而后开绳丈地。丈量后打上标桩,堆上大土堆,并加上暗记,注明亩数。各绳丈过的荒地,随时编号绘图,并把每日的散图集为一段的整图。地亩计数法是以官定营尺为准,每五平方尺为一号,二百四十号为一亩,每百亩为一顷,一顷编为一号。

丈荒从清光绪三十三年(1907)三月开始至宣统元年(1909)春结束,历时两年。根据《垦务章程》,确定平川地为正段地,分为上、中、下三则,后来又把平缓可耕种的山荒提作正段下下则,其他山荒分为上、下两等,另外还有沙荒、城基和镇基。经丈量,放垦地数共8181.72顷,已大大超过原报效估计的5000顷。另外,在民国元年(1912)8月,垦务行局和巴林旗派员会勘报效荒地边界时,在与克什克腾旗交界的地方又查出应放垦的下等山荒62顷,同时,巴林王又把东川吐坤兑原留作牧场的10顷一并报效。这样,前后共放垦荒地825372顷(825372亩)。

垦务开办后,热河都统廷杰拟垦务章程8条,于清光绪三十三年五月(1907年7月)上奏清廷,获准后,通告各府、州、县,以广招徕。这份垦务章程,除规定了荒地等则、勘丈计量方法外,还明确规定了荒价、经费数量、地亩升科年限(即开始征税年限)、挂号领地等有关事宜。

北方农牧交错带变迁对蒙古族经济文化类型的影响

林西招垦领地，大体分为3个阶段：

第一阶段：从开始招垦到宣统元年（1909），为垦务迟滞阶段。这一阶段，前后有王顺存、李锬、张文灏3任垦务总办。第一任总办任期内未行招垦；第二任招垦不过五六十顷；第三任招垦也不过一千余顷。为推进垦务，在张文灏任期内，曾采取了一些措施：一是为保护垦务局和领户的安全，增设了马队一哨、步兵半哨；二是在西拉沐沦河上制备船筏，以利商旅、领户渡河；三是商妥赤峰"隆盛昌"等3家商号代收荒价银两，减少领户远途携带银两的麻烦，并为其生命、财产安全提供了方便条件；四是裁除小费，在招垦初期，垦务行局中有的员役在正费之外还向领户索要"规费"，即敲诈、索贿，对此，张文灏严令裁除，并申报热河都统颁发了裁除小费的告示，张贴在赤峰、围场、乌丹、经棚等地；五是宽限了缴纳荒价的日期。尽管采取了这些措施，但这段招垦仍无较大进展。清宣统元年（1909）春，巴林王扎噶尔呈热河都统，控告巴林垦务局"迄今两年之久，领地民人甚属寥寥"；"迁延既久，与本旗蒙众生机大有关碍"；"该荒虽能零星散放，不过仅供委员人等需款而已，实于国库无补。"据此，热河都统廷杰派哈达（赤峰）税务委员德凯赴巴林垦务局调查。经调查后，德凯向廷杰呈复，认为总办张文灏"官声尚好"、"尚无流弊"。并对巴林垦务行局的招垦进展情况进行了分析："天时晚于赤峰半月"；"东、北两界系蒙民，并无领户；南界一百二十里直至舍里漠河（西拉沐沦河）南岸始有居民，归多伦管辖，烟户零星，绝少盖藏之富，领户甚少，惟赖西界黑沙滩之民而作大宗领户，适与前岁冬雪过大，深至没膝，春夏瘟疫流行，所有牲畜之生产倒毙者百不存一"；"银钱既短，加之灾荒，交价领荒者是以不能畅旺。"鉴于此，德凯建议实行减价缓征的变通之法。廷杰采纳了德凯的某些建议，于宣统元年（1909）四月折奏清廷："因垦局林立，领户择地择价致多观望"，对巴林垦地"拟酌

第八章　北方农牧交错带变迁的案例分析

减荒价,暂限升科,以期垦务速成"。八月,清政府度支部批转了廷杰"酌减荒价"的奏折,但文札到巴林垦局已时届秋冬,招领仍不见起色。为了缓解垦局与巴林王的矛盾,撤换了巴林垦局总办张文灏,另委任国任泰为垦务行局总办。

第二阶段:宣统二年(1910)至中华民国元年(1912),为垦务收束阶段。对巴林垦务这种迟滞局面,热河都统廷杰除上奏清廷酌减荒价、暂限升科等推进措施外,还拟定了《三旗巴林各垦务变通改良章程》,对荒价、钱粮、升科进行了调整,从而吸引了大批领户,招垦速度大大加快。至民国元年(1912)2月,林西知县张文灏详复热河都统的呈件中称:"所遗余荒仅剩七百数十余顷,统计所放已在九成以上。"并提议"将垦局撤销,所有未竣事宜宜归县署办理。"8月,垦务行局归并林西县署。同时张文灏派垦局人员会同巴林旗所派梅林特古苏、赵福海共同勘校荒地地界,凡边界处一律重新堆立敖包以为标记。至此,巴林垦务大体完竣。

第三阶段:中华民国二年—二十二年(1913—1933),为垦务的延续阶段。巴林垦务到民国元年(1912)虽已大体告结,但一些未竣事宜,却一直延续了20年。这个时期,垦务局归并林西县署,垦务总办由林西县知县(知事、县长)兼任。民国12年(1923),钟熙中任林西县知事时,林东(今巴林左旗)开始放垦,钟熙中兼任巴林左旗垦务总办。民国14年(1925),张奉先任林西县知县时,对垦务手续做了彻底清理。当时除大水波罗300顷已有人包作牧场外,还有400顷未放出,所放出荒地尾欠的荒价银还有6300余两;有的领户虽已领地,但因未交齐荒价银未领部照而没有升科。张奉先虽对荒价课银又进行了调整,但荒地招领事宜始终未能彻底完结,放垦事宜一直拖延到1933年林西被日本侵略军占领而自行告结。

经过以上三个阶段的放垦,到20世纪40年代,林西境内基

· 317 ·

本变成了农耕区，大批内地人口流入加快了农耕经济的发展，他们带来了内地精耕细作的农耕技术，改变了传统游牧经济结构。

8.3 农耕经济类型的出现及其变迁

放垦前林西境内以草地畜牧业为主，还没有设立县制，是巴林旗的牧地，人烟稀少，几乎没有农耕经济。也就是说，蒙地放垦和林西县的设立是这一地区农耕经济发展的开端。自放垦始，移来这里的各族人民就以从事农耕为主，较早把内地农业文明带到了林西。中华人民共和国成立前由于耕作技术落后，农业基础薄弱，加之旱、雹、虫等自然灾害的频繁发生，粮食产量始终低而不稳，丰年单产不足百斤，农业生产处于自种自食、自给自足的自然经济状态。中华人民共和国成立后，农业生产迅速发展，粮食单产大幅度增加，全县建成了统部乡、板石房子乡、新林镇、五十家子镇、官地镇、大川乡、繁荣乡等商品粮生产基地。林西县是典型旱作农业区，主要粮食作物以小麦、谷子为主，玉米、莜麦、荞麦、糜黍次之；经济作物以甜菜、油葵、大豆为主，兼种瓜、麻、烟等。1996年全县农业总产值27300万元，占工农业总产值的40.1%。到2006年，全县共有耕地121.5万亩，其中农作物总播种面积94.0万亩，粮食作物耕种面积64.2万亩，有效灌溉面积达到37.0万亩，农业机械总动力20.8万千瓦；全县农业总产值达72522万元。

8.3.1 土地资源及耕地

林西县属中低山区，境内山脉为大兴安岭支脉，最高海拔1879.2米，最低海拔670米，地势西北高东南低，山地与平川河流大多较平缓，呈现群山绵延，河谷平川逶迤其间的地貌特征。

第八章 北方农牧交错带变迁的案例分析

气候属中温带大陆性季风气候,四季分明,风沙干旱严重,雨热同季,降水少而集中,日照充足,年平均气温 2.1℃,日照 2900 小时,降水量 360—380 毫米,无霜期 120 天。县内径流总量 1.37 亿立方米。地下水分布不均,山区贫乏,沿河两岸较丰富,总储量约为 0.75 亿立方米。境内矿产资源丰富,有色金属资源储量较大,矿种有铜、锡、铅、锌、银、钨、钼、萤石、石灰石、煤等。现已探明铜储量 2.8 万吨,白银 824 吨。铜、锡、石灰石、萤石、煤等矿产资源正在逐步得到开发利用。野生动物有 53 种,其中哺乳动物 20 余种,野生飞禽类 20 余种,珍贵动物有马鹿、狍子、猞猁、狐狸、天鹅、鸿雁、斑翅山鹑、环颈雉等。

全县总土地面积 589.9 万亩。其中北部中山地区 208.2 万亩,占总土地面积的 35.2%;中南部丘陵地区 265.4 万亩,占总土地面积的 45%;东部、东北部河谷平川地区 116.6 万亩,占总土地面积的 19.7%。2004 年末,全县有耕地 101.43 万亩,占总土地面积的 17.2%。其中水浇地 36.86 万亩,占耕地总面积的 36.34%。

林西县耕地面积曾多次发生增减变化。从光绪三十三年(1907)开始放垦,到宣统元年(1909)丈荒,全县共有耕地 8181 顷 72 亩(818172 亩)。到民国时期,特别是日伪统治时期,由于军阀混战、政局动荡、劳力外流,成片土地荒芜,伪满康德二年(1935),全县耕地缩减为 7849 顷 29 亩(787929 亩),到中华人民共和国成立初期,全县耕地面积缩减到 674070 亩。1950 年全县垦荒 56460 亩,此后,耕地面积逐年增加,到 1957 年耕地面积增至 1117410 亩,比中华人民共和国成立初期增加 442340 亩。1958 年后,由于水利、交通和基本建设事业的不断发展,占地面积逐步增加,耕地面积相应减少。至 1990 年全县共有耕地 1036200 亩,其中水浇地 332700 亩。1994 年以后,耕地面积又有所增加,至 2006 年全县耕地面积达 1215000 亩。

北方农牧交错带变迁对蒙古族经济文化类型的影响

林西县耕地在放垦初期，除少数河滩沙地比较贫瘠外，多数耕地均较肥沃，土壤中有机质含量较高，土壤呈黑色。据1935年出版的《林西县志》记载："县治近城地为中区改为一区有河一道两岸尽平原土色黑壝最为膏腴……县境之北为北区现改为五区毗连大坝山水绾错地势高寒土多黑壝间杂砂质最为膏腴。"1935年由日本人撰写的《兴安西省林西县事情》也记载："南部靠西拉沐沦河，岸边沙地多，土质贫瘠。东部是查干沐沦河流域，土地呈黑色。"经过几十年的粗放耕种，特别是民国年间的掠夺式经营，使土地中的有机质不断减少，土壤肥力逐年下降，供肥能力大为减弱，土壤颜色也由黑色逐渐变成栗色或黄色。1985年土壤普查测定，林西县耕地土壤有机质含量平均为2.12%，全氮含量平均为0.13%，而未开垦的自然土壤的有机质含量平均为3.17%，全氮含量平均为0.17%，分别比耕地高1.05%和0.04%。

表8-1　1950—2003年部分年份林西县耕地面积及粮食产量

类别 年份	耕地面积（亩）合计	水田	旱田	其中水浇地	粮食产量 总产（万公斤）	亩产（公斤）
1949	725 685	—	725 685	28 685	2128.6	31.6
1960	1 137 252	630	1 136 622	130 232	5 305.3	49.5
1970	1 069 403	—	1 069 403	221 966	8 250.2	80.5
1980	1 068 640	—	1 068 640	333 694	4 822.3	54.5
1990	1 036 200	—	1 036 200	332 700	11 260.0	123.0
1996	1 180 000	950	1 179 050	373 078	15 435.6	160.0
2000	1 152 300	2100	1 150 200	397 350	8 020	69.6
2003	1 014 300	495	1 013 805	368 580	14 001.8	138.0

资料来源：林西县县志编纂委员会编：《林西县志》，内蒙古人民出版社1999年版，第189—190页；《赤峰市统计年鉴2001、2004年》，中国统计出版社2001年、2004年版。

第八章　北方农牧交错带变迁的案例分析

20世纪80年代以后,玉米的种植面积快速扩大,杂粮种植面积减少,但仍占有很大比重。放垦初期,耕种粗放,作物种类不多,主要种植糜黍、谷子、莜麦、小麻子等。到民国年间,作物种类有所增加,除种植粮食作物外,还种植少量经济作物和蔬菜作物。主要是谷子、莜麦、糜黍、小麦;其次是玉米、高粱、大豆、小麻子和白菜、萝卜、土豆、芹菜等。据《兴安西省林西事情》记载:"和其他县有很大区别的是种高粱、大豆的少数,多数是种谷子、荞麦的;蔬菜方面,虽也生产白菜、萝卜、土豆、芹菜等,但产量不太大"。该书还对林西县当时的主要农作物种类、播种面积、产量列表加以说明。见表8-3:

表 8-3　1935 年林西县农产品调查表

单位:1 顷=100 亩　1 斗=15 公斤

主要作物种类	播种面积（顷）	每亩产量	主要作物种类	播种面积（顷）	每亩产量
黄豆	4	3斗	莜麦	600	5斗
小豆	1	4斗	荞麦	800	8斗
绿豆	2	4斗	小麻子	100	5斗
其他豆类	685	5斗	杂粮	90	3斗
高粱	4	8斗	烟叶	2	100斤
谷子	2200	5斗	青麻	10	100斤
玉米	5	4斗	鸦片	100	16两
小麦	200	4斗	蔬菜	3	300斤
大麦	1	3斗	黍子	1 200	7斗

资料来源:林西县县志编纂委员会编:《林西县志》,内蒙古人民出版社1999年版,第185页。

1949年中华人民共和国成立后,随着农业生产的发展,作物种类不断增加,到1996年,全县作物种类分粮食作物、经济

北方农牧交错带变迁对蒙古族经济文化类型的影响

作物、蔬菜作物、饲料作物 4 大类。粮食作物主要有谷子、小麦、玉米、水稻、莜麦、大麦、糜黍、荞麦、高粱、大豆、芸豆、蚕豆、豌豆等；经济作物主要有油菜、甜菜、向日葵、小麻子、大麻、蓖麻、胡麻、烟叶、花生、西瓜、香瓜、打瓜等；蔬菜作物主要有黄瓜、角瓜、烧瓜、倭瓜、大蒜、葱、洋葱、茄子、西红柿、辣椒、豆角、土豆、白菜、大头菜、芹菜、韭菜、生菜、盖菜、苤蓝、蔓菁、胡萝卜、水萝卜、大萝卜、香菜、茴香、茼蒿、菜花、地环、鲜姜等；饲料作物主要有苜蓿、草木樨、沙打旺、青贮玉米等。

随着作物种类的不断增加，作物布局也发生了一些新的变化。县农业部门根据县内的土壤、气候条件、地理位置和主要优势作物种类，将全县划分为 3 个连片种植区：

一 北部中山麦产区。该区位于林西县北部中山地带，海拔高度 850 米至 1865 米，耕种土壤多为暗栗钙土。该区包括统部、板石房子、新林镇、毡铺、五十家子、兴隆庄、老房身等 7 个乡镇和大冷山林场、大水波罗牧场，共有 51 个村民委员会。本区以种植小麦为主，是全县的主要产麦区，也是林西县的小麦商品粮基地。1986 年，该区种植小麦 149138 亩，占全县小麦总种植面积的 66.3%；小麦产量达 104.16 万公斤，占全县小麦总产量的 65%。该区除小麦种植外，还种植一些谷子、大麦、莜麦、土豆等作物。1996 年，该区共种植小麦 162864 亩，占全县小麦总种植面积的 56.1%；小麦产量达 2959.8 万公斤，占全县小麦总产量的 55%。

东部、东北部河谷平川粮食经济作物区。本区地处查干沐沦河、巴尔汰河、嘎斯汰河沿岸阶地上，耕地土壤多为草甸栗钙土，肥力较高，地势平坦，水资源较为丰富，是林西县的主要产粮区和经济作物区。该区包括林西镇、冬不冷、隆平等 3 个乡镇全部和大川、官地、兴隆庄、五十家子、新林镇、统部等 6 个乡镇的部分村民委员会，共36个村民委员会。本区主要种植小麦、谷子、玉米、大麦等粮食作物和甜菜、向日葵等经济作物，其中甜菜和向日葵的种植面积分别占全县甜菜和向日葵总种植面积的66.3%和41.5%，是林西县主要的油料和糖料生产基地。

中、南部低山粮食油料作物区。该区位于林西县中、南部中低山丘陵地区，耕地土壤多为暗栗钙土和少量的风尘土。是比较典型的旱作农业区。该区包括大营子、繁荣、三段、十二吐、新城子、双井店、下场等7个乡镇的全部和官地镇、大川乡的一部分，共61个村民委员会。本区主要种植一些喜温、耐旱、耐瘠薄的谷子、糜黍、荞麦等粮食作物和向日葵、大豆、小麻子等油料作物。20世纪80年代以来，针对本区春旱严重、抓苗困难的特点，积极推广夏播小麦的种植，种植面积逐年扩大，1986年夏播小麦面积达8万亩，至1996年夏播小麦种植面积达10万余亩。

表8-4 2003年林西县主要粮食作物播种面积及产量

主要作物种类	播种面积（公顷）	产量（吨）
谷物	22 298	120 566
豆类	6 356	8 748
薯类	2 128	10 704
油料	9 689	14 111
甜菜	4 054	109 869

资料来源：《赤峰市统计年鉴2004年》，中国统计出版社2004年版。

8.4 畜牧业

林牧业生产在林西县的国民经济中占有一定的比重，但不是

北方农牧交错带变迁对蒙古族经济文化类型的影响

历史上的游牧，也不同于内蒙古其他地区的畜牧业。在草场狭小的农业县，畜牧业生产只能走稳定头数、提高质量、半舍饲和舍饲的路子。前文已谈到，在放垦之前，林西县境内是典型的草地畜牧业经济。放垦后，在较短的时间内完成了经济类型的转变，成为以农耕经济为主的经济。虽然目前被划为半农半牧区，但更多是从经济地理和环境特点的角度考量的，从产业构成情况看，草地畜牧业比重不高，基本以饲养畜牧业为主。其境内有限的草地畜牧业是与锡林郭勒盟接壤的一片区域，这片草场归锡林郭勒盟管辖，林西县租用。

2000 年，全县草原总面积为 180 万亩，可利用草场面积 150 万亩，改良草场面积 62 万亩。为适应畜牧业的发展，多年来林西县积极开展草牧场建设和家畜改良，到 2003 年全县共围栏草牧场 15 万亩，良种畜和改良畜发展到 94.9 万头（只），占大小畜总头数的 92.9%。

8.4.1 草场类型

山地草原。分布在县境内浅山丘陵地带，可利用面积为 120 万亩，植物以旱生、丛生禾草为主，植物群落的优势草种有：针茅，影子草、冰草、早熟禾、冷蒿、萎陵菜、胡枝子等。在正常年景下，草群盖度为 72%，草高为 19 公分，每亩可产鲜草 150 公斤，全年可产草 2.18 亿公斤，牧草利用率为 80%，可利用牧草 1.72 亿公斤。该类草场主要用于放牧，牧草长势好的地方可用于秋季打草。由于超载放牧，有些地段已严重退化、沙化，有的已不能放牧。

半固定沙丘草原。主要分布在县境东部、南部及中部嘎斯汰河南岸。该类草场的可利用面积为 20 万亩，植物以小叶锦鸡儿、沙蒿、白草、蔺蓿豆为主，草群盖度为 45%，草高 30 公分，每亩可产鲜草 125 公斤，年产牧草 3000 万公斤，牧草利用率为

70%，可利用牧草 2100 万公斤，该类草场主要用于冬春放牧。

　　河漫滩草原。主要分布在县境内的河流两岸和泡泽周围。该类草场可利用面积为 10 万亩，植物以禾草、莎草科为主，如芦苇、佛子茅、早熟禾、星星草、灯心草、水草、苔草等。草群盖度达 93%，草高 35 公分，产草量为每亩 310 公斤，年产牧草 3200 万公斤，牧草利用率 90%，可利用牧草 2800 万公斤。此类草场主要用于打贮草。

8.4.2 草场等级

　　林西县天然草场，根据草场生长的各类植物的适口性和营养价值可分为 5 个等级。一等草场，优等牧草占 60% 以上；二等草场，良等牧草占 60%，优中等牧草占 40%；三等草场，中等牧草占 60%，良、低等牧草占 40%；四等草场，低等牧草占 60%，中劣等牧草占 40%；五等牧场，劣等牧草占 60% 以上。草场级别按产草量可分为 8 个级别：一级草场亩产鲜草 800 公斤以上；二级草场亩产鲜草 800—600 公斤；三级草场亩产鲜草 600—400 公斤；四级草场亩产鲜草 400—300 公斤；五级草场亩产鲜草 300—200 公斤；六级草场亩产鲜草 200—100 公斤；七级草场亩产鲜草 100—50 公斤；八级草场亩产鲜草少于 50 公斤。全县有各级可利用草场 150 万亩。

表 8-5　1996 年林西县各级可利用草场面积

单位：万亩

等级	合计	I	II	III	IV	V
3	6.8	6.8				
4	3.2	3.2				
5	12.6	12.6				
6	75.5	56.9	13.0	5.6		

续表

等级	合计	I	II	III	IV	V
7	34.2	5.5	20.0	8.7		
8	17.7		7.0	10.7		
合计	150.0	85.0	40.0	25.0		

资料来源：林西县县志编纂委员会编：《林西县志》，内蒙古人民出版社1999年版，第243—244页。

林西县天然草场等级较高。一等草场面积达85万亩，占可利用草场面积的57%；二等草场面积40万亩，占可利用草场面积的27%；三等草场面积为25万亩，占可利用草场面积的16%。但是，天然草场的产草量都较低，一、二级草场几乎没有，三、四级草场面积也很小，只有10万亩。五级草场只有12.6万亩，占可利用面积的8.4%；绝大多数为六至八级草场，面积达127万亩，占可利用草场面积的85%。各级草场在全县分布不平衡，产草量较高的三、四、五级草场，主要分布在河漫滩草原和统部、板石房子、五十家子等乡镇以及大水波罗牧场；六级草场在全县分布较广泛，主要分布在山地草原；七、八级草场主要分布在县境东南部和中部的嘎斯汰河南岸。

林西县有天然草场180万亩，占总土地面积的30.5%；可利用面积为150万亩，占天然草场总面积的83.3%；每年约产牧草2.2亿公斤，可饲养29.6万个羊单位，根据林西县草场的产草量，每6亩草场可饲养1个羊单位，而实际上每3亩草场就饲养1个羊单位，大约超载30万个羊单位。这样，全县每年约有一半的牲畜靠半舍饲或出场放牧。

8.4.3 畜禽饲养量

清光绪三十四年（1908年）建置前，林西县属巴林部蒙古

第八章 北方农牧交错带变迁的案例分析

族游牧地，饲养的牲畜以牛、马、羊、骆驼居多，实行大群放牧。建县以后，农户饲养的牲畜，变游牧为定居放牧。民国初年，由于连年干旱，草场枯焦，加之兵燹匪患，境内牛马等大牲畜被抢掠和死亡甚多，农户饲养的猪、鸡、鸭、鹅等，也因疫病流行而大批死亡，畜牧业发展缓慢。至伪满康德元年（1934年），全县仅有大小牲畜2.98万头（只），其中牛0.59万头、马0.22万匹、驴0.06万头、羊2.11万只。另有猪2.35万头、鸡0.55万只。日伪统治时期，由于日本军国主义的疯狂掠夺和地主、富农的残酷剥削，畜牧业发展十分缓慢，至伪满康德十一年（1944年），全县共有大小牲畜9.1万头（只），其中牛3.32万头、马0.52万匹、驴0.38万头、骡0.01万头、羊4.87万只。另有生猪0.11头。1945年8月林西解放后，经过土地改革，解放了生产力，畜牧业发展很快，到1956年，全县大小牲畜总头数达到21.18万头（只），比1949年增长5倍。1957—1966年，牲畜总头数由20.4万头（只）发展到32.6万头（只），增长59.8%。由于草牧场狭小，牲畜头数逐年增多，加之草原建设和饲料加工业发展缓慢，造成超载放牧，致使草场逐年退化、沙化，每年均要有10万头（只）左右的牲畜到克什克腾旗等毗邻地区借地放牧。1967—1976年的10年间，由于农牧矛盾日趋严重，牲畜头数控制在30万头（只）左右。1977年以后，根据林西县草场狭小、载畜量过大的实际情况，县政府提出"以草定畜，稳定头数，提高质量"的发展方针，将牲畜饲养量稳定在30万头（只）左右。1977—1986年，牲畜头数平均每年递减2.09%，1986年末，全县大小畜存栏27.14万头（只），比1977年减少3.5万头（只），良种及改良种畜达14.6万头（只），占大小畜总数的53.8%，大小畜出栏率为19%；家禽存栏36.63万只，其中家兔存栏1.5万只。1990年，全县大小畜存栏24.7万头（只），比1986年下降8.9%；其中良种及改良种畜为

北方农牧交错带变迁对蒙古族经济文化类型的影响

14.13万头（只），占大小畜总数的57.2%；家禽存栏20.1万只，其中家兔存栏0.55万只；养蜂118箱。1991年以后，牲畜头数稳定增长，至2003年末，全县大小畜存栏51.7万头（只），其中良种畜及改良畜达92.9%。

表8-6　1946—2003年林西县部分年份牲畜发展情况

单位：头、只、口

项目		1946年	1956年	1966年	1976年	1986年	1996年	2003年
大小畜合计		86 097	211 864	326 797	2950802	271 359	305 185	516 614
大畜合计		34 959	71 094	71 303	68 110	81 876	94 482	97 893
其中	牛	24 753	46 720	37 128	38 379	47 727	48 498	59 764
	马	5 832	15 507	22 946	24 769	29 110	23 623	23 402
	驴	4 344	8 551	10 569	3 458	1 132	7 348	10 479
	骡	30	316	660	1 504	3 907	3 690	4 248
小畜合计		51 138	140 770	255 494	227 692	189 483	209 680	342 111
其中	绵羊	22 341	62 506	141 458	186 181	156 289	114 633	187 287
	山羊	28 797	78 264	114 036	41 511	33 194	95 047	154 824
生猪		16 400	29 377	46 306	92 039	65 168	117 668	76 610

资料来源：林西县县志编纂委员会编：《林西县志》，内蒙古人民出版社1999年版，第238—239页；《内蒙古统计年鉴2004年》，中国统计出版社2004年。

表8-7　1957—2000年林西县部分年份主要畜产品产量

年度 品名		1957	1969	1978	1986	1990	1996	2000
牛	头	4 378	1 199	850	877	4 500	17 600	14 003
羊	只	5 106	13 615	14 279	7 196	12 700	63 308	47 344
绵羊毛	公斤	71 250	171 500	446 400	553 100	663 400	311 000	199 000
山羊毛	公斤	24 250	18 850	18 850	8 000	5 500	43 000	59 000

第八章 北方农牧交错带变迁的案例分析

续表

年度 品名		1957	1969	1978	1986	1990	1996	2000
羊绒	公斤	12 350	13 400	13 300	3 200	26 200	26 000	17 000
皮张	张	37 140	34 838	53 782	28 429	37 500	55 236	70 285

资料来源：林西县县志编纂委员会编：《林西县志》，内蒙古人民出版社1999年版，第243—244页。《内蒙古统计年鉴2001年》，中国统计出版社2001年版。

8.5　林西县人口与民族

林西县是典型的由放垦而生的县，因此也是一个移民县，其最初的人口主要来自内地的山东、河北及周边开垦更早的旗县。我们在调研中遇到的大部分人都能说出自己的祖籍地，且大多可以追溯到3—4代之前。据当地史志办的同志介绍，林西约一半人口的祖籍地是山东，这些人基本是在20世纪最初40—50年来这里的移民的后裔。

8.5.1　人口变动情况

林西境域在建置前，为蒙古族游牧地，地广人稀，村落寥寥。自清光绪三十三年（1907年）放垦辟荒以来，人丁渐繁。建县初期，人口绝大多数系外地迁入，至民国元年（1912年），全县共有913户，2914人。

林西县人口因战乱、天灾之故，曾发生过几次较大变动。

民国2年（1913年），奈登扎布、巴布扎布率外蒙"独立"军千余众两次袭扰林西，逢人便杀，遇房便烧，县民死伤无数，全境逃亡者十分之七八，战后渐归。民国5年（1916年），巴布扎布再次窜扰林西，杀县民300余人，烧房千余间，人口再度外

北方农牧交错带变迁对蒙古族经济文化类型的影响

流,战后陆续返回。

民国 10—19 年(1921—1930 年),林西县全境旱、风、雹、霜灾俱全,加之票匪作乱,人民苦不堪言,外逃者甚多。伪满康德十一年(1944 年),林西县再度发生灾荒,加之日本侵略者横征暴敛,百姓衣食无着,一个冬季便冻饿而死 5000 余人,仅县城内就死亡 500 余人。

除上述几次人口流动外,1946—1948 年,林西县有 8000 余名青壮年参加中国人民解放军,1950 年后,除牺牲或留在外地者外,大部分返回林西县。

中华人民共和国成立后,林西县人口流动性较小,只是在 20 世纪 70 年代初,上海、北京、天津、抚顺、鞍山、大连等地的知识青年计 1000 余人,上山下乡来到林西落户,到 1979 年末,除 10 余人在林西参加工作外,其余全部返回原籍。除此之外,林西县人口流动只限于工作调动、升学、参军,流动性较小,基本处于相对稳定状态。

1945 年 8 月林西解放后,人民生活条件逐年提高,医疗卫生条件不断改善,人口死亡率大幅下降,全县人口增长较快,20 世纪 60 年代到 70 年代初,与全国一样,是人口增长的高峰期。1974 年,全县开始实行计划生育,严格控制人口增长,人口自然增长率逐年下降。

表 8-8　1912—2003 年林西县部分年份人口变动情况

单位:户、人

项目 年度	户数	人口数 合计	男	女	出生	死亡
1912	913	2 914	2440	474	—	—
1916	2 084	11 320	10 065	1 255	—	—
1926	7 915	28 211	17 360	11 032	—	—
1935	9 580	40 254	22 720	17 534	—	—

第八章 北方农牧交错带变迁的案例分析

续表

项目 年度	户数	人口数			出生	死亡
		合计	男	女		
1946	19 254	90 124	46 864	43 260	—	—
1956	25 186	128 491	69 082	59 409	—	—
1966	30 287	174 199	91 302	82 897	4 065	1 053
1976	40 802	211 249	109 127	102 122	2 355	1 128
1986	55 165	223 775	114 811	108 964	3 400	1 338
1996	66 384	236 377	123 008	113 369	2 573	1 343
2000	73 000	235 000	121 000	114 000	1 798	1 307
2003	76 000	236 000	121 000	115 000	1 773	853

资料来源：林西县县志编纂委员会编：《林西县志》，内蒙古人民出版社 1999 年版，第 152—153 页。《内蒙古统计年鉴 2001 年、2004 年》，中国统计出版社 2001、2004 年版。

从表 8-8 可以看出，林西县人口在 20 世纪 40—60 年代增长最快，最初除了自然增长率高之外，外来人口的增长是主要原因。另外，从人口的性别结构也可以发现最初的移民以男性为主，性别比很高，以后逐年降低，到 20 世纪 70 年代后达到正常值。

表 8-9　1912—2003 年林西县部分年份人口性别比

年份	1912	1916	1926	1935	1946	1956	1966	1976	1986	1996	2000	2003
性别比	506	802	157	130	108	116	110	107	105	109	106	105

资料来源：根据表 8-8 数据计算所得。

8.5.2　驻军与林西县人口变动

在林西县人口变动的初期，不同时期不同类型的驻军对人口变动有一定的影响，有些驻军后来留在当地，成为新移民，这一影响可以追溯到清朝。根据我们调查了解的情况，虽然这部分人对当地人口变动影响不大，但在最初有一定的影响，尤其在建县初期。

1. 护垦队

清光绪三十三年（1907年），林西开始放垦。因垦区偏僻，宿为马贼匪众出没之地，为防匪患骚扰，清朝政府先后调马队两哨、步兵半哨（每哨百人）驻扎林西，保护垦务。

2. 毅军

民国2年（1913年），毅军来林西驻扎，共有马、步兵7个营约3500余人。毅军统领米振标，任林西镇守使，镇守使署在林西县城二道街中段北侧（现林西县人民政府处）。毅军驻林西时，重修了林西县城，在东、西门外各筑营盘1座；在南门外修演武厅1座。毅军在林西与外蒙"独立"军进行过两次较大规模的战斗。毅军的军纪较好。镇守使署设有缉查队，日夜巡查，监察军人行为。民国9年（1920年），毅军撤离林西。民国11年（1922年），毅军沈敬全团再次进驻林西，民国12年（1923年）撤离，由毅军帮统常万里部接防。民国13年（1924年），第二次直奉战争爆发，常部奉命开拔参战，战后复返林西。常部于民国15年（1926年）进行扩编，将林西县预警、乡练编为3个骑兵营，补充该部。同年11月，常万里部撤离林西。

3. 奉军

民国9年（1920年），奉军1个团来林西驻防，民国11年（1922年）撤离。

4. 国民军

民国15年（1926年）12月，国民军第三路司令乐景涛部驻扎林西，民国16年（1927年）撤离。

5. 东北军

民国16年（1927年），东北军崔兴武旅驻防林西，不久撤离，由东北军刘山胜旅接防，民国17年（1928年）12月，该部因军纪不严，到处派粮草抓车驮，百般索要，激起黑石滩农民暴动，遭刘山胜血洗镇压。民国19年（1930年），刘山胜部撤离林西。崔兴武旅3个团再度驻扎林西。东北军石文华旅的两个团也同时驻扎林西。民国22年（1933年），日本侵略军占领林西，石文华部逃走，崔兴武部投降了日本侵略军。

中华人民共和国成立后，由于林西县特殊的地理位置，直至20世纪末，一直有驻军，军队对当地经济社会发展作出了重要贡献。

林西县1950年开始办理复员、退伍军人安置工作，同年，接收、安置复员军人306人。1951年2月，成立林西县转业安置委员会，主要工作是协助县政府安置复员、退伍军人。当年接收复员军人41人，到1955年末，全县共接收复员、退伍军人3449人，其中安置到农村参加农业生产的3210人，安置在城镇的193人，参加机关工作的46人。至1990年，全县共有退伍军人5622人，其中安置在工厂、企业单位和国家机关的1055人、自谋职业的105人；被乡镇企业录用为合同工的190余人；归口安置的专业技术人员109人。1991—1996年全县共有退伍军人650名，安置310名，其中国家机关24名，工厂、企事业单位286名，自谋职业319名，被乡镇企业录用21名，归口安置47名。

8.5.3 人口分布

林西县人口分布，以城镇及中部平原地区较为密集，东北部次之，南部相对稀少。

民国年间，林西县人口密度较小，平均每平方公里仅6.7人。中华人民共和国成立以后，随着人口数量的增长，人口密度逐年增大。1958年，全县人口密度为平均每平方公里37.5人；1996年，人口密度增至每平方公里60人。其中林西镇人口密度

北方农牧交错带变迁对蒙古族经济文化类型的影响

最大,平均每平方公里 1429 人,人口密度最小的是双井店乡,平均每平方公里 30 人。

表 8-10 1996 年林西县人口密度

乡　　镇	总土地面积（km²）	年末总人口（万人）	人口密度（/km²）
总　　计	3933.1	23.6	60
大营子乡	282	1.4	50
繁荣乡	186	1.0	54
官地镇	110	1.3	74
大井镇	66	0.4	41
三段乡	232	1.0	43
新城子镇	171	0.8	47
双井店乡	198	0.6	30
下场乡	244	0.9	37
统部乡	250	1.5	60
板石房子乡	301	1.3	43
新林镇	280	1.6	57
毡铺乡	236	0.9	38
兴隆庄乡	214	1.0	46
五十家子镇	266	1.4	52
老房身乡	182	1.0	55
十二吐乡	363	1.5	41
冬不冷乡	82	0.8	98
大川乡	119	0.8	67
隆平乡	57	0.4	70
林西镇	28	4.0	1429

资料来源:林西县县志编纂委员会编:《林西县志》,内蒙古人民出版社 1999 年版,第 163 页。

从表 8-10 可以看出,林西县人口密度远远高于内蒙古自治区的平均水平,也高于赤峰市的平均水平。

8.5.4 人口的民族构成

林西县属汉、蒙古、回等多民族杂居地区。除蒙古族外，其他民族基本都是在历史不同时期迁移进入的。由于放垦前人口稀少，放垦后大批内地人口流入，汉族人口一直占多数，汉族人口比重高于全区及赤峰市的平均水平，在1982年之前，少数民族人口的比重低于2%，1982年人口普查后，由于更改民族成分等原因，少数民族人口增长较快，回族由1978年的1301人增加到1982年的1533人，蒙古族增加更多，由1978年的899人增加到1982年的1905人，满族由420人增加到1358人。2007年，少数民族总人口13786人，其中，蒙古族人口9480人，主要分布在本县五十家子镇太平庄蒙古族村及林西镇，其他镇也有分布；回族总人口1779人，主要分布在林西镇城区及林西镇回民营子村；满族2803人，主要分布在林西镇、五十家子镇、官地镇、大营子村、大井镇等地方。

表8-11　1935—2003年部分年份林西县部分民族人口变动情况[①]

年度 民族	1935	1958	1982	1986	1990	1996	2000	2003	2007
汉族	52 530	134 829	215 321	215 857	220 596	224 899	223 000	223 000	241 825
回族	—	1015	1533	1677	1823	1840			1779
蒙古族	379	612	2905	4514	5828	6798	8000	8000	9480
满族	—	120	1358	1674	2493	2767	—		2803

资料来源：林西县县志编纂委员会编：《林西县志》，内蒙古人民出版社1999年版，第848页。《内蒙古统计年鉴2004年》，中国统计出版社2004年版；林西县政务网。

[①] 林西县另有朝鲜族、壮族、藏族、苗族、土家族、锡伯族、达斡尔族等其他民族，由于人口数量及变动小，此表略去。

北方农牧交错带变迁对蒙古族经济文化类型的影响

根据林西县志,1957年,全县总人口为135350人,其中汉族133382人,占总人口的98.5%;回族人口1222人,占总人口的0.9%;蒙古族人口606人,占总人口的0.4%;满族125人,占总人口的0.01%。1968年,全县总人口为181243人,其中汉族178637人,占总人口的98.5%;回族1314人,占总人口的0.7%;蒙古族945人,占总人口的0.5%;满族346人,占总人口的0.2%;另有朝鲜族、达斡尔族等13人,占人口总数的0.01%。1978年,全县总人口为212361人,其中汉族209731人,占总人口的98.7%;回族1301人,占总人口的0.6%;蒙古族899人,占总人口的0.4%;满族420人,占总人口的0.2%;另有其他少数民族占总人口的0.1%。1990年,全县总人口230791人,其中汉族220596人,占总人口的95.5%;蒙古族人口增加到5828人,在总人口中,比例上升到2.5%;回族1823人,占总人口的0.78%;满族人口增加到2493人,占总人口的1.1%;还有朝鲜族21人,达斡尔族6人,藏族8人,锡伯族16人。2003年,全县总人口236000人,其中汉族223000人,占总人口的94.5%;蒙古族8000人,占总人口的3.4%。

8.5.5 民族源流

由于林西是移民县,大部分现住人口都是近100年内的移民及其后裔,通过考察民族源流可以全面了解民族人口结构的变迁。在放垦初期,林西县人口稀少,即使蒙古族人口也不多,放垦后这里的蒙古族西迁进入其他牧区,因而从放垦开始人口民族结构就以汉族为绝大多数。没有形成其他地区放垦初期的蒙汉民族从分散居住到相互杂居的格局。

1. 汉族

汉族是林西县人口占多数的民族,但几乎全部都是移民。放垦初期多来自克什克腾旗和赤峰一带,后有围场、承德、滦河、平泉、朝阳等地农民陆续迁来,继之,河北、山东、山西等地的

第八章　北方农牧交错带变迁的案例分析

商贾匠人和一些贫苦百姓也陆续来林西县谋生。

2. 回族

林西县回族,是随着汉族移民的流入而流入的,多来自山东、河北、山西省和毗邻的克什克腾旗。他们多为小商人或各种手艺人,开始流动性较大,后渐渐定居。根据当地人的说法,一些回族是旅蒙商后裔。他们来到林西的历史较长,主要定居在县城附近,从事商业活动。

3. 蒙古族

林西县放垦前,为蒙古巴林部辖地,境内居民大多为巴林部蒙古族牧民,放垦后,蒙古族牧民大部分西迁进入锡林郭勒盟等地,只有少部分留下。林西县兴隆庄乡有太平庄蒙古族村庄,其他蒙古族人口分散在各乡。还有部分蒙古族干部群众,均为工作调动、毕业分配或通过其他途径零星迁来。

4. 满族

林西县是在清朝开始有满族居住的,最早来到这里的是在林西县龙头山下看守淑慧公主坟墓的满人。后来,又有随同康熙皇帝八公主嫁到赤峰县的满族陪房,八公主死后,这些陪房改为看墓人。至清朝末年,八公主墓被盗,加之俸禄无着,一部分看墓人投奔到林西县龙头山看守淑慧公主坟墓的满族亲戚,从此便落脚于林西县官地镇龙头山村,逐渐形成满族村庄。

5. 其他民族

林西县境内还有朝鲜、苗、土家、达斡尔、藏等少数民族居住,均是中华人民共和国成立后因工作调动或随军等迁来林西县的,人口不多,主要居住在城镇。

8.5.6　旅蒙商与林西县民族人口结构

旅蒙商是明清时期在内蒙古地区从事商品买卖的商人的统称,他们大多来自内地,往来于内地和草原牧区之间,进行农畜

北方农牧交错带变迁对蒙古族经济文化类型的影响

产品的贸易。林西县作为农牧交错带的重要组成部分,是农牧产品交换的主要区域,也是旅蒙商活动的主要地区。他们往来于林西与"坝后"(指锡林郭勒盟)蒙古族游牧地区行商。所以,本县商人每年春季雇佣大量牛车,拉上牧民需要的挂面、点心、炒米、食油、砖茶等商品到牧区销售,无固定销售点,随着牧民的游牧而流动售货。所以每年去牧区流动售货为主的商人,称为旅蒙商。因为有利可图,旅蒙商的人数和经营范围逐渐扩大。每年把牧民们喜爱的民族服装、日用品及富有民族特色的铜器家具、佛像、哈达、皮靴、绸缎、金银首饰、珠宝、烟具、木碗、砖茶、红糖、白糖、白酒、蒙古刀、马鞍具等运往牧区,换取牧民们极为廉价的畜产品和牧区盛产的蘑菇等土特产品。

在长期的流动商业活动中,有一部分旅蒙商利用牧民居住分散、生产单一、工农业产品紧缺等条件,进行以物换物,谋取不等价交换的高额利润。他们往往用1斗糜子换取牧民1车盐,用1只玉石烟嘴换取牧民1匹好马。伪满康德2至8年(1935—1941年),是林西旅蒙商的鼎盛时期。这一时期,有字号的旅蒙商就有30余家。这些旅蒙商除去牧区流动经商外,还在林西、赤峰、北京、天津、张家口等地建起固定的店铺、工厂、作坊等。有些在当地定居下来,成为坐商。

日伪统治后期,日本人把旅蒙商同牧区蒙古族的通商看成是一块肥肉,他们在旅蒙商经常活动的地方设立特务机关,并在大水波罗、五十家子等地建立警察署,以控制旅蒙商的活动。伪满康德九年(1942年),日本人在西乌珠穆沁旗哈斯噶庙建立东盟公司和大盟公司,从此,北部牧区的大量绒毛、皮张及土特产品等,全部由日本人收购,旅蒙商同牧区多年的经济关系被割断,旅蒙商也逐渐衰落。

结论与思考

北方农牧交错带的形成和变迁是一个长期的历史过程，不同历史时期变迁的动因也有所不同，最初是自然因素起着决定性作用，后来是人为因素不断突破自然的界限，使其北移西进。北方农牧交错带变迁的影响是多方面的，既有对生态环境、经济结构的影响，也有对人口民族结构、民族经济文化类型、民族语言文化的影响，尤其是对蒙古族社会经济发展的影响，有许多问题值得我们思考和反思。当然这些影响并不都是消极的，有些是经济社会发展的必然趋势，如工业化和城镇化，是现代民族经济发展的必经阶段，是现代化的主要内容。但应根据不同地区的特点选择不同的现代化道路。

1. 经济文化类型的选择和发展要尊重自然规律

北方农牧交错带的历史变迁以及农耕文化的冲击，在很大程度上促使蒙古族畜牧经济文化类型的衰落，水草丰美的草原已变得满目疮痍。历史上，蒙古族畜牧经济采取的是游牧方式，逐水草而居，定期转换牧场，减少草场压力，体现了一种尊重自然规律的可持续发展理念。但随着农耕经济的发展，畜牧业规模的扩大，掠夺性的生产加剧了草原生态系统的恶化，天然草原以惊人的速度退化，荒漠化严重，蒙古族的草原畜牧业出现了前所未有的生态危机。内蒙古草原由过去的"风吹草低见牛羊"到今天严

北方农牧交错带变迁对蒙古族经济文化类型的影响

重退化、沙进人退的困境，不能否认长期开发过程中人类行为对自然规律的背离。"近百年农牧交错区的开发历史从正反两个方面告诫我们：自然规律是不能违背的，自然地带性是不可超越的。自然界有神奇的巨大力量，既有取之不竭的光热条件等资源潜力为人类生产粮食，也有固有的规律和地带性特征，也有不容违背的自然属性，不容恣意干预、任意打扮的品格。"[①] 正如恩格斯指出的："我们不要过分陶醉于我们对自然界的胜利。对于每一次这样的胜利，自然界都报复了我们。每一次胜利，起初确实取得了我们预期的结果，但是往后和再往后却发生完全不同的、出乎预料的影响，常常把最初的结果又消除了。"[②] "事实上，我们一天天地学会更加正确地理解自然规律，学会认识我们对自然界的惯常行程的干涉所引起的比较近或比较远的影响，特别是从本世纪自然科学大踏步前进以来，我们就会愈来愈能够认识到，因而也学会支配至少是我们最普遍的生产行为所引起的比较远的自然影响。"[③]

北方农牧交错带及其以北地区是选择畜牧经济还是农耕经济，不是人的意志所能决定的。在两种经济类型的形成中，自然环境起着决定性的作用，即自然条件决定了民族的生产和生计方式类型，进而决定了文化类型和民族特点，这是自然选择的过程。北方农牧交错带作为两种不同生产方式的分界线，是人类经济活动适应自然的结果，而不是人为划定的。北方农牧交错带及其以北地区的土壤和气候类型、降水条件等决定了更适合草原畜牧业的发展。而且在现有的技术条件下，草原畜牧业的单位面积

---

① 陈建华、魏百刚、苏大学主编：《农牧交错带可持续发展战略与对策》，化学工业出版社 2004 年版，第 85 页。
② 《马克思恩格斯选集》第 4 卷，人民出版社 1995 年版，第 383 页。
③ 《马克思恩格斯全集》第 2 卷，人民出版社 1979 年版，第 519 页。

产出低于种植业的产出,即使发展种植业,与中原和江南等自然条件优越的地区相比,其对人口的承载力都要低得多。实践证明,不顾自然的限制,在农牧交错带及以北地区盲目扩大耕种面积,发展种植业,虽然能获得短期的经济利益,但对生态环境造成的破坏是难以估量的,其影响远远超越草原的范围,沙尘暴等环境问题已危及中原地区的发展。在大部分农牧交错带,邻近草原的农区,耕地的边际产出递减,随着时间的推移,其产出率也在下降,甚至大面积弃耕。短期的经济利益不能弥补对生态环境造成的破坏以及对区域经济社会可持续发展的影响。

经济利益可以驱使农民将茫茫草原开垦成良田,并以最快的速度蔓延开来;经济利益也可以驱使牧民把扩大畜群作为致富的最好途径,在草场萎缩的情况下不断增加畜群数量。形成了20世纪中后期一方面草原面积缩小,一方面畜群快速增加的双重压力,使草原不堪重负,环境问题愈演愈烈,到20世纪末使这种掠夺式土地利用方式难以为继,迫使人们重新认识草原的生态功能及环境承载力,并对北方农牧交错带及以北地区传统的发展模式进行反思。

2. 适应现代化的历史趋势,在发展中保护草原畜牧业经济文化类型

草地畜牧业作为一种古老的生产方式或资源利用方式,曾广泛存在于农耕文明出现之前的历史时期。草原畜牧业的出现和发展具有悠久的历史,但对草原畜牧业的认识不能只局限于人类经济文化类型的历史进程之中。即按照人类经济活动和生计方式类型演进的采集渔猎—畜牧—农业—工业的次序,认为畜牧发展阶段先进于狩猎阶段、农业先进于畜牧、工业先进于农业。这是从

北方农牧交错带变迁对蒙古族经济文化类型的影响

人类整体生产力发展和产业结构演进的角度来看的,但也不能简单地根据产业发展的历史进程认定较早出现的产业类型就是落后的。草原畜牧业的产生首先是人类适应自然的结果,不能用上述规律来理解其存在和发展的必然性和合理性。有许多学者认为,人类文明的演进曾经历渔猎、畜牧、农耕三个阶段。因此,畜牧或游牧是人类文明发展序列中,介于原始渔猎与进步的农耕的中间阶段。这是农业定居人群的偏见。事实上,考古资料显示,在全球主要游牧地区中人类都曾由农耕,或以农为主的混合经济,转入游牧经济中。[①] 北方农牧交错带变迁及由此引起的环境等经济社会问题表明,在农牧交错带及以北地区,大力发展农耕经济显然是不可取的,用农耕经济的思路来指导草原畜牧业的发展也是行不通的。同时,草原畜牧业在发展的不同阶段可以选择不同的生产方式,传统游牧业有其合理性,同时也存在着历史的局限性,用先进的生产力来促进内蒙古草原畜牧业的发展则是历史的必然。

对游牧经济类型及由此产生的民族文化,要用发展的思路对待它,既不能因固守传统而拒绝发展,也不能因发展而否定其精神实质和存在的合理性。同时发展的过程是一个民族自我选择的过程,在日益开放的条件下,信息的可达性越来越远,交流的速度越来越快,他们在按照自身轨迹发展的同时,自觉不自觉地受到外部的冲击和影响,并对这些冲击进行适应和选择。外界既不能强加给他们自认为是进步的和合理的东西,同样也不能限制他们的选择,但可以给予引导,让这些民族在自我选择中实现经济和社会文化的全面发展。其实目前民族地区的游牧业与传统游牧业相比较,已经发生了很大的变化,具体表现在生产工具、畜群品质和结构、生活方式、市场化程度等。

---

① 王明珂著:《华夏边缘》,社会科学文献出版社 2006 年版,第 70 页。

现代化是人类社会发展的历史趋势，而工业化和城镇化是现代化的主要内容，北方农牧交错带及以北地区也正处于这一进程之中。工业已成为现代经济的主体，但这并不动摇农牧业的基础地位。工业作为继游牧文明和农业文明之后出现的产业类型，是社会生产力发展的结果，它在创造巨大社会财富的同时，也出现了一系列的问题，从而引起人们对传统工业化模式的思考，并提出了新型工业化道路、可持续发展等新的目标和模式。从产业发展进程看，农业丰富了人们的食物来源，增加了食物供给能力，工业化装备了农业，提高了农业的劳动生产率，信息化也正在装备工业化，每一种产业都在不断克服早期产业的局限，推动着整个社会生产力的发展。从这个角度看，随着生产力进步和经济发展，新兴产业在国民经济中的比重逐步增加，其他产业的比重相对下降，是生产力发展的基本规律。草原畜牧业是迄今为止最适合草原生态环境的产业类型，但同样面临着如何发展的问题。草原畜牧业的发展必须充分利用工业化和信息化的文明成果，在不改变畜牧业这一土地利用方式的前提下，借助现代化的生产手段，提高畜牧业的专业化、产业化和社会化水平，保证这一古老生计类型的可持续性。通过草原畜牧业的发展促进民族文化的传承和发展。草原是畜牧业发展的基础和载体，保护畜牧经济文化类型的基本前提是草原生态环境的恢复，通过保护草原保护蒙古民族的传统经济和文化。同时，民族经济和文化是动态的，发展是保护和传承民族文化的根本途径。

3. 保护和尊重文化多元性

中国作为一个统一的多民族国家，文化多元性不仅具有深厚的历史渊源，而且具有丰富的现实依托。对各个少数民族游牧、

北方农牧交错带变迁对蒙古族经济文化类型的影响

游猎、刀耕火种等传统生产方式的生态—文化解读，不仅揭示了其中所蕴含的人与自然和谐共生的朴素经验和传统智慧，而且对现代化进程中实现人、自然、经济、文化和社会协调发展提供了古老的启示。[①] 草原畜牧业作为一种经济文化类型，在人类历史上占有重要的地位，它在为人类提供丰富的物质产品的同时，也孕育了与其相适应的文化，是中华民族多元一体经济文化格局中的重要组成部分。到目前为止，有7个少数民族以经营草原畜牧业为主，有9个少数民族兼营草原畜牧业。从事草原畜牧业人口中，少数民族人口占75％左右。草原畜牧业在为人类提供丰富的畜牧产品的同时，也承载着游牧民族的历史与未来，在生产方式、生活方式、文化传承等方面都表现出不同于其他经济类型的特殊性。蒙古民族作为蒙古高原游牧经济文化的集大成者和传承者，草原生态环境是民族文化的自然基础，保护草原生态环境就是保护民族文化，同时也是保护人类自身。即草原畜牧业不仅是一个重要的经济部门，同时也是人类多元文化的重要元素。

在现代化进程中，我们不能只从经济学的视角来看待畜牧业和游牧民族，把它简单地视为全球经济一体化中经济转型和社会结构整合的单一对象，而要从文化多元性、人类可持续性的文明类型的高度去全面审视和阐述它保护生物多样性以及固有的内在结构系统和类型。[②]

[①] 郝时远：《繁荣发展的中国特色民族学研究事业》，《光明日报》，2008/11/29。

[②] 《正确认识游牧文明，科学治理草原》，《中国民族报》，2006/03/17。

参 考 文 献

一、著作类

[1] 内蒙古社科院历史组：《蒙古族通史（上、中、下卷）》，民族出版社，2001年。
[2] 施正一著：《施正一文集》，中国社会科学出版社，2001年。
[3] 费孝通主编：《中华民族多元一体格局》（修订本），中央民族大学出版社，1999年。
[4] 邹逸麟编著：《中国历史地理概述》，上海教育出版社，2005年。
[5] 陈建华、魏百刚、苏大学主编：《农牧交错带可持续发展战略与对策》，化学工业出版社，2004年。
[6] 达力扎布编著：《蒙古史纲要》，中央民族大学出版社，2006年。
[7] 蒙古族简史编写组：《蒙古族简史》，内蒙古人民出版社，1985年。
[8] 阿岩、乌恩：《蒙古族经济发展史》，远方出版社，1999年。
[9] 韩建国、孙启忠、马春晖：《农牧交错带农牧业可持续发展技术》，化学工业出版社，2004年。
[10] 郝维民主编：《内蒙古自治区史》，内蒙古大学出版社，1991年。
[11] 李孝聪著：《中国区域历史地理》，北京大学出版社，2004年。
[12] 孙鸿烈、Bernard Sonntag 主编：《中国关键地区的农业发展与环境》，科学出版社，2003年。
[13] 费孝通：《边区开发：赤峰篇》，载斯平主编：《开发边区与三力支边》，内蒙古人民出版社，1986年。
[14] 潘乃谷、马戎主编：《中国西部边区发展模式研究》，民族出版社，2000年。
[15] 白歌乐、王路、吴金：《蒙古族》，民族出版社，1991年。
[16] 国家环境保护局自然保护司编著：《中国生态问题报告》，中国环境科学出版社，2000年。
[17] 乌云格日勒著：《18至20世纪初内蒙古城镇研究》，内蒙古人民出

版社，2005年。
- [18] 贾雷德·戴蒙德著：《崩溃：社会如何选择成败兴亡》，上海译文出版社，2008年。
- [19] 陈献国主编：《蒙古族经济思想史研究》，辽宁民族出版社，2004年。
- [20] 《蒙古秘史》校勘本，内蒙古人民出版社，1980年。
- [21] 林耀华主编：《民族学通论》，中央民族大学出版社，1997年。
- [22] 姜戎：《狼图腾》，长江文艺出版社，2004年。
- [23] 嘎尔迪：《蒙古文化专题研究》，民族出版社，2004年。
- [24] 阎光亮：《清代内蒙古东三盟史》，中国社会科学出版社，2006年。
- [25] 王强：《中国人口分布与土地压力》，中国农业科学技术出版社，2008年。
- [26] 拉铁摩尔著：《中国的亚洲内陆边疆》，江苏人民出版社，2005年。
- [27] 王明珂：《华夏边缘》，社会科学文献出版社，2006年。
- [28] 勒内·格鲁塞著：《草原帝国》，商务印书馆，1999年。
- [29] 肖瑞玲、曹永年、赵之恒、于永：《明清内蒙古西部地区开发与土地沙化》，中华书局，2006年。
- [30] 中国社会科学院考古研究所：《新中国的考古发现与研究》，文物出版社，1984年。
- [31] 谢国柱主编：《林西县志》，内蒙古人民出版社，1999年。

二、论文类

- [1] 闫天灵：《论汉族移民影响下的近代蒙旗经济生活变迁》，《内蒙古社会科学（汉文版）》，2004年第3期。
- [2] 闫天灵：《塞外蒙汉杂居格局的形成与蒙汉双向文化吸收》，《中南民族大学学报（人文社会科学版）》，2004年第1期。
- [3] 王建革：《近代蒙古族的半农半牧及其生态文化类型》，《古今农业》，2003年第4期。
- [4] 王建革：《定居与近代蒙古族农业的变迁》，《中国历史地理论丛》，2000年第2期。
- [5] 郝亚明：《乡村蒙古族语言使用现状与变迁——以内蒙古T市村落调

查为例》,《西北第二民族学院学报(哲学社会科学版)》,2008年第4期。

[6] 白淑英、张树文、张养贞:《农牧交错区50年来耕地开发过程及其驱动因素分析》,《资源科学》,2005年第2期。

[7] 恩和:《草原荒漠化的历史反思》,《防灾博览》,2005年第3期。

[8] 恩和:《草原荒漠化的历史反思:发展的文化维度》,《内蒙古大学学报(人文社会科学版)》,2003年第2期。

[9] 乌兰图雅:《科尔沁沙地近50年的垦殖与土地利用变化》,《地理科学进展》,2000年第3期。

[10] 孟庆涛、张文海、常学礼:《我国北方农牧交错区形成的原因》,《内蒙古环境保护》,2003年第1期。

[11] 宝玉柱:《对内蒙古喀喇沁旗蒙古族语言文字使用情况的调查研究》,《民族教育研究》,2007年第5期。

[12] 王双怀:《中国西部土地荒漠化问题探索》,《西北大学学报(哲学社会科学版)》,2005年第4期。

[13] 布仁:《蒙古族的演进与繁荣》,《北方经济》,2005年第8期。

[14] 盛洪:《长城与科斯定理》,《南方周末》,2007年7月26日。

[15] 王龙耿、沈斌华:《蒙古族历史人口初探(17世纪中叶—20世纪中叶)》,《内蒙古大学学报(人文社会科学版)》,1997年第2期。

[16] 陈喜波、颜廷真、韩光辉:《论清代长城延线外侧城镇的兴起》,《北京大学学报(哲学社会科学版)》,2001年第3期。

[17] 齐木德道尔吉:《内蒙古城市文化定位研究的尝试——以乌兰浩特城市文化定位研究为例》,《内蒙古大学学报(人文社会科学版)》,2003年第6期。

[18] 邹逸麟:《中国多民族统一国家形成的历史背景和地域特征》,《历史教学问题》,2000年第1期。

[19] 韩茂莉:《中国北方农牧交错带的形成与气候变迁》,《考古》,2005年第10期。

[20] 谷文双:《试论狩猎活动在蒙古族传统经济中的地位和作用》,《黑龙江民族丛刊》,1999年第1期。

[21] 乌峰、乌兰那日苏:《论蒙古族的生业方式与生态》,《内蒙古师范大

学学报（哲学社会科学版）》，2005年第4期。
- [22] 色音：《游牧民族的畜牧文化》，《大自然》，2004年第1期。
- [23] 徐黎丽：《试论蒙古部落的聚合过程》，《西北师大学报（社会科学版）》，2001年第9期。
- [24] 贺卫光：《农耕与游牧：古代中国的两大经济文化类型》，《西北民族学院学报（哲学社会科学版）》，2002年第1期。
- [25] 包玉海、乌兰图雅：《内蒙古古代城市（城郭）分布影响因素分析》，《人文地理》，2000年第5期。
- [26] 余同元：《明后期长城沿线的民族贸易市场》，《历史研究》，1995年第5期。
- [27] 余同元：《论中国历史上农牧民族的二元一体化》，《烟台大学学报（哲学社会科学版）》，1999年第3期。
- [28] 赵松乔：《察北、察盟及锡盟——一个农牧过渡地区经济地理调查》，《地理学报》，1953年第1期。
- [29] 赵哈林、赵学勇、张铜会等：《农牧交错带的地理界定及其生态问题》，《地球科学进展》，2002年第5期。
- [30] 王静爱、徐霞、刘培芳：《中国北方农牧交错带土地利用与人口负荷研究》，《资源科学》，1999年第9期。
- [31] 方修琦：《从农业气候条件看我国北方原始农业的衰落与农牧交错带的形成》，《自然资源学报》，1999年第3期。
- [32] 孟庆涛、张文海、常学礼：《我国北方农牧交错区形成的原因》，《内蒙古环境保护》，2003年第3期。
- [33] 王婧姝：《大草原：草肥水美应有时》，《中国民族报》，2006/11/03。
- [34] 史培军、田广金：《中国北方长城地带环境考古学的初步研究》，《内蒙古文物考古》，1997年第2期。
- [35] 盖山林、陆思贤：《内蒙古境内战秦汉长城遗迹》，《中国考古学会第一次年会论文集》，文物出版社，1980年。
- [36] 张兰生、方修琦、任国玉：《我国北方农牧交错带的环境演变》，《地学前缘》，1997年第1期。
- [37] 张殿发、李凤全：《我国北方农牧交错带脆弱生态地质环境形成机制探讨》，《农村生态环境》，2000年第4期。

参 考 文 献

[38] 高尚玉、史培军、哈斯等：《我国北方风沙灾害加剧的成因及沙化过程的中长期发展趋势》，《自然灾害学报》，2000年第3期。

[39] 行龙：《人口压力与清中叶社会矛盾》，《中国史研究》，1993年第4期。

[40] 薛娴、王涛：《中国北方农牧交错区沙漠化发展过程及其成因分析》，《中国沙漠》，2005年第3期。

[41] 史培军、王静爱、严平、袁艺：《中国风沙灾害及其防治对策》，2005北京高新产业国际周"国际保护环境大会"论文。

[42] 王志凌、谢宝剑、王杨：《非正式制度变迁与西部民族地区经济发展研究》，《开发研究》，2005年第6期。

[43] 奇格、浩斯：《试述古代蒙古的经济立法》，《内蒙古师范大学学报（哲学社会科学版）》，1999年第7期。

[44] 乌兰图雅：《科尔沁沙地近50年的垦殖与土地利用变化》，《地理科学进展》，2000年第3期。

[45] 任洪生：《游牧经济的机动性分析——以古代蒙古族的游牧经济为例》，《西北民族研究》，2005年第2期。

[46] 刘学敏、赵辉、李波、史培军：《试论北方农牧交错带新产业带——"生态产业带"的建立》，《生态经济（学术版）》，2006年第2期。

[47] 修长柏、薛河儒、刘秀梅：《内蒙古农牧交错带的农村贫困问题》，《研究农业技术经济》，2003年第5期。

[48] 彭珂珊：《我国草地与农牧交错带生态—生产模式》，《广西经济管理干部学院学报》，2005年第1期。

[49] 吴波、慈龙骏：《毛乌素沙地荒漠化的发展阶段和成因》，《科学通报》，1998年第22期。

[50] 唐晓峰：《内蒙古西北部秦汉长城调查记》，《文物》，1977年第5期。

[51] 《改革开放30年的内蒙古系列分析报告（系列）》，《内蒙古统计信息网》，2008/12/16。

[52] 苏日娜、王俊敏：《蒙古族流动人口城市化的特点及成因——以呼和浩特为例》，《中央民族大学学报（哲学社会科学版）》，2003年第3期。

[53] 喻尘:《宁夏、内蒙古交界处中国西部的"百里污染带"》,《中国国家地理》,2009年第1期。
[54] 夏彭年、陈光明、沈建国等:《内蒙古自治区水资源可持续利用问题及对策》,《内蒙古大学学报(人文社会科学)》,2000年第3期。
[55] 郝维民、阿岩:《前半个世纪经济状况回眸》,《百年风云内蒙古》,http://www.nmg.xinhuanet.com/bnfynmg/bnbr/bnbrd.htm。
[56] 葛根高娃:《工业化浪潮下的蒙古民族及其草原游牧文化》,《中央民族大学学报(哲社版)》,2008年第6期。
[57] 乌兰图雅、张雪芹:《清代科尔沁农耕北界的变迁》,《地理科学》,2001年第3期。
[58] 金山、陈大庆:《人与自然和谐的法则——探析蒙古族古代草原生态保护法》,《中央民族大学学报(哲学社会科学版)》,2006年第2期。

三、博士学位论文类

[1] 曹道巴特尔:《蒙汉历史接触与蒙古族语言文化变迁》,中央民族大学博士学位论文,2005年。
[2] 乌兰图雅:《300年来科尔沁的土地垦殖与荒漠化》,中国科学院地理研究所博士学位论文,1999年。
[3] 霍成君:《我国北方农牧交错带草地退化和荒漠化成因的研究》,中国农业大学博士学位论文,2002年。
[4] 陈海:《中国北方农牧交错带生态——生产范式区划研究》,北京师范大学博士学位论文,2004年。
[5] 易华:《游牧与农耕民族关系研究》,中国社会科学院研究生院博士论文,2000年。

四、统计年鉴类

[1] 《内蒙古统计年鉴》,中国统计出版社,2001、2005、2007年。
[2] 《2000年人口普查中国民族人口资料》(上、下),民族出版社,2003年。
[3] 《赤峰市统计年鉴2004》,中国统计出版社,2004年。

后 记

把北方农牧交错带的变迁与蒙古族经济文化类型的演进联系起来研究的想法，开始于 2004 年前后我对少数民族经济史的关注，并在 2005 年底得到教育部人文社会科学重点研究基地内蒙古大学蒙古学研究中心的立项支持。

本课题是综合性很强的研究，涉及不同学科和领域，时间跨度大，为研究工作带来很大困难。研究中力图把历史与现实、经济与社会结合起来进行多视角的研究，突出北方农牧交错带变迁、蒙古族经济文化类型多元化以及对其经济、社会、文化等的多重影响。在现今北方农牧交错带经济社会快速转型的过程中，如何保持蒙古族草原畜牧经济文化类型的可持续发展，是本项研究工作的初衷和目的。但受到专业知识和认知能力的局限，很多问题需要在今后的研究中进一步深化。尤其是有关蒙古族经济文化类型的形成和变迁过程、历史影响的考察，具有重要的历史和现实意义，但受到专业知识的局限，在本书写作过程中，历史变迁部分更多地引用了已有的研究成果，缺乏综合性的研究和分析，这是本书的不足和缺憾。在今后的研究工作中需要充实这方面的知识和学养，紧密结合蒙古族经济文化类型的变迁和多元化，分析这一过程的利弊得失以及对民族发展的深远影响。

本书由黄健英提出研究思路和提纲，薛晓晖参加了第一、二、三章的资料收集和部分内容的写作，李诚参加了第七章的资料收集和部分研究工作，杨维强、赵小猛参加了实地调研，并完成了第八章的编写任务。最后由黄健英统纂全书定稿。

本书在写作过程中参阅和引用了许多学者的研究成果，尤其是历史变迁部分。由于专业知识的局限，大量引用了已有的研究成果，大部分已经注明，但还有一些可能没有注明，在此向他们表示衷心的感谢！

在本书即将出版之际，感谢教育部人文社会科学重点研究基地内蒙古大学蒙古学研究中心的支持，感谢中心主任齐木德道尔吉教授、菇茹玛老师及其他工作人员的全力支持和热心帮助！感谢内蒙古赤峰市对外开放办公室、林西县县委、县政府办公室对调研工作的支持！也感谢所有关注和支持这项研究的人们！

黄健英

2009 年 8 月 20 日